YINGKE® 盈科

盈科全国业务指导委员会系列丛书

企业知识产权合规管理实务与案例

盈科律师事务所 / 编
曹义怀 / 著

PRACTICE AND CASES
OF ENTERPRISE INTELLECTUAL PROPERTY
COMPLIANCE MANAGEMENT

法律出版社 LAW PRESS · CHINA
北京

图书在版编目(CIP)数据

企业知识产权合规管理实务与案例 / 盈科律师事务所编；曹义怀著. -- 北京 ：法律出版社，2023
ISBN 978－7－5197－8316－7

Ⅰ. ①企… Ⅱ. ①盈… ②曹… Ⅲ. ①企业－知识产权－案例－中国 Ⅳ. ①D923.405

中国国家版本馆 CIP 数据核字（2023）第 175603 号

企业知识产权合规管理实务与案例
QIYE ZHISHICHANQUAN HEGUI GUANLI SHIWU YU ANLI

盈科律师事务所 编
曹义怀 著

策划编辑 朱海波
责任编辑 朱海波
装帧设计 汪奇峰
臧晓飞

出版发行 法律出版社
编辑统筹 法律应用出版分社
责任校对 邢艳萍
责任印制 刘晓伟
经　　销 新华书店

开本 710 毫米×1000 毫米 1/16
印张 22.75 **字数** 360 千
版本 2023 年 11 月第 1 版
印次 2023 年 11 月第 1 次印刷
印刷 三河市兴达印务有限公司

地址：北京市丰台区莲花池西里 7 号(100073)
网址：www.lawpress.com.cn
投稿邮箱：info@lawpress.com.cn
举报盗版邮箱：jbwq@lawpress.com.cn

销售电话：010－83938349
客服电话：010－83938350
咨询电话：010－63939796

书号：ISBN 978－7－5197－8316－7
定价：80.00 元

本书编著者

曹义怀 著

前　言

感谢合规春风让我们相遇。企业合规的新闻报道层出不穷,一时间合规成为企业关注的焦点,合规也成为企业管理行稳致远的底线要求。合规是一个内涵和外延都相当广泛的概念。企业是最活跃的市场主体,也是创造和运用知识产权的主体。不可否认的是,对不同的类型、不同行业的企业来说,企业的知识产权保护意识和创造、运用能力不仅决定自身的生死存亡,也影响国家的竞争实力。企业应具有知识产权保护意识,更需要具有知识产权合规理念。知识产权合规管理更多的是从管理角度出发,预防风险。这个风险既包括法律风险,也包括经营风险。强化合规管理、防范合规风险是企业发展的一个新趋势,也是中国本土企业面临的重要挑战。

本书着力于知识产权的合规管理,通过介绍具体知识产权风险,帮助企业提高合规意识,识别知识产权合规风险,并提出具体的应对措施,建立知识产权合规管理制度,试图为企业提供实用的合规解决方案,降低企业运营中的合规风险。

本书从实务角度出发,紧贴企业知识产权合规风险防范。为了能够全面系统介绍各种知识产权的合规风险,本书多纬度、多角度介绍了知识产权合规管理。为节约篇幅,本书对知识产权中植物新品种、集成电路布图设计等未涉及,对类似部分不重复介绍。例如,专利中提及专利权许可,在商标方面就不再赘述。又如,特许经营可能涉及专利、商标、商业秘密、反垄断合规问题等,考虑特许经营中与商业秘密的紧密性和其在特许经营中的特殊地位以及各章节之间内容均衡,就将特许经营的内容放在商业秘密中介绍,在其他章节就不再赘述。再如,在专利中介绍了有关专利融资问题,对于著作权、商标权融资问题就不再介绍。所以,读者应从本书的整体进行考量,融会贯通,不能以仅在专利中提及融资问题,就错误认为其他的知识产权不存在融资问题。不仅知识产权的权利人存在知识产权合规风险,非权利人也存在相应的合规风险,本书第二章、第三章、

第四章和第五章，主要从知识产权的权利人角度介绍知识产权合规管理；本书第六章，主要从非权利人角度介绍知识产权合规管理。反不正当竞争的相关内容则结合其他知识产权内容进行介绍。当然本书难免挂一漏万。对知识产权合规风险问题，本书重点介绍高频率合规风险，尽量做到重点突出。在法律条文引用时，进行了简化，如《中华人民共和国专利法》直接使用《专利法》表述。

本书在章节安排上，先是介绍合规管理的基本知识，再对知识产权合规管理的主要风险点进行梳理，便于企业识别经营中的知识产权风险，再将企业知识产权合规管理中的漏洞和潜在风险进行说明，继而告诉大家如何有针对性地进行合规管理，预防风险，最后，指导企业该如何建立知识产权合规管理体系。

本书具有三大特点：

1. 前沿性。本书深入研究了最新合规管理理论和最新合规管理体系建设相关的法律法规及政策性文件，并结合知识产权领域最新立法精神，把知识产权合规管理融入企业合规建设之中。本书所引用的案例，优先选择最新案例、典型案例或者“第一案”。本书嵌入大量新生事物，如区块链，人工智能、数字藏品等内容。

2. 实用性。在实务上，本书介绍了企业合规管理的具体操作和经验。在制度上，侧重为实践工作提供现实指引，为企业合规管理制度化、规范化提供有益参考。尤为重要的是，书中通过案例展示了企业如何识别合规风险，如何建立合规管理制度，如何健全合规管理岗位，如何完善合规管理机制，从而为企业建立合规管理体系提供实践参考。

3. 通俗性。本书采用通俗易懂语言，减少读者因文化背景或专业知识上的差异，造成学习理解上的障碍。本书文风轻松，浅显易懂，适合不同层次的企业合规以及公司管理人员阅读。为便于说明问题和增加内容的可读性，本书选取了大量的案例用于辅助说明问题。另外，有些案件可能经过一审、二审甚至再审，本书就不再另行介绍程序性事实。本书也对案例进行了适当性的修改，即删除了与所要介绍的合规问题无关的情节，并按照现行的法律进行了完善，同时增加了一些品牌故事情节。本书中选取案例的裁判意见仅作为参考，不表示本书对裁判结果的认同。出于版面整洁和便于读者阅读的考虑，对被引用的案例未作出标引。在此，谨向被引用案例的原作者致以歉意并表示感谢。

愿本书能为我国的知识产权合规管理工作贡献一份力量，或者能为从事企业合规管理人员起到抛砖引玉的作用，笔者将感到十分的荣幸。在编写过程中，参考了大量文献书籍以及互联网著作，在此表示感谢。

由于笔者水平所限，以及时间所限，本书中不妥之处在所难免，恳请读者和同行们提出批评意见，并不吝指正，在此表示衷心的感谢。

曹义怀

2023 年 6 月 18 日

目录

第一章　企业合规管理概述

企业合规管理被认为是与业务管理、财务管理并驾齐驱的企业管理三大支柱之一。合规管理是指企业按照外部法律法规的要求统一制定并持续修改内部规范，监督内部规范的执行，以实现增强内部控制，对违规行为进行持续识别、预警、监测，防范、控制、化解合规风险的一整套管理活动和机制。合规管理是内控的一个重要方面，也是风险管理的一个关键环节。合规管理显然不是简单告知企业“不为”，而是要告知企业“如何为”的问题。对于合规管理的理解不能过于教条化、公式化，合规管理本身是一个动态的、发展的企业活动。

第一节　企业合规管理基本概念

很多企业主动或被动地引入企业合规管理，也促使相关的法律业务逐步发展完善。企业合规管理是梳理企业风险防控体系，建立合规体系的管理过程。

一、什么是合规

合规作为专有名词，由英文“compliance”一词翻译而来，原意为“遵守、服从，指不违反法律或协定”，其所针对的对象主要为法律、法规。

对于“合规”一词，其中的“合”多解释为遵循、符合、保持一致，这一点中外理论界并无异议。而对“规”的界定，即“规”的渊源，我国学者认为我国与国外所包含的范围有所不同。

2002 年瑞士银行家协会把“合规”界定为“使公司经营活动能够和法律、政策管制、内部规则保持一致”。2004 年，美国反对虚假财务报告委员会之发起组织委员会认为“合规”是指“致力于遵循企业主体适用的法律和法规”。

在我国,最早与“合规”直接相关的文件是 1992 年 1 月 6 日国家审计署发布的《关于对金融机构贷款合规性审计的意见》。该意见旨在通过对贷款合规性审计,审查贷款管理与发放过程中存在的漏洞与问题,重点审计贷款的发放是否突破计划规模,此时的合规具有明显的时代烙印。中国银行业监督管理委员会于 2006 年 10 月发布的《商业银行合规风险管理指引》指出,商业银行合规是指商业银行的经营活动与适用于银行业经营活动的法律、行政法规、部门规章及其他规范性文件、经营规则、自律性组织的行为准则、行为守则和职业操守相一致。2017 年 12 月 29 日,国家标准化管理委员会发布《合规管理体系指南》(GB/T 35770 - 2017),该指南将合规定义为“组织遵守了适用的法律法规及监管规定,也遵守了相关标准、合同、有效治理原则或道德准则”。

2018 年 11 月 2 日,国务院国有资产监督管理委员会下发的《关于印发〈中央企业合规管理指引(试行)〉的通知》第 2 条第 2 款规定,本指引所称合规,是指中央企业及其员工的经营管理行为符合法律法规、监管规定、行业准则和企业章程、规章制度以及国际条约、规则等要求。2022 年 4 月 1 日,国务院国有资产监督管理委员会发布的《中央企业合规管理办法(公开征求意见稿)》第 3 条规定,本办法所称合规,是指中央企业及其员工的经营管理行为符合法律法规、党内法规、监管规定、行业准则和国际条约、规则、标准,以及企业章程、规章制度等要求。相较于《中央企业合规管理指引(试行)》,增加了“党内法规”的表述,同时调整了国际条约、规则和标准与企业内部章程制度的适用顺序。“国际条约、规则”的位置被提前到公司章程及规章制度之前,更符合先外部法规再内部制度的逻辑顺序。需要注意的是,国际条约、规则的适用是有限定的,即应为我国作为国际法主体缔结或参加的双边、多边协议和其他具有条约、协定性质的文件,并且应排除我国申明的保留条款。

2022 年 8 月 23 日,国务院国有资产监督管理委员会发布了《中央企业合规管理办法》,其第 2 条规定,本办法所称合规,是指企业经营管理行为和员工履职行为符合国家法律法规、监管规定、行业准则和国际条约、规则,以及公司章程、相关规章制度等要求。正式文件虽然删除了《中央企业合规管理办法(公开征求意见稿)》中列明的“党内法规”,但在第 7 条中规定“中央企业应当严格遵守党内法规制度”,因此“规”的范围并不因相较征求意见稿的删除,而被误读为不包括“党内法规”。

二、合规义务

国家标准化管理委员会发布的《合规管理体系　指南》(GB/T 35770－2017)第2.16款规定:“合规义务是指合规要求或合规承诺。”第2.14款规定:“合规要求指组织有义务遵守的要求”、第2.15款规定:“合规承诺指组织选择遵守的要求”。

按照合规义务的提法,合规义务包括合规要求或合规承诺。合规要求是指组织有义务遵守的要求。例如,包括遵守法律(国内、国际)、法规、规章及规范性文件,行业准则、行政许可和授权、强制性标准、法院判决和行政决定、条约、商业惯例和协议、道德规范。

合规承诺是指组织选择遵守的要求,例如,包括企业的价值观,企业规章制度,章程、股东会决议、董事会决议、管理层决议,行业自律性规则,企业选择使用的非强制性国家标准、行业标准和企业标准,企业自愿性对外承诺,如环境承诺、安全承诺。

合规义务是合规管理的中心原点,所有合规事务都围绕合规义务展开和部署,合规评价也是按照合规义务进行界定。合规管理的实践中,企业往往通过梳理“合规义务清单”以及建立“合规义务库”等开展合规管理工作。以商标为例,“商标合规义务清单”是企业识别商标合规风险、采取风险应对措施的基础。企业根据自身的业务、产品特点和经营区域等,收集完整的商标法律法规等,充分识别合规义务,建立商标合规义务清单。同时,企业应密切关注这些规定的变化,及时修正合规义务清单。表1－1为商标合规义务清单模板,供企业在梳理清单时参考使用。

表 1－1 商标合规义务清单

序号	合规义务内容	合规规范名称	合规义务简要说明
1	申请商标应当遵循诚实信用原则	《商标法》	《商标法》第4条第1款:不以使用为目的的恶意商标注册申请,应当予以驳回。 《商标法》第7条第1款:申请注册和使用商标,应当遵循诚实信用原则。 《商标法》第27条:为申请商标注册所申报的事项和所提供的材料应当真实、准确、完整。 《商标法》第32条:申请商标注册,不得以不正当手段抢先注册他人已经使用并有一定影响的商标。
2	申请商标应规避在先合法权利	《商标法》	《商标法》第9条第1款:申请注册的商标,不得与他人在先取得的合法权利相冲突。 《商标法》第32条:申请商标注册不得损害他人现有的在先权利。
3	特殊商品必须申请注册商标	《商标法》《烟草专卖法》《烟草专卖法实施条例》	《商标法》第6条:法律、行政法规规定必须使用注册商标的商品,必须申请商标注册,未经核准注册的,不得在市场销售。 《烟草专卖法》第19条:卷烟、雪茄烟和有包装的烟丝必须申请商标注册,未经核准注册的,不得生产、销售。禁止生产、销售假冒他人注册商标的烟草制品。 《烟草专卖法实施条例》第22条:卷烟、雪茄烟和有包装的烟丝,应当使用注册商标。
……	……	……	……

三、合规风险

合规风险,是指企业及其员工在经营管理过程中因违规行为引发法律责任、造成经济或者声誉损失以及其他负面影响的可能性。

图1-1　合规风险

合规风险主要包括合规风险行为、合规风险发生可能性、合规风险发生后果三个方面。企业首先应当确定哪些行为可能存在合规风险，进而确定该合规风险发生的可能性，以及该风险发生之后将产生的后果。

在市场经济环境中，企业的生产经营行为应该遵循合规义务，一旦违反合规义务，就存在不确定性，便产生了合规风险。从这个角度出发，合规义务与合规风险之间存在一一对应关系。合规风险的存在是一个相对概念，它是比照"合规义务"履行的不确定性而产生的风险。合规义务是企业追求的商业行为价值水平的综合反映。不同的企业，因为其生产经营管理水平、规模、复杂性、结构、运营的方式和市场竞争地位不同，所坚守的商业行为价值标准不同，从而主动或被动承担的"合规义务"也各不相同。

就合规风险的后果而言，合规风险引发的后果包括法律制裁或监管处罚、重大财务损失或声誉损失的风险。知识产权合规风险，有别于其他专项合规风险，知识产权合规风险除了制裁性风险，还包括纠纷性风险。

合规风险识别，是指在识别合规义务的基础上，通过发现、收集、整理合规风险并列出清单，为管理合规风险明确对象和范围。识别合规风险的具体方法主要有风险清单筛选法、流程分析法、因果分析法、情景分析法。

四、合规管理

合规管理，是企业以有效防控合规风险为目的，以提升依法合规经营管理水平为导向，以企业经营管理行为和员工履职行为为对象，开展的包括建立合规制度、完善运行机制、培育合规文化、强化监督问责等,有组织、有计划的管理活动。

(一)合规走向管理科学

以企业法律风险管理为例,其侧重的是对法律的解释和应用,即哪些行为是法律允许的、哪些行为是法律禁止的、违法行为的构成要件及法律后果等。对于合规管理而言,“知规”是合规的前提,企业还需要把法律的规定转化成企业的行为并被企业成员理解、接受和执行。

企业合规不再泛指“守法”“守规”,而成为法律与管理交叉的新理念,一般指企业通过内部管理措施落实外部法律法规要求的管理活动。例如,在国家法律规定中,不会限制或干涉企业如何进行商标布局。但是企业商标布局不当,必然导致企业的风险存在。所以,企业应从管理角度,为了预防风险,建章立制,落实相应的合规义务,建立合规管理体系,最终避免合规风险。

(二)合规管理工具

合规管理工具泛指各种支持合规风险识别、报告及管控的工具,形式多样化、个性化,较为基础的风险管理工具有合规风险自查表、岗位职责清单,根据数据分析制作的可视化风险地图,以及其他系统工具,如第三方合作伙伴的尽职调查系统,合规风险评估系统等。

表1-2 合规风险自查表

风险代码	合规风险名称	涉及的法律规范	具体规定及要求	合规风险行为	合规风险后果与责任	责任部门及人员	合规管理措施	落实及持续改进情况

五、合规管理的分类

(一)全面合规与专项合规

从合规管理体系的表现形式上看,企业合规可以划分为全面合规与专项合规。所谓全面合规,是指企业全方位综合合规管理体系的构建,覆盖企业各业务领域、各部门、各关联企业及全体员工,贯穿决策、执行与监督各个环节,通常适用于初次建立合规管理制度的企业。而专项合规是指针对特定领域实施的合规,如反腐败合规、反垄断合规、反洗钱合规、反不正当竞争合规、出口管制合规、证券合规、税务合规、数据合规、知识产权合规等。

(二)境内合规与境外合规

从经营活动的地域角度,企业合规可以划分为境内合规与境外合规。所谓境内合规,是指不涉及境外业务的普通企业所实施的合规制度及政策,而境外合规是指从事境外经营的企业针对其境外经营活动开展的专项合规管理,具体包括境外设立公司、境外投资并购、进出口贸易、境外工程承包等活动相关合规管理。

(三)刑事合规与行政合规

根据激励机制的法律渊源不同,企业合规可以划分为刑事合规与行政合规。刑事合规是指对于涉嫌犯罪企业,刑事司法机关以企业建立合规机制为依据,对其作出宽大刑事处理的法律制度。行政合规是指行政主管机关针对那些违反行政法律规范的企业,所确立的以企业合规换取宽大行政处理的法律制度。

六、合规管理与合规管理体系

合规管理是根据相关标准和指引,以有效防控合规风险为目的,以企业和员工经营管理行为为对象,开展包括风险识别、制度制定、合规审查、合规培训等有组织、有计划的管理活动。简言之,合规管理就是告诉企业在具体操作过程中怎么合理地做、合规地做、合法地做。

就如质量管理体系、环境管理体系一样,合规管理体系,是指企业建立方针和目标以及实现这些目标过程的相互关联或相互作用的一组要素,其包括组织结构、制度建设、运行、保障等,确保企业合规管理行之有效。企业可以通过体系建设,将合规管理融入企业日常,变成重复和持续行为。

七、合规管理与企业法务的区别

谈及合规管理的本质时,我们经常容易混淆合规管理与企业法务这二者的概念。二者虽有重叠但并非同一概念,法务工作和合规工作的依据、侧重点各有不同,所以对员工知识、经验和技能的要求不尽相同,而且工作方式有较大差异。

（一）工作依据不同

法务工作的依据是法律法规,而合规工作的依据包括:(1)法律法规,遵守法律法规是合规工作的底线;(2)企业的规章制度;(3)职业操守和道德规范。

（二）防范的风险不同

法务工作防范的法律风险一般是指企业因不遵守法律规定、监管规则或者因和他方发生纠纷,而导致财务损失、被处罚或是产生诉讼纠纷的风险。合规工作需要防范的合规风险,在法律合规风险方面存在重合,但两者不能彼此覆盖,各自具有其独立性。合规风险还包括违反诚实守信和道德准则而遭受的名誉损害甚至财务损失的风险。相较而言,企业合规部门站位更高,几乎涵盖了企业参与市场竞争及自我约束的方方面面。

（三）工作方式不同

企业法务重在法律实务,如合同的起草、审查和修改。法务的工作更多是被动的,比如根据业务需要或其他部门的征询提供法律意见、建议等。企业合规又称为"合规管理",合规是目标,管理是手段。合规工作除了被动的咨询外,还有很多主动的内控、监督、评估等工作。企业合规管理是通过管理来达成合乎法规的目标,因此企业合规管理重在对合规管理体系各构成要素进行管理和维护,这就要求企业合规要建立一整体完善的、切实可行的管理体系,是企业治理层级的问题。

八、合规管理与合规审计

合规审计是判断特定行为是否符合既定标准的一种审计模式。合规管理和合规审计都是企业内部控制的重要组成部分,是企业进行风险管理的重要工具和手段,两者之间相互独立,各有侧重,又相互协作。两者区别主要有以下三个方面。

（一）在企业内部管理控制系统中所处的位置不同

如果将企业内部管理控制系统构筑为"三道防线",第一道是业务部门的自我合规控制,第二道是事前和事中实施的合规管理,第三道是内部审计的事后控制。根据该理论,合规管理作为事前和事中控制的关键,主要责任在于防范风险,而合规审计作为事后控制环节,为整个系统发挥保障作用。

(二)风险控制的侧重点不同

合规管理侧重于管理程序缺陷和制度漏洞,专注于控制风险。合规审计实际上是一种合规检查。

(三)评价的对象不同

合规管理的评价对象重点在检查和评价合规管理部门为保证企业遵守相关法律、法规、规则及标准等而实施的措施是否合法、适当、持续、有效。合规审计评价的对象重点在检查、评估内控体系和职责履行方式是否有效和适当。

第二节　合规管理起源与发展

近年来,随着全球贸易关系愈加复杂,全球产业链进入深度调整与重构时期,合规已成为各类组织赢得市场和可持续发展的基础。得益于政策的支持和市场经验的总结,我国越来越多的企业正逐步从被动合规转变为主动合规,从具体领域合规发展为全面合规。

合规最早可以追溯到成立于 1906 年的美国食品和药物管理局。该局对食品和药物安全的监管,促使部分企业开始将合规视为企业运营的一部分。现代企业合规正式出现于 20 世纪 60 年代初的美国,当时众多美国电器设备行业的龙头企业及其高管遭遇串通抬价、瓜分市场等反垄断指控。企业为避免垄断处罚而开始实施合规措施。进入 20 世纪 70 年代后,以“水门事件”引出的企业捐款丑闻为导火索,企业合规扩展到反腐败等更多领域。

一、企业合规在国外的发展历程

(一)1977 年美国《反海外腐败法》

1977 年美国国会以绝对优势通过合规管理发展历史上一部重要的法律——《反海外腐败法》。该法案的核心目标是遏制对外国官员行贿及公司腐败问题,重建公众对于美国商业系统的信心。很多企业认识到需要对自己的销售实践、制造过程和行业的整体业务行为有更多的了解,企业的合规责任有必要从对公共利益的关注转移到企业自身。

（二）1991 年美国《联邦量刑指南》

1991 年美国联邦量刑委员会制定的《联邦量刑指南》，要求公司具备“合理设计、实施和执行的良好的合规计划，以使该项目在预防和侦查犯罪行为方面普遍有效”。2004 年《联邦量刑指南》再次修订，这次修订包括风险评估、明确董事会和高级管理层对合规管理体系的期望、培育合规文化、强化合规机制、培训与沟通。

（三）2002 年美国《萨班斯—奥克斯利法案》

2002 年美国《萨班斯—奥克斯利法案》对《1933 年证券法》《1934 年证券交易法》作出大幅修订，该法案将美国上市公司的管理方法从简单信息披露转变为实质监管，要求上市公司建立内部控制体系，并由公司高级管理层负责内部控制体系的运行、评估和披露。

（四）2005 年巴塞尔银行监管委员会《合规与银行内部合规部门》

2005 年 4 月，巴塞尔银行监管委员会发布的《合规与银行内部合规部门》中提出“合规”和“合规风险”的定义，成为指导各国银行乃至金融机构合规风险管理的代表性文件，标志着银行业合规风险管理现代管理框架的基本形成。至此，在企业内部建立合规管理体系，成为全球不予争辩的趋势和事实。

（五）2010 年世界银行集团《诚信合规指南》

2010 年世界银行集团颁布《诚信合规指南》，发布企业良好治理和反欺诈与腐败的良好实践。并在此良好实践的标准、原则和内容基础上梳理出一个有效的合规管理体系需具备的 11 项要素，包括明令禁止不当行为、明确合规职责、进行风险评估、制定合规政策、业务伙伴的合规管理、内控制度、培训制度、奖惩激励机制、举报制度、补救措施及企业联合行动。

（六）2010 年经济合作与发展组织《内部控制、企业道德及合规最佳实践指南》

2010 年经济合作与发展组织（OECD）发布《内部控制、企业道德及合规最佳实践指南》，对成员国和跨国企业提出了预防腐败行为的要求，并确立了有效合规的 12 项准则。

（七）2010 年英国《反贿赂法》

2010 年英国通过了《反贿赂法》，确立了“合规抗辩”制度。明确规定在没有采取合规措施时，企业应当对员工实施贿赂行为承担刑事责任。如果企业建立适当有效的合规管理体系，即使企业员工实施贿赂行为，也可以减轻或者免除企业责任。

（八）2014 年国际标准化组织《合规管理体系　指南》

2014 年国际标准化组织（ISO）发布《合规管理体系　指南》（ISO 19600：2014），确立了有效合规的基本标准。2021 年 4 月 13 日，《合规管理体系　要求及使用指南》（ISO 37301：2021）替代 2014 年《合规管理体系　指南》，将原来指南类标准转换为适用于认证的要求类管理体系标准，对企业构建和实施合规管理体系提出了具体要求。

（九）2016 年法国《萨宾第二法案》

2016 年法国通过了《萨宾第二法案》，该法案吸收了美国《反海外腐败法》与英国《反贿赂法》的相关内容，确立了反海外腐败行为制度，并首次确立了强制合规制度。

（十）2019 年美国《企业合规程序评估》

2019 年美国司法部刑事局出台了新版企业合规指南《企业合规程序评估》，替代 2017 年美国司法部发布的第一版《企业合规管理体系评估指南》。主要考察三个方面：（1）企业合规程序设计是否完备。（2）合规程序是否得到认真执行。（3）合规政策和程序是否有效。2020 年 6 月 1 日美国司法部更新《公司合规管理体系评价指南》，对 2019 年版进行了细化和改进，将公司合规管理体系的评价标准逐步提高。

二、企业合规在国内的发展历程

我国的“企业合规”一词最早起源于 20 世纪 80 年代初，因发展三资企业外在因素的要求而初设企业合规管理制度。1992 年发布《对金融机构贷款合规性审计的实施方案》，但这还不是真正的企业“合规制度”。2002 年中国人民银行参照欧美银行合规管理模式和国际准则要求，将中国人民银行法律事务部更名为法律与合规部。2006 年中国银行业监督管理委员会以巴塞尔银行监管委员会的《合规与银行内部合规部门》为蓝本，发布了《商业银行合规风险管理指引》，成为银行业风险监管的一项制度，要求合规管理部门在合规负责人的管理下协助高级管理层有效识别和管理商业银行所面临的合规风险。

（一）2015 年国务院国有资产监督管理委员会《关于全面推进法治央企建设的意见》

2015 年国务院国有资产监督管理委员会印发《关于全面推进法治央企建设的意见》，对我国企业增强依法合规管理能力，推动合规管理体系建设提出要求。选择中石油、中国移动、招商局、东方电气、中国铁工等五家央企作为试点单位开展合规管理试点。

（二）2017 年中央全面深化改革领导小组《关于规范企业海外经营行为的若干问题》

2017 年 5 月习近平总书记主持的中央全面深化改革领导小组第 35 次会议上，审议通过了《关于规范企业海外经营行为的若干问题》，明确提出了“加强企业海外经营行为合规制度建设”。

（三）2017 年国家标准化管理委员会《合规管理体系　指南》

2017 年 12 月 29 日国家标准化管理委员会正式批准，发布《合规管理体系　指南》（GB/T 35770－2017）。这是中国第一个合规的国家标准。这部国家标准等同采用《合规管理体系　指南》（ISO 19600：2014），为中国企业建立合规管理体系提供了指南。

2022 年 10 月 22 日发布实施的《合规管理体系　要求及使用指南》（GB/T 35770－2022）是由《合规管理体系　要求及使用指南》（ISO 37301：2021）等同转换过来，为企业建立合规管理体系提供了标准和依据，成为广大国内企业可依据执行的标准，同时可依据该标准申请第三方管理体系认证。

（四）2018 年国务院国有资产监督管理委员会《中央企业合规管理指引（试行）》

2018 年陆续发生的“中兴事件”及“华为事件”引发了中国对企业在海外运营合规性前所未有的重视。2018 年 11 月 2 日国务院国有资产监督管理委员会发布了《中央企业合规管理指引（试行）》，明确了董事会、监事会、经理层等不同层级主体合规管理职责，并要求中央企业设立合规管理委员会，与企业法治建设领导小组或风险控制委员会等合署，承担合规管理的组织领导和统筹协调工作。同时，国家发展和改革委员会等七部委《企业境外经营合规管理指引》等重要文件颁布。国内多个省份、直辖市纷纷出台当地的合规指引文件。一时间，“企业合规”一词炙手可热，因此，2018 年是我国企业合规的新起点，所以又被称为中国企业的“合规元年”。

（五）2020 年涉案企业合规改革试点

2020 年 3 月起，最高人民检察院部署在江苏省张家港市、深圳市宝安区等 6 个基层检察院开展涉案企业合规改革试点。随着试点工作的深入推进，大家开始广泛关注合规与起诉制度之间的关系。企业缓起诉制度之所以越来越多地被提倡和适用，原因在于传统的刑罚激励不足以推动企业合规。企业合规制度的推行需要更强有力的外部激励机制。企业缓/不起诉制度充当了这种外部激励机制。2021 年 6 月，最高人民检察院、司法部、财政部、生态环境部、国务院国有资产监督管理委员会、国家税务总局、国家市场监督管理总局、中华全国工商业联合会、中国国际贸易促进委员会印发了《关于建立涉案企业合规第三方监督评估机制的指导意见（试行）》，该意见的发布是我国依法推进企业合规改革试点工作的重要节点，具有里程碑式意义。该意见通过试点企业刑事犯罪合规不起诉，倒推涉案企业的合规建设，从而带动所有企业主动进行合规建设。

（六）2021 年《关于国民经济和社会发展第十四个五年规划和 2035 年远景目标纲要的决议》

2021 年 3 月第十三届全国人民代表大会第四次会议表决通过了《关于国民经济和社会发展第十四个五年规划和 2035 年远景目标纲要的决议》，明确将“合规”写入其中，体现了国家战略层面对企业合规管理的重视。

（七）2022 年《中央企业合规管理办法》

2022 年 4 月 1 日国务院国有资产监督管理委员会发布了《中央企业合规管理办法（公开征求意见稿）》。2022 年 8 月 23 日《中央企业合规管理办法》正式公布，自 2022 年 10 月 1 日起施行，这将进一步促使中央企业提升合规管理的能力。

第三节　企业合规管理的价值和意义

企业合规是企业管理的有机组成部分，是一种风险防范体系。企业在运营过程中应当遵守法律法规、商业行为守则和企业伦理规范、自制规章制度等，企业及员工的行为符合所在组织的规定，就不会被处罚，不用承担负面的不良的后果，这样会使企业朝着良性的方向发展，从而使企业实现组织目的。合规管理的主要目的是防控法律风险，避免因行政处罚或刑事责任追究而导致企业被剥夺经营资格、遭受严厉处罚，甚至致使企业走向末路。

以企业知识产权合规管理为例，从实际需求的角度来看，对于企业所遇到的知识产权保护难题，很多企业长年"带病经营"，企业面对知识产权问题的态度多数是等待"病症"显现之后的"事后弥补"，而非"病症"显现之前的"事先防御"。企业欠缺的是从合规管理角度"未雨绸缪"式的方式来解决企业知识产权保护难题。

一、企业合规的价值

企业开展合规管理至少能从以下三个方面为企业带来积极的作用。

第一，提前预警。从公司治理体系角度分析，企业的一整套合规制度文件，组成部分通常包括风险识别及合规义务清单、岗位职责及业务流程设置、合规风险监督和处置等部分。如果企业建立并运行了有效的合规机制，在发现违规行为时，合规机制便可以发出预警，提醒企业及时介入调查。

第二，自我发现。公司除了这些合规制度文件之外，还有一个机制帮助企业主动发现员工有没有违法，进行自我发现和自我矫正。督促实施违规行为的主体承担相应的法律责任，同时有效切割了企业责任与违规行为实施主体(包括但不限于员工、高管、第三方、并购方等)的责任。这也可以理解为合规的"出罪"功能。

第三，避免风险。从处罚结果角度分析，如果企业建立了合乎标准的合规管理体系，或愿意建立合规管理体系，行政机关或司法机关可以对企业作出相对宽缓的行政处罚或刑事处罚，甚至企业在所涉刑事案件审查起诉阶段可以与检察机关达成暂缓起诉协议以争取不被提起公诉。当企业真正面对执法调查和处罚的时候，可以凭借自身的合规状况以及依托的制度来争取到减轻或者从轻处罚的结果。

二、企业开展合规管理的必要性

通过建立合规管理体系，对企业与员工在生产经营过程中可能出现的不当行为进行预防、监督与应对，从而实现体系化与制度化的自我监督与管理的目的。例如，对外承包工程，企业通过建立合规管理体系，开展有效的合规管理，可以系统性化解在国际化经营中的合规风险，在合法合规的竞争中获得业务，这就是企业的合规竞争力。

（一）适应国际竞争环境

当前，我国正在加快融入世界经济发展体系和治理格局，同时也面临来自美国为首的西方世界的压力和挑战。近年来，中美贸易摩擦不断，美国通过“长臂管辖”，依靠《出口管制条例》、《反贪污受贿条例》和《萨班斯—奥克斯利法案》等借故制裁中国企业，种种行为让企业合规制度在国家层面达到了前所未有的战略高度。国家的竞争，一定意义来说也表现为各国大企业特别是跨国公司之间的竞争。对于企业来讲，必须接受适应大国竞争带来影响和变化，努力适应国际竞争规则和参与国际竞争的需要，融入国际机制和规则变革之中，并通过变革和提升企业治理体系和治理能力，争当所在细分领域变革的参与者、推动者、实践者和主导者。因此，企业合规成为以国家为单位进行的市场竞争中必不可少的一个环节。

（二）应对国内监管变革

中国改革开放的重点，已从过去40年的要素流量型的开放，转变为制度规则型的开放。未来随着开放力度不断加大，我国将在政策法律、制度机制、行为规则等多方面进行深度调整，对国内企业的经营管理、合规管理都将提出更多要求。有些企业许多之前习以为常的认识和经营模式，今后将难以为继。

举例而言，2021年4月10日，国家市场监督管理总局依法对阿里巴巴集团控股有限公司在中国境内网络零售平台服务市场实施“二选一”垄断行为作出行政处罚，责令其停止违法行为，并处以其2019年销售额的4%，计182.28亿元罚款。后阿里巴巴发布声明称“对于处罚诚恳接受，坚决服从，并将强化依法经营，进一步加强合规体系建设，更好履行社会责任”。

（三）遏制企业道德风险

企业不能纯粹以逐利为导向，否则将不可避免地走向社会道德滑坡，将合规内化为企业的良知和社会责任，遏制企业道德风险，是企业合规的目的之一。不同类型的企业或者同一企业在不同发展阶段，需要有对应的合规管理体系，在促进企业治理能力革新的同时，也保障企业能健康稳步发展。

三、企业开展合规的重要意义

企业合规作为世界通用的公司治理手段，能带给企业的好处不胜枚举，意义重大。

（一）企业合规是防范企业刑事法律风险和获取刑事激励的重要手段

作为一种新的刑事治理模式，企业刑事不再由国家单向地对企业刑事犯罪进行规制，即更多引入企业管理进行自身规制，是企业为了保证所有职员行为合法的整体性组织措施。同时，对国家治理范围进行延伸，不再局限于事后的惩罚性，而是参与到企业相关刑事犯罪萌芽及其经营风险的预防与控制中。

刑事合规激励，是指对涉嫌犯罪的企业，司法机关以企业建立合规管理体系为依据，对其作出宽大刑事处理的法律制度。在建立了刑事合规激励制度的国家，检察机关对于已经建立合规管理体系涉嫌犯罪的企业，可以根据企业建立合规管理体系的情况，作出是否提起公诉的决定。检察机关对已建立合规管理体系的企业，根据其涉嫌犯罪的情况，与其达成暂缓起诉协议或者不起诉协议，通过设置合规考验期，督促其重建合规计划，并对其重建合规计划的进程进行全面的监管。在考验期结束后，检察机关根据企业履行协议的情况，作出不起诉的决定。

对于涉嫌刑事犯罪的相关企业，若满足特定条件，企业进行合规整改并评估合格后，检察院将作出不予起诉的处理。刑事合规作为企业合规的一部分，作为一种犯罪预防机制，相较于事后惩罚模式，更符合善治的刑事策略和刑事政策发展趋势，是完善合规管理机制与合规管理制度的重要环节。

（二）合规制度的构建帮助企业规避行政风险

行政监管合规激励，是指行政监管部门对违反行政法律的企业，以企业合规换取宽大行政处理的法律制度。在建立了行政监管合规机制的国家，对已经建立了合规管理体系的违法企业，监管部门可以与其达成行政和解协议或者免除行政处罚，或者减轻行政处罚。对签署行政和解协议的违规企业，监管部门设置合规考验期，企业采取进一步改进合规计划的措施。考验期结束后，企业满足了和解协议所要求的改进合规计划方案的，监管部门可以根据不同的情况对企业作出免除行政处罚，或者从轻、减轻行政处罚。

例如，2015年，我国证监会发布了《行政和解试点实施办法》，在证券期货监管领域试点行政和解制度。该办法发布以来，产生了两个行政和解的案例：其一是中国证券监督委员会公告〔2019〕11号，该案中中国证监会与高盛（亚洲）有限责任公司、北京高华证券有限责任公司以及两家公司涉事的9名行政和解申请人达成了行政和解协议；其二是中国证监会与上海司度、富安达基金、中信证券、千石资本、国信证券，在处罚对象满足交纳高额行政和解金、承诺完善企业合规措施等要求，解除了相关调查审理程序。

（三）获得反制裁合规激励的重要途径

反制裁合规激励，是指建立合规管理制度的国际组织，对于违反该组织所确立规则的企业，通过与其达成和解，督促其建立有效合规管理体系，换取国际组织对其撤销制裁和处罚的国际法律制度。

【案例】建立诚信合规体系后被世界银行撤销制裁

湖南建工集团是一家具有建筑安装、路桥施工、勘察设计、科学研究、人才培训、高等职业教育、设备制造、房地产开发、对外工程承包、劳务合作、进出口贸易等综合实力的大型企业集团。该集团连续8年入选“中国企业500强”，“中国承包商及工程设计企业双60强”；连续12年荣获40项中国建筑工程最高奖——鲁班奖。该集团曾参加由世界银行资助的一起道路翻修项目的竞标，并提供了全套旨在证明自身具有施工经验和竞争实力的证据材料。世界银行廉政局（INT）经过审查发现，该集团在竞标时提交的业务经验文件是不真实的，构成了《世界银行集团诚信合规指引》所定义的欺诈行为。对此，湖南建工集团予以承认，并配合了世界银行的调查。2013年10月，世界银行对该集团作出了“附解除条件的取消资格”2年的制裁决定。根据这份制裁决定，湖南建工集团（包括其关联企业）在2年内不得参与世界银行资助的项目，也不得因世界银行贷款而获得收益。2年期满后，该集团满足以下两个条件的，就可以申请恢复资格：一是针对被制裁的违规行为采取了适当的补救措施；二是建立并执行了符合世界银行要求的、有效的诚信合规计划。

世界银行的制裁给湖南建工集团既造成了贷款融资上的困难，也造成了声誉上的重大损失。为挽回声誉,避免更大损失,解除制裁,湖南建工集团在世界银行的监控和指导下开始了建立有效合规计划的行动。2017 年 6 月 29 日,湖南建工集团建立和实施诚信合规体系的努力得到了世界银行的认可,收到了世界银行的解除制裁通知书。这标志着世界银行对该集团的制裁正式撤销。

(四)通过企业合规来界定并区分个人意志和企业意志

通过企业合规可以有效提升企业管理能力,企业合规在公司治理中引入专门的风险防控机制,实现自上而下的合规管理体系,能有效地将企业责任与高管、员工、第三方责任进行切割。若企业内部个别员工或第三方实施违法犯罪行为,企业合规制度的构建可以有效切割企业和涉案员工、或第三方的责任,将企业从刑事程序中解救出来。

【案例】雀巢公司合规管理体系有效切割法律责任

2011 年至 2013 年 9 月,被告人郑某、杨某在分别担任雀巢(中国)有限公司西北区婴儿营养部市务经理、兰州分公司婴儿营养部甘肃区域经理期间,为了抢占市场份额,推销雀巢奶粉,授意该公司员工被告人杨某红、李某林、杜某娟、孙某通过拉关系、支付好处费等手段,多次从兰州大学第一附属医院、兰州军区总医院、兰州兰石医院等多家医院医务人员手中非法获取公民个人信息。

其中,被告人郑某非法获取公民个人信息 40,507 条;被告人杨某非法获取公民个人信息 45,659 条;被告人杨某红非法获取公民个人信息 20,085 条,被告人李某林非法获取公民个人信息 14,163 条,被告人杜某娟非法获取公民个人信息 10,448 条,被告人孙某非法获取公民个人信息 963 条。

其间,被告人王某敏利用其担任兰州大学第一附属医院妇产科护师的便利,将其在工作中收集的 2074 条公民个人信息非法提供给被告人杨某红、孙某,收取好处费 13,610 元。被告人丁某芳利用其担任兰州军区总医院妇产科护师的便利,将其在工作中收集的 996 条公民个人信息非法提供给被告人李某林,收取好处费 4250 元。被告人杨某利用其担任兰州兰石医院妇产科护师的便利，将其在工作中收集的724条公民个人信息非法提供给被告人杜某娟，收取好处费6995元。

在本案刑事审判过程中，数名员工辩护意见为该等侵犯公民个人信息的行为系单位犯罪，而非自然人犯罪。

雀巢（中国）有限公司兰州分公司为证明其已经建立了完备的合规体系，与数名员工不存在共同侵犯公民个人信息的故意，而向法院提交了以下证据：

雀巢公司指示（复印于雀巢公司员工培训教材）、雀巢（中国）有限公司情况说明，证实雀巢公司不允许员工因推销0～12月龄健康婴儿使用的婴儿配方奶粉为目的，直接或间接地与孕妇、哺乳妈妈或公众接触。不允许员工未经正当程序并经公司批准而主动收集公民个人信息。

雀巢公司的《雀巢指示》以及《关于与保健系统关系的图文指引》、营养专员的承诺函等，证实雀巢在该等文件中明确规定，"对医务专业人员不得进行金钱、物质引诱"且雀巢公司针对该等规定要求所有营养专员接受培训并签署承诺函。

雀巢公司提供的医务渠道WHO在线测试成绩、测试卷、关于在高风险国家与医务专业人员和医疗保健机构交往的指示、员工奖金表，证实数名被告人均参加雀巢公司不允许营养专员向医务人员支付费用获取公民信息的培训、测试。

雀巢公司的政策与指示、雀巢宪章、关于与卫生保健系统关系的图文指引，证实雀巢公司遵守世界卫生组织《国家母乳代用品销售守则》及卫生部门的规定，禁止员工向母亲发放婴儿配方奶粉免费样品、禁止向医务专业人员提供金钱或物质的奖励，以引诱其推销婴儿配方奶粉等。

雀巢公司通过出示上述证据，向法院证明了雀巢公司在企业合规制度的建设、实施、培训管理等方面开展的一系列有效工作，虽然发生了数名员工经合规管理承诺及合规培训后仍实施了侵犯公民个人信息的行为，但这系员工的个人行为，而非单位与员工的共同犯罪行为；同时，单位在合规管理上不存在过失或疏漏，单位已经尽到预防犯罪的管理义务。

法院认为，被告人郑某、杨某红、杨某、李某林、杜某娟等在明知法律法规以及公司禁止性规定的情况下，为完成工作业绩而置法律规范、公司规范于不顾,违规操作进而贿买医务人员获取公民个人信息的行为,并非雀巢公司的单位意志体现,故本案不属于单位犯罪。人民法院以被告人郑某犯侵犯公民个人信息罪,判处有期徒刑1年6个月,缓刑2年,罚金4000元;被告人杨某犯侵犯公民个人信息罪,判处有期徒刑1年6个月,缓刑2年,罚金4000元;被告人杨某红犯侵犯公民个人信息罪,判处有期徒刑1年,缓刑1年,罚金3000元;被告人李某林犯侵犯公民个人信息罪,判处有期徒刑10个月,缓刑1年,罚金2000元;被告人杜某娟犯侵犯公民个人信息罪,判处有期徒刑8个月,缓刑1年,罚金2000元;被告人孙某犯侵犯公民个人信息罪,免予刑事处罚;被告人王某敏犯侵犯公民个人信息罪,判处拘役6个月,缓刑10个月,罚金1000元;被告人丁某芳犯侵犯公民个人信息罪,判处拘役5个月,缓刑6个月,罚金1000元;被告人杨某犯侵犯公民个人信息罪,判处拘役4个月,缓刑6个月,罚金1000元。

本案中,雀巢公司通过其建立起的有效合规制度,有效帮助其切割了公司的刑事责任和员工的刑事责任,避免了雀巢公司因单位员工犯罪而被法院判决须与员工共同承担相应刑事责任的厄运。一套行之有效的合规制度对于企业避免和降低"单位犯罪"的风险具有重要实践意义。

(五)合规是企业实现可持续发展的根本保障

企业合规是一种软实力,它不仅是国家法律层面的要求,也是企业自身发展内在的需要,还是企业现代管理、现代治理体系和能力的具体表现。在很多拥有完善合规体系的企业看来,企业合规是企业经营的前提和底线,合规可以确保企业在安全经营的前提下实现公司可持续发展,更好地守护企业的商业利益。企业合规是企业保障自身权益,降低风险成本的重要武器。企业要实现稳健发展就必须防范风险。企业建立合规机制对防范合规风险的作用至关重要,是一种具有"合规风险控制"职能的治理体系,是企业内控制度的最大应用。

(六)企业合规可以树立良好典范创造社会价值

首先,一家企业在合规体系建设当中,长此以往所形成的依法依规经营的企业合规文化,会促使企业在追求商业利益的同时,更加注重社会责任的承担,更加珍视良好社会形象的树立。其次,企业合规在树立企业合规文化的同时,也能在相关行业树立相应的价值观。例如,通过建立反商业贿赂合规计划,企业可以在整个行业树立廉洁、公平竞争的价值观。最后，企业合规文化具有传递效应，企业在经营活动当中会将自己的合规文化推及第三商业伙伴，第三商业伙伴按照相关监管要求会再次选择依法依规经营的伙伴，以此带动更多交易相对方依法依规经营，在整个行业乃至社会形成良好合规文化传递。

当代企业的影响力较大，建立企业合规管理体系能够促进企业承担更多的社会责任，使其更具公共性，从而促进企业更加遵守法律法规。建立企业合规制度，实际上使"预防违法"和"发现违法行为"的公共责任从国家转移到企业内部。企业合规机制赋予公司内部的合规官服务社会的属性，即便他们的日常工作不符合企业对利益追求的价值观，但企业仍应支持他们的工作，这体现了企业对社会责任的承担。

（七）在同类企业更具竞争优势，获取更多交易机会

企业合规可以减少企业违法行为发生的次数从而创造商业价值，吸引更多客户和投资者，为企业带来了更多的重大业务和商业机会。一个建立有效合规计划的企业，往往可以获得优质商业伙伴的青睐。有的企业在招标过程中，直接以投标企业获得相应的合规管理体系认证，作为评分标准之一。从短期效果来看，企业违法违规开展经营活动，也许能够获得暂时的经济利益，但"百年老店"的商业信誉才是难能可贵的。

尤其是当前全球化进入新阶段，企业竞争进入全球价值链竞争的当今时代，合规风险管控的问题却在"走出去"的中国企业中普遍存在。企业合规可以为我国企业在开展对外贸易、境外投资、对外承包工程等"走出国门"的相关业务保驾护航，帮助企业持续性合规经营，保护我国公司之合法权益。企业合规问题是未来许多中国企业海外经营中要面对的问题，中国企业要走出去，必须提高自身合规能力。

第四节　知识产权合规管理

知识产权，是指权利人对其所创作的智力劳动成果所享有的专有权利，主要包括专利权、商标权、版权（著作权）、商业秘密、厂商名称、制止不正当竞争、集成电路布图设计专有权、植物新品种、原产地名称等。

合规大势下，合规几乎涉及企业的方方面面，知识产权也成为企业合规中的一个重要组成部分。随着我国知识产权法律法规的逐渐完善，《专利法》《商标法》《著作权法》《植物新品种保护条例》等法律法规的多次修正，知识产权的合规内容也不断变化和更新。现代社会在发展过程中，对于知识产权愈加重视，依托于知识产权运营的产业形态也越来越丰富，企业所面临的市场竞争也愈加激烈，知识产权作为技术创新的重要载体，已经成为企业的核心竞争力，知识产权合规越来越多地进入大众视野。

一、知识产权合规及合规风险

知识经济是以知识和智力资源的创造、占有、运用为重要因素的经济，知识对企业经济发展的作用主要通过技术创新来实现，又通过知识产权和其他法律制度的有效保护而得以有序进行。知识产权作为企业最为重要的无形资产之一，一直以来都受到企业的重视。

知识产权合规，是指履行涉及知识产权的合规要求和合规承诺。

知识产权合规风险，是指企业及其员工因知识产权不合规行为，引发法律责任，造成刑事追责、经济或声誉损失以及其他负面影响。

全面系统地排查知识产权合规风险和管理漏洞，有助于企业有针对性地制定和完善知识产权合规体系。基于知识产权保护规则的特殊性，结合相关合规标准，企业在知识产权领域的合规风险包括但不限于：

1. 商标权合规风险：(1)商标申请风险，商标未注册或被他人抢先注册、申请类别不全、重点类别保护力度不够、申请的标识不全面、申请地域不全、未对目标市场全面布局；(2)商标使用风险，对商品或服务类别越权使用或许可他人使用、侵犯他人在先权利、商标使用不规范使用等。

2. 专利权合规风险：(1)未能有效开发和实施专利的风险；(2)专利申请权争议风险；(3)专利许可权滥用风险；(4)管理不善导致专利失效的风险；(5)专利转让纠纷风险；(6)被侵犯专利的风险等。

3. 著作权合规风险：(1)职务作品、委托作品、著作权的权属确定风险；(2)作品素材侵权风险；(3)互联网的信息网络传播权侵权；(4)许可使用和转让中的风险等。

4. 商业秘密合规风险：(1) 对外宣传、合作过程中泄露；(2) 员工离职泄密；(3) 商业秘密被他人盗窃、使用和披露等。

二、企业知识产权合规管理现状

很多企业在应对知识产权风险问题时都是以“出现问题”作为导向，只要企业的知识产权问题没有实际严重影响到企业的经营，该问题就不会解决。但是，企业一旦产生知识产权问题，就意味着企业会受到重大利益的损害，如企业的核心产品技术、核心品牌等遭遇危机。企业面临两难的境地，要么意识不到知识产权问题，要么虽然意识到知识产权问题但问题所产生的损失已经无法避免，这种情况产生的根源在于企业并没有积极地重视知识产权合规体系的建立。

1. 合规管理意识淡薄。

现阶段，我国很多企业在知识产权合规管理上缺少经验和认知，对于大多数企业来说，他们认为知识产权只是单纯的专利申报和证书管理，并未设立专门的知识产权管理部门。也正是由于企业没有意识到该项工作的重要性，导致许多技术成果在没有转化成专利授权前，被以论文等形式将技术公开，引发商业机密泄露问题。这种管理认知不能对知识产权风险进行合理控制，最终导致企业知识产权合规管理工作无法开展。

2. 缺少合规管理制度。

我国很多企业在知识产权方面的管理制度处于不健全状态，导致管理工作很难发挥出实质性效果。虽然部分企业在最近几年开始设立知识产权管理部门，但缺少适宜的管理方式，创新成果保护水平明显不足，专业化程度不强。不同管理人员对于知识产权管理的理解也不同，未形成知识产权管理体系，知识产权管理工作受到了阻碍，这些问题均会影响企业创新成果保护和运用效果。

三、企业知识产权合规管理的特殊性

企业的合规管理目的主要体现为“防控合规风险”，即预防或应对相关负面事件。对于知识产权合规而言，总体目标通常需要兼顾“防止侵犯他人知识产权”和“保护自身知识产权”两个方面，二者不可偏废。与其他专项合规不同，知识产权合规既包括制裁类风险,也包括纠纷类风险。在预防纠纷类风险方面可能更侧重一些,即企业不应仅被动服从规则,而是应当主动认识、遵守乃至利用规则以获取竞争优势。知识产权合规工作的这一特点与知识产权法的属性有关。

在其他合规板块中,所适用的规则多为刑法、行政法等公法或具备一定公法属性的竞争法规则,这些规则的逻辑范式体现为特定违法行为对应特定不利法律后果,因此相应的合规工作主要体现为企业识别潜在可能触犯的违法行为,并采取措施避免做出该等行为。

四、企业开展知识产权专项合规的特殊意义

企业知识产权合规管理工作是企业全面合规体系建设的重要组成部分,除了企业合规管理的一般意义之外,还具有其特有的意义。知识产权是企业竞争力的核心要素,知识产权合规漏洞给企业带来的损失不可估量。企业加强防范知识产权合规风险,构建知识产权合规管理体系,将合规"防火墙"融入企业业务流程,对培养企业资源优势、实现长期可持续发展意义重大。从数据上看,近年来知识产权犯罪案件激增。知识产权犯罪给企业带来巨大的风险与挑战,在新形势之下,加强企业知识产权合规体系建设、提升企业知识产权合规水平将成为企业提升核心竞争力的重中之重。

第五节　企业合规管理的不足与展望

有些企业对合规建设存在误解,认为合规风险就是法律风险、合规风险只涉及企业的高管及其他工作人员。合规就是抄一套制度,出了问题再说等。企业要正确认识合规,应将合规理解是升级的公司治理结构,是行政监管激励的重要手段,是防范刑事风险防范的重要途经。

一、企业合规管理的不足

随着国内经济的快速发展,面临的生存环境越来越复杂化和多样化,企业在

经营过程中潜在的风险也急剧增大。为了企业健康、快速的发展，企业的合规建设越来越重要。目前我国合规管理尽管已向企业全面推行，但仍然处于发展阶段。在实践中，企业的合规问题层出不穷，合规意识的弱化，合规建设的滞后，内控制度的缺失与不完善，股东和公司管理人员行为的不合规，还存在合规监管体系不完善，合规监管流程不完整，评价、问责效果不明显、资源配置不平衡等合规问题均影响着企业的健康发展。

1. 缺乏合规管理意识。很多企业缺乏合规意识，主要在于管理层缺乏合规意识。管理层业务思维代替合规意识。合规是贯穿企业各个部门的一项工作，但是，实现企业全员合规是一项非常艰难的任务。这要求企业不同的部门之间相互配合，但不同部门根据业务特点也有不同的工作模式。企业的法务部门和审计部门承担着企业运营中主要的合规工作，包括企业规章制度的制定与实施监督。而很多企业具体的业务部门是为企业创造经营业绩，更多的是强调业绩。他们认为如果要求业务部门过多强调合规，就会产生一种“矫枉过正”的效果，束缚手脚。

2. 曲解合规意识。很多企业除缺乏合规意识以外，还存在部分企业管理者曲解合规工作的现象。例如，公司管理者利用合规钻法律漏洞，进行灰色经营。此种方式反而加大了企业经营风险。

3. 企业合规管理体系不完善。企业合规管理并没有实现自上而下、完全渗透到全部日常经营和管理中，合规工作仍以事中处置为主。在实践中，有些企业管理层人员虽然具备合规意识，但是公司的合规建设华而不实，寻求市面上诸多事务所、咨询公司等服务机构的帮助，来建立企业的合规机制，往往会被服务机构误导而搭建许多形同虚设“体系框架”，却不能解决实际工作中遇到的现实问题。所制定的方案往往千篇一律，不能契合不同行业、属性、领域的企业实践，给企业的体验感差。

4. 企业合规管理严重滞后。合规建设包括人员建设、制度建设等一系列工作，合规建设带来企业经营成本的增加，同时也与企业现有的经营管理体系相冲突，不能有效地糅合在一起，企业的合规建设陈旧落后，如合规管理人员建设落后，企业虽然配备合规管理人员，日常工作综合性较强，属于名义上的法务，其工作性质仍类似于办公室文员，专业性缺乏。

5. 合规管理人员缺乏业务思维。企业合规的重要作用是风险防控，但是并不意味着仅局限于法律风险。公司的风险防控是一个系统的过程,包括法律风险防控、财务风险防控、业务风险管理等。企业的合规管理人员应当深入了解企业的各项业务,了解业务运作的逻辑。但是当前企业合规管理人员普遍存在不了解企业业务流程,不熟悉交易背景,单纯地审查相关交易合同,纠结于合同条款的情形。

二、企业合规管理的展望

在最近2年的发展中,合规重点对象在变,由央企、境外中国企业扩大至所有企业,涉及面更广且适用主体更多元。合规的内涵也在不断丰富。以往跨国企业中的合规,更侧重于反腐败、反洗钱等领域的专项合规管理。我国企业则更侧重于"大合规"管理,在强调建立合规管理体系的同时,也强调重点领域、重点环节和重要人员的合规管理。

在未来,企业合规管理主要具有以下几大发展趋势:

1. 从动机来看,企业合规将从外部压力逐步转为内生需求。随着经济全球化的发展,企业经营的各项风险不断提升,企业合规管理的建设也由之前为符合法律法规的硬性要求转变为企业为保自身利益的主动行为。企业心态逐渐从"要我合规"转变为"我要合规",以更加积极主动的姿态加强自身合规体系建设。

2. 从涉及行业来看,企业合规管理将由传统金融行业的合规管理扩展至全行业各领域的合规管理。作为合规管理的先期探索者,金融行业已经从中获益颇丰。随着社会经济的发展,各行各业面临的风险不断增多,为解决这一问题,互联网、医疗卫生、制造业等其他行业纷纷将目光看向"风险最高的"金融行业,并根据自身行业特点,结合金融行业合规经验,积极开展合规管理体系的探索。

3. 从合规内容来看,企业合规侧重于更经济、更有效率的专项合规。以反腐败、反垄断、数据安全、劳动用工、知识产权、安全生产等为主要内容的合规体系的建立,不是全部应用于每个企业。如果是进出口业务频繁且数额巨大,贸易与出口管制合规就是重点;如果是人员密集型的制造业,安全生产合规就是重点;如果是污染较重的企业,环境保护合规就是重点。因此,企业应先识别自己的风险领域,同时出于成本的考虑,进行更有效率的专项合规。

4. 从企业性质来看，从央企、国企到民营企业。随着 2018 年《中央企业合规管理指引（试行）》的颁布，国有企业合规管理体系建立正在有序开展。作为民营企业的风向标和引路人，在国有企业合规管理建设初见成效后，必然会有大量民营企业跟风效仿。

目前，我国经济正在由高速增长转向高质量增长。高质量发展是新时代所赋予市场经济体系的新要求，企业在解决了“有没有”的问题之后，开始关注“好不好”的问题。

5. 由国内合规发展到全球合规。现代企业呈现从遵守国内法律法规到接受国外政府和国际组织监管的过程。在跨国企业尚未兴起的时代，一家企业只需要关注本国的法律制度和监管框架，着手进行合规管理。但是随着经济全球化，越来越多的企业“走出国门”，在其他国家和地区进行投资、交易，势必受到所在国家和地区的法律法规的规制。另外，国际组织的合规标准也对企业产生直接或间接的影响。掌握制裁措施的国际组织，其制定的合规标准对企业具有强制力。

6. 合规管理的数字化。随着科技的发展，复杂多变的外部环境挑战及数字化压力对企业合规管理水平提出了更高的要求，企业迫切需要通过外法内规、业务流程、系统数据等要素的联动更新，建立能灵活适应企业多层级、多业务条线的合规数字化管理平台。合规数字化转型依赖于企业有意愿将合规管理纳入管理机制运行，嵌入经营活动过程中。企业应积极开展合规的数字化信息化建设，将合规运行数字化。

第二章　商标合规管理

商标是用以识别和区分商品或者服务来源的标志。任何能够将与他人的商品或者服务区别开的标志,包括文字、图形、字母、数字、三维标志、颜色组合和声音等,以及上述要素的组合,都可以作为商标。商标是现代经济的产物,如"云南白药"。

申请商标注册,必须向商标注册的主管部门提交商标注册申请,应当按规定的商品分类表填报使用商标的商品类别和商品名称。1994 年 8 月 9 日我国加入《商标注册用商品和服务国际分类尼斯协定》。尼斯协定主要规定的是商品与服务分类法,它将商品分为 34 大类,服务项目分为 11 大类,该分类为商标检索、商标管理提供了很大方便。商品分类表不是一成不变的,它会随着商品的丰富及人们对商品的认识而逐步增加及修订。尼斯分类表一般每 5 年修订一次,一是增加新的商品,二是将已列入分类表的商品按照新的观点进行调整,以求商品更具有内在的统一性。《类似商品和服务区分表》是我国商标主管机关为了商标检索、审查、管理工作的需要,以《商标注册用商品和服务国际分类》为基础,把某些存在特定联系、容易造成误认的商品和服务组合归类在一起,编制而成的。《类似商品和服务区分表》亦随着国际分类表的修订而作相应的调整。本书选取的实例,可能涉及一些商品或服务名称与现行的《类似商品和服务区分表》中商品或服务名称有出入。

商标合规是指企业及其员工的经营管理行为符合我国《商标法》《商标法实施细则》的有关规定以及行业准则、商业惯例、道德规范和企业依法制定的章程和规章制度等要求。企业可以将结合企业实际情况,识别与商标相关的风险,从而建立企业的商标合规管理制度,进行有效的合规管理。

第一节　商标设计的合规管理

商标作为一种信息资源，担任着传递信息的功能，同时商标也是每一个企业的形象代表，是企业品牌价值的承载体，更是企业无形的资产。对企业来说，即便是新产品很快投放市场，也不要随便设计一个商标。商标属于企业自己的一项资产，代表一种形象，蕴含某种价值。所以，企业在这方面必须多斟酌。当然，商标设计不单纯是一般工艺美术问题，不能只追求商标的美观与实用，同时要从源头做起，考虑商标设计的合规性，即商标设计的合法性以及使用的法律后果，例如，企业委托第三方设计的商标则需要明确作品的著作权归属企业。

一、商标设计应进行商标检索

商标设计过程中，第一项工作就是进行商标检索，以确定拟注册或使用商标是否同他人在同一种商品、服务或者类似商品、服务上已经注册的或者初步审定的商标相同或近似。如果确定相同或者近似，就不能使用或将该商标提交商标局申请注册。如果确定不相同或者不相近似，方可以投入使用或提出注册申请。

对商标进行检索查询的目的主要有三个：一是检索是否已经有在先申请或是否存在注册商标与申请商标相同或近似的情况，以便决定商标是否申请或预测申请商标的注册风险。二是为了避免诉讼风险。有的企业由于没有事先查询，不知晓欲申请注册的商标是他人在先申请且已被核准注册的商标，就在市场中广泛使用该商标，在推广自己产品的同时实际是为已经核准注册的商标做免费的市场宣传和广告，还会存在侵犯他人商标专用权的情况。三是降低注册风险，节省企业成本。

二、商标设计必须遵循法律要求

设计商标当然要考虑到“合法性”。所谓“合法性”，是指商标名称和图形必须符合国家法律规定，主要是指商标的构成不得含有《商标法》所禁止使用的文字和图形。

我国《商标法》规定有些标志不得作为商标使用。例如：

1. 同中华人民共和国的国家名称、国旗、国徽、国歌、军旗、军徽、军歌、勋章等相同或者近似的，以及同中央国家机关的名称、标志、所在地特定地点的名称或者标志性建筑物的名称、图形相同的。

2. 与表明实施控制、予以保证的官方标志、检验印记相同或者近似的，但经授权的除外。

3. 同“红十字”“红新月”的名称、标志相同或者近似的。

4. 带有民族歧视性的。

5. 带有欺骗性，容易使公众对商品的质量等特点或者产地产生误认的。

6. 有害于社会主义道德风尚或者有其他不良影响的。

【案例】“茶颜悦色”与“茶颜观色”商标争端

“茶颜悦色”是湖南长沙一家网红奶茶品牌，招牌是一名扎着发髻的仕女。它所主打的是中式鲜茶和中国风产品设计，属于湖南茶悦文化产业发展集团有限公司（原湖南长沙茶悦餐饮管理有限公司）旗下品牌。“茶颜悦色”于2015年在第30类茶饮料等商品上注册商标，申请人为湖南茶悦文化产业发展集团有限公司。法定代表人吕某，即“茶颜悦色”创始人。

2019年，在“茶颜悦色”的直营店的对面，新开了一家名叫“茶颜观色”的奶茶店，两家奶茶店直接对垒，从店面装修到产品都十分相似。店主表示，有许多游客将“茶颜观色”误认为“茶颜悦色”。

“茶颜观色”属于广州洛旗餐饮管理有限公司（以下简称洛旗公司）旗下。洛旗公司成立于2017年，于2018年从第三方受让获得第4281333号“茶颜观色”商标，该商标注册于2008年，注册在第43类，核定商品/服务包括咖啡馆、自助餐厅、餐厅、茶馆等。

“茶颜观色”于2008年成功注册，比“茶颜悦色”更早，故2019年10月，“茶颜观色”所在的洛旗公司起诉“茶颜悦色”，称“茶颜悦色”使用的商标、字体与“茶颜观色”商标相似，构成侵权，要求“茶颜悦色”赔偿损失，发表致歉声明。

法院经审理后认为，“茶颜观色”商标在注册后几乎无人知晓。2018年，原告洛旗公司在理应知晓“茶颜悦色”知名度的情况下，仍然受让使用注册商标“茶颜观色”，并以此提起商标侵权诉讼，主观恶意明显，驳回了洛旗公司的诉讼请求。

裁判文书显示，其实，早在2018年11月15日，“茶颜悦色”创始人吕某就对“茶颜观色”商标提出无效宣告请求。国家知识产权局于2019年12月31日作出裁定：诉争“茶颜观色”商标予以维持。

吕某不服裁定，向北京知识产权法院提起行政诉讼，请求判令国家知识产权局针对吕某就第4281333号“茶颜观色”商标提出的无效宣告请求重新作出裁定。一审法院没有支持吕某的诉求。故吕某提起上诉。北京市高级人民法院认定，诉争商标“茶颜观色”与成语“察言观色”呼叫相同，相关公众容易将二者产生联系，亦即“茶颜观色”系对成语“察言观色”的不规范使用。如果诉争商标“茶颜观色”作为商标使用，将对我国语言文字的正确理解和认识起到消极作用，对我国教育文化事业产生负面影响，不利于我国语言历史文化的传承及国家文化建设的发展，对我国文化等社会公共利益和公共秩序产生消极、负面的影响，有害于社会主义道德风尚或者有其他不良影响的标志不得作为商标使用。这实际上就认定了“茶颜观色”商标无效。

三、商标不应与他人在先取得的合法权利相冲突

根据我国《商标法》第9条第1款的规定，“申请注册的商标，应当有显著特征，便于识别，并不得与他人在先取得的合法权利相冲突”。在先权利主要有著

作权、肖像权、姓名权等。侵犯在先权利图形商标一般以侵犯著作权为多。有一个比较普遍的现象需要提醒企业注意，现在很多企业喜欢委托专业人员设计标志，如果将这个标志作为商标来申请，则需注意：如果标志是委托别人设计的，属于委托作品，如果对著作权归属约定不明或未约定，著作权就归属设计者。要防止这种情况的发生，企业只有提高知识产权合规风险意识，在请人设计标志时，一定要与设计人书面约定将著作权归属自己。

【案例】关东升诉道琼斯公司侵犯著作权纠纷案

2003 年 3 月，关东升向北京市第一中级人民法院递交起诉状，状告道琼斯公司（英文名称 DOW JONES&COMPANY，INC）侵犯其书法作品著作权。关东升教授诉称，1994 年春夏之交，原告为道琼斯公司总裁康彼得先生题写了具有独特风格的“道”（见下图）字，并题写“君子爱财，取之有道。康彼得先生正”作为落款。2002 年 2 月，原告得知道琼斯公司未经其许可将该款“道”字用于其公司的商业标识，其使用范围包括网络、报纸广告、图书、户外广告、公司简介、各种宣传材料等。关东升教授认为，道琼斯公司在商业活动中使用其书法作品“道”字，属于未经著作权人许可的侵权行为，请求法院判令被告停止侵权行为，赔偿 500 万元等。被告道琼斯公司辩称：其使用的商业标识中包含的“道”字确为原告所写，但其使用是经过原告许可的，并不构成对原告著作权的侵犯。

2003 年 7 月，北京市第一中级人民法院对这起案件进行了公开开庭审理。法院认为，原告 1994 年所书写的“道”字为书法艺术创作成果，属于书法作品。原告作为创作者，对该作品享有著作权。道琼斯公司虽然受赠获得该作品的原件，并未获得该作品的著作权，不能据此认为原告已许可其将该作品作为商业标识使用。因此，道琼斯公司的行为侵犯了原告对其作品享有的复制权、发行权及信息网络传播权。由于其在以商业标识方式使用原告作品过程中,未给原告署名,同时将原告书法作品的题跋、落款、名章、闲章删去,构成对原告就其作品所享有的署名权、修改权的侵犯。最终,人民法院判决道琼斯公司停止将原告书写的“道”字作品作为商业标识使用的侵权行为,并赔偿关东升经济损失405,684元等。

四、商标规范用字的合规风险

对于我国的中华传统文化而言,汉语言文字属于我国文化的重要组成部分。《国家通用语言文字法》第14条第3项规定:招牌、广告用字,应当以国家通用语言文字为基本的用语用字。对于包含汉字的商标而言可以通用所呈现的特殊艺术化表现形式,如特殊字体、艺术化设计、色彩组合等要素,一方面表达语言文字含义,另一方面增强其作为区分商品或服务来源的标志所应有的显著性和识别性。但是,将包含文字的商标进行艺术化设计,不仅要符合相关法律规定,亦应符合《商标法》乃至更为广泛的知识产权法律制度所倡导的稳重性以及严肃性的要求。因此对于文字商标的艺术化设计空间并非毫无限度,规范化使用汉字应当为最低限度的要求,否则将可能破坏汉语言文化的统一性,进而对我国的社会文化造成不良影响。由此,不规范使用汉字的标志应当纳入《商标法》第10条第1款第8项所规定的具有“其他不良影响”的情形予以规制。例如,“初代的檬”(初代の檬)就因为“檬”字偏旁书写不规范,而被驳回。

五、商标设计中字体选择的风险防范

我国的文字丰富多彩,同一个字在选择了不同的字体之后,外观可以变得相差甚远。在注册商标的过程中,商标字体的选择是大多数商标申请人不太在意的一个问题。商标作为区别商品或服务来源的标志,如果能选择经过设计的独特字体注册商标,对于商标申请人来说有不少好处。比如,如何判定两个商标是否构成近似,本身没有特别明确标准。如果商标申请人使用经过设计的独特字体申请注册商标,则此商标的字体是独一无二的,一旦他人使用了这个字体,即可判定其具有复制模仿的主观恶意,判定商标近似与侵权就较为容易。

【案例】字体独特的“醒目”

北京定富康光学眼镜有限责任公司（以下简称定富康公司）在第9类“太阳镜、眼镜片”上申请注册“醒目 XINGMU”商标（见下左图）。天津津美饮料有限公司（以下简称津美公司）向商标局提出异议，认为该商标抄袭了自己注册在第32类的无酒精饮料、饮料制剂上的“醒目”商标（见下右图）。

商标局认为：津美公司的“醒目”商标已在我国获准注册，核定使用商品为第32类的“无酒精饮料、饮料制剂”。该商标字体独特，属于非常规字体，具有较强的独创性。定富康公司引证的“文鼎水柱体”与津美公司商标字体在表现形式上存在差异，不能因此否定津美公司商标字体的独创性。1999年12月，津美公司使用在“无酒精饮料”商品上的“醒目”商标被天津市工商行政管理局认定为“天津市著名商标”，定富康公司也承认津美公司商标具有知名度，因此可以认定津美公司商标在我国具有较高知名度，且定富康公司明知津美公司商标“醒目”及其表现形式。被异议商标由汉字“醒目”及其拼音“XINGMU”组成，其中汉字位于该商标的显著地位，起主要识别作用。被异议商标汉字“醒目”的字体与异议人商标“醒目”基本相同，定富康公司将该商标申请注册在第9类“太阳镜、眼镜片”等商品上构成对津美公司商标的复制，也容易误导社会公众。

据此，商标局裁定定富康公司“醒目 XINGMU”商标不予核准注册。

对那些商标名称本身就不具有独创性的商标来说，重名是难以避免的，如果仅凭商标名称相同，欲阻止他人在不相同或不相似的商品上注册，道路是非常艰难的。如果商标的字体是精心设计的非常规字体，如果模仿自己商标的字体和自己的一模一样，那么在维护自己的商标地位上，将占尽优势。因为经过设计的独特字体还拥有自己的著作权，可根据《著作权法》得到保护。如果他人模仿自己的字体，进行商标注册申请，可以侵犯在先权利为由向商标局提出异议。很多企业都设计独特的字体作为自己的商标，而不是使用一般的宋体、楷体等。

六、要注意商标设计中多音字的问题

中国汉字文化博大精深，有许多多音字。多音字在带给我们方便的同时，也给企业商标设计时带来丝丝烦恼。例如，东阿阿胶公司不能核准“九朝贡胶”商标，原因在于“朝”字。“朝”字有两个读音，分别是“zhāo”和“cháo”。在不同词组中读音不同，意思是完全不一样的。东阿阿胶公司申请的“九朝贡胶”商标将文字“九朝”与“贡胶”结合在一起使用，其中“贡”字在我国历史文化传统下的含义特殊，而普通消费者容易将“九朝”中的“朝”字认读为“cháo”，易使消费者误认为其是历经九个朝代。虽然东阿阿胶辩称“九朝贡胶”商标中的“朝”念“zhāo”。“九朝”指“经历九天”，而且“九朝贡胶”商标经过多年的宣传使用，早已拥有庞大的消费群体，形成稳定的市场格局，不会使相关公众对商品的品质错误认识。还提交了“九九制胶法”传承谱系图、道光年间圣旨以及《九朝贡胶密炼图》，用以证明东阿阿胶法定代表人秦玉峰是“九朝贡胶”制作技艺唯一非物质文化遗产继承人。但是经过北京知识产权法院以及北京市高级人民法院两级审判，最终东阿阿胶公司还是没能挽救“九朝贡胶”商标。

七、商标设计也应考虑社会因素

由于各国风土人情、社会文化背景不同，有些在一国常用或为消费者所喜爱的商标，在另一些国家就未必适宜使用。所以，在商标设计方面，在选择商标的文字、图形和色彩时，应注意要和各地的社会文化传统相适应，不要违背当地的风俗习惯和各国的宗教信仰，对于出口商品的品牌商标设计，更应特别避免采用销售国禁用的或消费者忌讳的元素。一个元素在一个国家是非常美好的意思，但可能到了另一个国家其含义会完全相反。

对于颜色，如瑞典的国旗为蓝色，该国禁用蓝色作为商标，如果用蓝色作商标就会被认为是对他们国家的不尊重，自然就难以获准注册。

对于形状，三角形是国际上通用的警告性标志，捷克人以红三角为有毒的标记，如上海名牌“三角”牌毛巾去捷克注册时就需要特别注意。而在土耳其，绿三角表示“免费的样品”。在信奉伊斯兰教的国家不能使用六角形作为商标，因为这些国家禁止这种标志的商品进口，雪花图形是六角形，也不能用作商标。

对于动物，比如“蝙蝠”在我国“蝠”与“福”同音，被认为有美好的联想，而在英语里，蝙蝠(Bat)却是吸血鬼的意思。我国以前出口英国的“山羊”牌闹钟，在英国市场不受欢迎，因为在英国“山羊(Goat)”有“不正经的男人”或“色鬼”之意。澳大利亚禁忌用兔的图形作商标。西方国家禁用黑猫的图形作商标。印度以及阿拉伯国家禁用猪的图形作商标。中国人引为自豪的熊猫，在东南亚、欧美等地广受欢迎，视为憨态可掬，但熊猫在非洲一些国家是禁忌，不能作为商标使用。在英语中，雄鸡(Cock)意味着下流，以雄鸡作为商标，影响不佳。英国人忌讳人像作为商品的装潢。我国出口的白象牌电池在东南亚各地十分畅销，因为“白象”是东南亚地区的吉祥之物，但在欧美市场上却无人问津，因为“白象”的英文“White Elephant”意思为累赘无用令人生厌的东西。在中国一般将鹿看作快乐、活泼、长寿的象征，在巴西等地却是“同性恋”的俗称。日本人把龟视为长寿的象征，而中国忌讳龟，而把仙鹤、松柏喻为长寿。在法国“仙鹤”则是蠢汉和淫妇的代名词。孔雀在东方人心目中是美丽的，但是在法国是淫妇的别称。斯里兰卡、印度视大象为庄严的象征，在欧洲人的词汇里大象则是笨拙的同义词。

对于植物，法国人认为黑桃是死人的象征，采用这一图形的商标将不能获准注册。意大利人把菊花当作国花，日本人把菊花视为皇家的象征，都不接受以菊花的文字和图形作为注册商标，而拉丁美洲国家则将菊花视为妖花，也不允许采用菊花图形的商标注册。在许多国家玫瑰花是作为赠送亲友的礼物佳品，但在印度和欧洲一些国家则把它作为悼念品，所以不能用作商标使用。郁金香是荷兰的国花，在土耳其是爱情的象征，在法国人的眼里却是无情无义之物。

对于数字，一些国家不准用数字作商标。有些国家很忌讳个别数字，如西方国家认为“13”是个不幸、凶险的数字，任何场合都尽量避开它。

八、商标名称翻译的风险

随着经济全球化趋势，商标也日益具有国际性，因此，从一种语言到另一种语言，商标翻译既要保留其母语精华，又要符合消费心理，还要符合当地的社会文化背景，并不是一件易事，商标不仅在命名时要倍加斟酌，在翻译时更需慎之又慎。例如,“芳芳”有芬芳之意,作为化妆品的商标是不错的,但是在国外被翻译为“FangFang”,就将是另外一种境遇了,“fang”在外文中是指“有毒的蛇牙”,“FangFang”化妆品的受挫也就是情理之中的事情了。如将“蓝天”牙膏被直译成“BLUESKY”,在美国就不受欢迎。在美国,“BLUESKY”包含有收不回来的企业债券之意。如果将“Benze”汽车翻译成“笨死”汽车,其结果是可想而知。实际上,“Benze”汽车直到找到“奔驰”这个贴切的译名,才开始在中国大地奔驰如飞。

国内胶卷行业“乐凯”商标,本无任何特定含义,但为了满足消费者大吉大利、幸运幸福的心理,被译为“Lucky”(幸运),既保持了原文的音节,又符合人们的消费心理,可以说译名的效果远远超过了原名。同样,外国商标名称在翻译成中文时,巧用中文音义与字义,取得了很好的效果,如“PENTIUM”翻译为“奔腾”。最为典型的案例则是“可口可乐”。“可口可乐”一直被认为是广告界翻译得最好的品牌名。不但保持了英文“Coca-Cola”的音译,还比英文更有寓意。20世纪 20 年代“可口可乐”已在上海生产,一开始翻译成了一个非常奇怪的中文名字,叫“蝌蝌啃蜡”,被接受状况可想而知。于是可口可乐专门负责海外业务的出口公司,公开登报悬赏 350 英镑征求译名。当时身在英国的一位上海教授蒋彝,便以“可口可乐”四个字击败其他所有对手。“可口可乐”四个字突出其商品特性,可以说是浑然天成,毫无斧工痕迹,而且“可口可乐”已经成为现代社会中饮料的代名词,可见其译名在中国文化中的渗透力。

第二节　商标布局合规管理

随着近年来商标被抢注、被山寨现象的屡次发生,越来越多的企业开始重视对商标的保护。商标注册申请要树立超前意识,作为企业或商标申请人,在计划从事某种商品生产或服务时,应考虑到商标申请注册时间长和可能被别人抢注等不利因素,树立合规风险意识,将商标布局纳入企业的知识产权合规管理中。

一、商标与商号一体化策略

商标和企业字号都是区别产品或服务来源的标志,但两者在登记注册的要求和保护力度以及市场作用上是不同的。首先,从申请注册登记权限范围看。商标的申请注册是国家商标局统一受理,统一核准,强调的是在全国范围内的同种或类似产品或服务上不得出现相同或类似的情形,而企业名称字号只要在相应的工商登记机关的同一辖区内同行业不能出现完全相同的情形。其次,从保护力度看,商标专用权是由工商行政机关或司法机关对全国范围内,就同种或类似商品上使用相同或近似商标的行为,依据《商标法》进行保护的;而企业字号只是工商行政机关对一定辖区内的企业名称,依据《企业名称登记管理规定》实施排他保护的一种手段。

对生产或经营者来说,商号和商标一致是最好的,有利于宣传和保护。要实现二者的一致,就应当考虑在申请企业名称登记前先通过中国商标网或商标代理机构进行网上查询,以免出现因他人商标在先而不能作为商标申请注册,甚至是因为别人有影响的商标在先而使原有的企业名称被撤销。尤其对于有很多商标的企业来说,主商标最好与商号保持一致。我们可以看到很多大型企业的商号和主商标是一致的,如海尔集团的商标是"海尔",红豆集团使用"红豆"商标,这是有道理的,当商号和商标为同一个时,因为"同一视觉识别"将更容易推广。

二、企业名称简称以及缩写应申请商标注册

企业名称一般由行政区划、字号、行业或者经营特点、组织形式组合而成。但是,在日常生活中,并不直接称呼企业名称的全称,而是以简称的方式代替,比如"石家庄制药集团有限公司"简称"石药","中国汽车第一汽车集团公司"简称"一汽","北京大学"简称"北大"等,还有的将自己的名称进行缩写,比如"China Cirter Television"(中央电视台)缩写为"CCTV",也简称为"央视"。企业名称简称以及缩写都衍生于企业名称,在现有的法律制度下,企业必须增强自身的知识产权保护意识,应当及时全面地将企业简称或缩写在相关的商品或服务上申请商标注册,通过注册商标专用权在全国范围内来禁止他人未经许可擅自使用的侵权行为,从而更加有效的保护企业名称的简称以及缩写。

三、不能忽视对商标的简称与别称的保护

注册商标的简称,是指基于汉语语言表达的特点,对注册商标形成的缩略式

称呼。商标别称是指正式商标名称以外的名称，国内的消费者常常习惯使用简称称呼一些企业的商标，例如，汽车商标“LANDROVER”的正式译名为“路华”，公众则习惯称为“陆虎”或“路虎”。简称的知名度有时不亚于企业商标，像“阿迪达斯”简称“阿迪”，将“广州本田”简称“广本”，将“哈尔滨啤酒”简称“哈啤”等，这些企业名称和商标的简称已被公众所熟悉，看到它们自然会联想到这些企业的产品。然而，就是这些看似应属于原有企业的简称，有的却为别人做了“嫁衣”。阿迪达斯在中国的高知名度，也导致了消费者口中常出现的“阿迪”成为被竞相抢注的对象。在中国商标网查询发现，以“阿迪”为商标直接注册的已经涵盖了所有类别，其他以“阿迪”为关键字的注册商标也有近百个。

如果商标简称与别称在同种类似商品上被他人注册，权利人认为该商标的注册会对其造成利益损害，可以通过异议或其他方式来主张自己的权利。但是，考虑到救济程序的被动性和滞后性，救济不如主动保护，建议企业不要忽视商标简称与别称的保护，应主动在相关类别进行注册。

四、商务标语也可以申请注册商标

商务标语是经营者为了推销商品或者宣传服务项目而使用的宣传广告短语。它常常和商标同时出现，与商标有密切的联系，商务标语通常针对商品的特点、服务态度，用简洁的语句来赞美。有些商务标语具有特殊的创造性、文学性，可以成为《著作权法》的保护对象。现实生活中，很多企业的标语并不直接涉及商品的性能、功能和特征，具有显著性，可以作为商标注册。例如，耐克公司将“Just do it”申请注册为商标；李宁公司将“一切皆有可能”申请注册为商标；肯德基公司将“有了肯德基，生活好滋味”申请注册为商标；（见下图）美特斯邦威将“不走寻常路”申请注册为商标。

LI-NING
一切皆有可能

有了肯德基、生活好滋味

五、无处不在的商标注册申请

现在商标的身影无处不在，只要我们稍加留意，可以发现商家的商标保护意识的增强。美国微软公司在1985年就推出了它的Excel电子表格程序，但是一直没时间正式注册它的商标，后来才将“Excel”申请注册商标，并致函纽约一家名为Savvysoft的企业开发的TurboExcel，要求它更改产品名称，称其侵犯了微软公司对“Excel”拥有的商标权。

第一，在主打商标下，企业注册一些标注产品技术、功能信息的辅助商标，这也非常有用。例如，厦华电子公司于2001年2月21日被核准注册了“CHDTV”商标，这一商标主要用于电视机等产品。2003年，厦华电子公司发现长虹彩电及其宣传彩页、包装箱、价格标签等物品上使用了与“CHDTV”相同或类似的字样，即“CHDTV”“DTV”等，于是把长虹电器公司告上法庭，声称被告生产的20万台彩电使用了侵犯商标权的文字标识，要求法院裁定长虹电器销毁所有侵权标识、包装及一切使用侵权标识的物品并赔偿损失50万元。但是，长虹电器公司提出，“CHDTV”是长虹电器的拼音简写；“HD”也是高清晰的简称，他们将“CHDTV”作为功能标识使用，而不是作为商标使用，不构成商标侵权。

第二，对产业联盟简称、主流产品名称、主打技术名称等抢注商标。对这些称谓事先抢注商标，这已经成为一种新的知识产权策略。例如，DVD、MPEG、MP4、IPv6 Ready、AAC、MP3、MP3 PRO、MP3 Surround等都已经被注册商标。

不仅产品名称可以作为商标进行保护，现在商标保护涉及生产经营的方方面面，很多企业对于自己提出的新概念、核心新名词，也申请注册商标。还有电视台的节目、旅游景点、菜肴名称等都可以申请注册商标，如中央电视台对“经济半小时”申请注册商标；南京夫子庙旅游商务管理有限公司将南京的夫子庙旅游景点申请注册商标；福州聚春园集团有限公司将百年老字号“聚春园”传统首席名菜，驰名中外，享誉海内外，也是国宴上的一道佳馔的“佛跳墙”申请注册商标。

【案例】“非诚勿扰”商标侵权案始末

2009 年 2 月,冯小刚电影《非诚勿扰》刚开播没多久,2009 年 2 月 16 日温州小伙金阿欢申请注册“非诚勿扰”商标,并于 2010 年 9 月 7 日正式获得该商标注册证,核定服务范围为第 45 类,包括“交友服务、婚姻介绍所”。取得商标注册证后,金阿欢迅速启动了自己的创业计划,创办了号称“中国第一实体婚恋加盟品牌”的“非诚勿扰”婚恋交友网站。而恰在此时江苏卫视大型生活服务类节目《非诚勿扰》于 2010 年 1 月 15 日首播,迅速走红。播出前,江苏卫视与《非诚勿扰》制片人华谊兄弟签订了许可合同,获准使用《非诚勿扰》电视节目的名称和商标,并逐年缴纳许可费。

金阿欢的注册商标	江苏卫视《非诚勿扰》栏目标识

金阿欢认为,江苏卫视的《非诚勿扰》节目就是婚恋交友节目,与自己获得注册商标专用权的第 45 类的“交友服务、婚姻介绍所”服务类别相同,江苏卫视节目名称《非诚勿扰》也与自己商标的名称相同,故认为江苏卫视侵害了自己的商标专用权。因此,金阿欢于 2013 年 2 月向深圳市南山区人民法院提起诉讼,要求江苏省广播电视总台停止侵权。2014 年 12 月,深圳市南山区人民法院一审判决认为,从服务的目的、内容、方式、对象等方面综合考察,被告江苏省广播电视总台的《非诚勿扰》电视节目虽然与婚恋交友有关,但终究是电视节目,相关公众一般认为两者不存在特定联系,不容易造成公众混淆,两者属于不同类商品(服务),不构成侵权。

金阿欢不服一审判决,向深圳市中级人民法院提起上诉。2015 年 12 月 11 日,深圳市中级人民法院认为,从服务目的、内容、方式、对象等方面来看,均提供结婚、相亲、交友等服务,江苏省广播电视总台与金阿欢“非诚勿扰”商标注册证上核准的“交友、介绍婚姻”服务项目相同,故判决江苏广播电视总台立即停止“非诚勿扰”商标侵权行为，并立即停止使用《非诚勿扰》栏目名称。二审判决后，江苏省广播电视总台提起再审申请。2016年1月8日，针对电视交友节目《非诚勿扰》被诉商标侵权一事，江苏省广播电视总台发表声明：在尊重法律、保持理性的前提下，已通过司法途径向上级法院提请再审，并获其立案审查。2016年1月15日晚，江苏省广播电视总台对外发布消息：从本期节目开始，对已录制好的节目尽最大限度作出修改，并对该节目名称附加区别性标识，《非诚勿扰》暂更名为《缘来非诚勿扰》，在周六原时段播出。

2016年12月30日广东省高级人民法院经审理后认为，本案涉及的被告“非诚勿扰”标识与金阿欢注册商标虽然客观要件相似，但使用于不同的服务类别，不会引起相关公众的混淆和误解。江苏电视台在电视娱乐节目上使用被告“非诚勿扰”标识，不构成对本案涉及的金阿欢注册商标的侵权，决定撤销二审，维持一审判决。

六、立体商标的申请布局

立体商标，是指由三维标志或者含有其他标志的三维标志构成的商标。立体商标可以是商品自身的立体形状、商品包装物的立体形状或者与商品无关的普通立体图形。商品自身的立体形状的商标，如美国 Hershey（好时）巧克力的水滴形外形。商品包装物的立体形状的商标，如中国酒鬼酒的“酒瓶”，该类商标的注册常发生在饮料或者香水的包装瓶领域。与商品无关的普通立体图形，如英国捷豹汽车的立体商标“捷豹”以及法国米其林公司的立体商标“米其林轮胎人”。

申请注册立体商标时，要注意《商标法》规定的“以三维标志申请注册商标的，仅由商品自身的性质产生的形状、为获得技术效果而需有的商品形状或者使商品具有实质性价值的形状，不得注册”。相较于外观设计专利来说，立体商标有其独特的优势。申请商标注册不审查新颖性的，只需显著性。所以，即使是现有的外观设计，仍然有机会注册成立体商标，从而获得保护。外观设计专利权保护期限届满后不能续展，而注册商标有效期满，如需要继续使用的，可以续展注册。当然，如果产品、包装设计符合《著作权法》中规定的独创性条件，也可以通过著作权保护。

【案例】中国立体商标纠纷第一案

开平味事达调味品有限公司(以下简称味事达公司)成立于1996年,其前身为开平县酱料厂。开平县酱料厂至迟于1983年开始使用一款棕色方形瓶作为其生产的“潭江桥”牌味极鲜酱油产品的外包装。

雀巢产品有限公司(以下简称雀巢公司)为瑞士联邦企业法人,注册成立于1936年。雀巢公司于2002年3月14日,根据《商标国际注册马德里协定》向我国提出该“棕色方形瓶黄色尖顶瓶盖”立体商标申请。2005年7月27日获得注册,注册号:第G640537号,核定使用商品为国际商品分类第30类“食用调味品”。

2008年雀巢公司向包括味事达公司在内的国内多家酱油生产企业,发出侵权警告函,认为味事达公司等企业所使用的酱油产品包装瓶,侵犯了雀巢公司注册在第30类“食用调味品”商品上的第G640537号“酱油瓶”立体商标权,要求味事达公司等酱油企业停止使用相应酱油产品包装瓶。

为此,味事达公司向人民法院提起了确认不侵犯商标权之诉,请求法院确认味事达公司所使用的酱油产品包装瓶不侵犯雀巢公司的第G640537号“酱油瓶”立体商标权,并提交“棕色方形瓶”在同类商品中被大量使用的情况的证据,如公开出版物《建国以来开平工业发展史(1949—1990)》显示的酱油产品的外观与争议立体商标近似;1988年1月出版的广东省开平县经济委员会编的《开平县工业出品产品汇编》显示广东省开平酱料厂(味事达公司的前身)的味极鲜酱油的图片,该产品的外形与争议商标基本相同。

法院经审理后认为,雀巢公司“棕色方形瓶黄色尖顶瓶盖”三维标志属于商品的容器,该标志注册为立体商标之前,在中国已被众多酱油生产企业作为包装物使用,因此雀巢公司在核定使用商品“食用调味品”上使用该注册商标,商标本身所具有的显著性较弱。味事达公司不是将棕色方形瓶作为商标使用,而是作为包装使用。味事达公司使用该棕色方形瓶作为包装,主观上不具有非正当的“搭便车”意图,客观上也未造成消费者的混淆误认,所以味事达公司该行为不构成侵权。

随后,味事达公司启动针对雀巢公司第 G640537 号“酱油瓶”立体商标的争议程序,经过商标争议行政程序以人民法院一审、二审和最高人民法院再审审查,雀巢公司第 G640537 号“酱油瓶”立体商标因不具有显著性,其注册不符合《商标法》第 11 条的规定。

雀巢公司 第 G640537 号 “酱油瓶” 立体商标	味事达 酱油瓶	《建国以来开平工业发展史(1949—1990)》中酱油产品的外观	《开平县工业出品产品汇编》中味极鲜酱油的图片

七、声音也可申请注册商标

在传统商标领域内继续推陈出新越发艰难。2013 年我国在修订的《商标法》中首次明确声音可以作为商标注册。也就是说,游戏的背景音乐、节目的片头或片尾曲、广告词、广告曲、App 信息提示音等这类声音只要符合声音商标需具备的显著性和可识别性等法定条件,都可以通过申请成为声音商标来寻求《商标法》的保护。这一举措不但开辟了商标新领域,解决了声音商标注册难的问题,还激发了企业多方面塑造品牌的活力。目前,声音商标的注册,关键还在于其是否具有显著特征。但听觉判断声音是否具有显著特征比视觉上难得多,因此声音商标比图形商标的注册也要难许多。“中国国际广播电台广播开始曲”是我国第一个通过注册的声音商标。“酷狗音乐”作为一款知名的音乐软件,软件启动时那声熟悉的“Hello, kugou”提示音,已经注册为商标。

声音商标与传统商标最大不同在于其无形性,要借助载体传播来被大众感知，不可见的特质也让其必须与所代表的商品或者服务产生密切的关联来使消费者能区分来源。在我们身处的环境中，声音无处不在，听觉在我们认知世界的过程中发挥着重要的作用。随着移动互联网、人工智能的高速发展时期，声音商标出现频率的增加。例如，“语音唤醒词”是能够唤醒智能设备进入工作状态的语音指令。智能设备将实时监测到的外界语音唤醒词与其自身设定的关键词进行匹配后便进行运转工作。小度智能音箱从待机状态唤醒，均须呼叫“xiaoduxiaodu”（小度小度）。ZL 公司在学习机上也使用语音指令“xiaoduxiaodu”（小杜小杜），为此发生诉讼。最后 ZL 公司将唤醒词从“xiaoduxiaodu”更改为“杜丫丫同学”。因此，企业申请商标时，声音商标应予以考虑，避免合规风险。

八、建立商标防御体系

贵州“老干妈”风味豆豉为爱辣人的喜爱之物，于是市场上就有了“老干爹”“老干爸”等，还有人将“老干妈”在厨房用品、洗碗机或吸尘器上注册后使用或用于饭店招牌。那么应如何运用商标注册建立商标防御体系，是企业面临的一个重要课题。注册商标，是一种正当的手段。世界上各公司出于品牌保护的目的，都会采取注册商标的办法。“与其等别人‘傍牌’再去提出异议，不如趁早先申请注册。”

进行防御性商标注册是企业发展到一定规模、品牌具有一定知名度后的必然措施，既保护了企业的核心知识产权，给自己的商标以安全的生存环境，又为今后多元化经营扩展和品牌扩张留了空间。很多企业逐步认识到利用防御性商标维护商标的重要性，因此主动进行防御性商标注册。注册防御性商标的方式主要有两个，联合商标和防御商标。

（一）联合商标

联合商标，是指某一个商标申请人，在相同的商品或服务上注册几个近似的商标，或在同一类别的不同商品或服务上注册几个相同或近似的商标，这些相互近似的商标称为联合商标。这些商标中首先注册的或者主要使用的为主商标。

例如,某公司因其“乐口福”享有盛名而又申请注册了“乐福口”“口福乐”“口乐福”等商标。在这组近似商标中,“乐口福”为主商标。

冒牌货常在注册商标上玩文字游戏。例如,有人用“茅合”“芳台”冒充“茅台”酒;用“玉粮液”,假冒“五粮液”;用“枚江大曲”“枝红大曲”“杖江大曲”假冒“枝江大曲”。仿冒“OPPO”系列手机的假货的商标与正品相差无几,只是两个“O”的英文字母上,留了一点小断口,看似一个“C”。

现在“搭便车”的方式多种多样,所以在注册联合商标时,应多方考虑,而不能仅局限在汉字的顺序、读音上做文章,显然是不够的,如“木各力”与“格力”。“雕”和“周住”在一般人眼中都是截然不同的标志,但是如果把“周住”两个字符之间的距离缩小,恐怕很多消费者就会把它看作一个“雕”字。

还有的人把他人商标进行支解注册,从而达到规避的目的,例如,分别注册“四长”“川虹”商标,在使用时,将这两个商标并排使用在同一商品上,同时突出“长”字和“虹”字,比如用一样字体、字形、字号及颜色,而淡化“四”字和“川”字,且用另一种字体、字形、字号及颜色。这样看起来,就很像“四川长虹”了。

(二)防御商标

我们知道商标专用权的范围是受到严格限制的,它不涉及非类似的商品或服务。防御商标是指某一个商标申请人,为了防止他人在不同类别的商品上使用其商标,而在非类似商品上将其商标分别注册,以扩大其保护范围,该种商标称为防御商标。

对于防御商标的注册,在日常生活中,有一个很笨的办法就是,把同一个商标在分类表45类的每个群组全部申请注册。但是,没有一家企业能保证申请到所有的防御商标,实际上也没有这个必要,毕竟每申请一个商标就是一笔费用。我们只要遵循以下几个原则,在申请注册防御商标时,可以起到事半功倍的效果，而不是“眉毛胡子一把抓”。

1. 尽可能覆盖自己行业可能涉及商标类别。

行业一般是指其按生产同类产品或具有相同工艺过程或提供同类劳动服务划分的经济活动类别，如饮食行业、服装行业、机械行业等。但是在商标实务中，判断两商品是否为类似商品，显然不是以是否为同行业为判断标准。

需要指出的是，服务商标对企业来说十分重要，可以把商品名称及经营服务分别申请商标注册，既是商品商标又是服务商标，可以较快地创出企业的品牌，也是一种有效的自我保护手段。例如，服装制作和服装营销，眼镜生产与眼镜销售等。还有的企业为了更全方位地保护自己的商标垄断性，考虑到自己产品将来需要进行广告宣传，就在第 35 类的广告、替他人推销等服务一并申请注册。

2. 与商品功能、用途直接或间接相关联的其他商品申请注册商标。

为防止他人在其他相关的商品或服务上注册同样的商标而造成消费者的误认，企业就要尽可能地将直接相关或间接相关的类别全面覆盖申请注册商标。例如，在第 29 类选择了牛奶制品、奶粉，那么也应将相关类别的“医用营养品、蛋白牛奶”等商品申请注册商标。

【案例】历时 11 载争诉“采乐”商标落幕

1993 年 1 月，美国强生公司在我国注册了“采樂”商标，核定使用商品为第 5 类人用局部抗菌剂。1994 年，强生公司旗下合资企业西安杨森制药公司（以下简称西安杨森公司）在其生产去头屑的“酮康唑洗剂”上使用“采乐”商标。2001 年，强生公司又注册了“采乐”商标，使用的商品同样是第 5 类的人用局部抗菌剂，同样许可给西安杨森制药公司使用。

1998 年 10 月，广东南海市梦美思化妆品有限公司（以下简称南海梦美思公司）注册了“采乐 CAILE”商标，核定使用商品为第 3 类化妆品，产品范围为香皂、清洁制剂、洗发香波、护发素等。2002 年 6 月，佛山圣芳（联合）有限公司（以下简称佛山圣芳公司）从南海梦美思公司受让了“采乐

CAILE”商标,将其使用在化妆品和洗发露上,并进行了大量宣传,并聘请明星黎明代言。

一个是在药店销售的“采乐”药剂,一个是在普通商场销售的“采乐CAILE”洗发水。两者有很大区别,所属类别不同,强生公司的只能用于药品,佛山圣芳公司的只能用于化妆品。两家应该说是井水不犯河水,但随着药妆趋向盛行,导致渠道靠拢,增加了产品混淆度。

强生公司分别于1998年和2000年两次向商标评审委员会提出申请,要求撤销佛山圣芳公司的“采乐 CAILE”商标。双方由此开始了11年的“拉锯战”。商标评审委员会在1999年12月2日和2001年9月12日两次作出终局裁定驳回强生公司的请求,维持了“采乐 CAILE”商标的注册。按照当时《商标法》的规定,商标评审委员会终局裁定驳回强生公司的申请后,强生公司不得再向商标评审委员会提出撤销申请,也不能向人民法院起诉撤销佛山圣芳的“采乐 CAILE”商标。但事情并未就此终结。2001年10月《商标法》修订后,根据新的条款,强生公司又旧话重提,于2002年8月20日第3次向商标评审委员会提出撤销佛山圣芳公司的“采乐 CAILE”商标,并补充了相关的销售报告、媒体广告、宣传监测报告等证据,力证强生的“采乐”商标在1997年前已为驰名商标。2005年6月23日,商标评审委员会对强生公司的申请作出裁定,根据强生公司提供的证据材料认定其第5类商品上的“采樂”商标为驰名商标,并以此为依据撤销佛山圣芳公司在第3类商品上的“采乐 CAILE”注册商标。

佛山圣芳公司对商标评审委员会的裁定不服,依法向北京市第一中级人民法院提起行政诉讼。北京市第一中级人民法院审理后认为,争议商标“采乐 CAILE”构成对引证商标“采樂”的复制和模仿,判决维持商标评审委员会的第3次裁定。此后,北京市高级人民法院于2007年12月18日作出终审判决,维持一审判决。

佛山圣芳公司仍不服裁决结果,于2008年1月向最高人民法院提出再审申请。2008年5月最高人民法院裁定提审此案。最高人民法院认为,强生公司自身并未在中国日化品市场使用过“采乐”商标，西安杨森公司的“采乐”酮康唑洗剂作为药品只在医院、药店出售，与普通洗发水在产品性质、生产和销售渠道等方面有着明确的区别。佛山圣芳公司的洗发水产品不可能进入医药流通领域，消费者可以辨别。2009 年 10 月 22 日最高人民法院判决撤销此前的北京市第一中级人民法院、北京市高级人民法院二审判决、撤销国家工商行政管理总局商标评审委员会关于第 1214187 号“采乐 CAILE”商标争议的裁定。因此，佛山圣芳公司的“采乐”洗发水商标和强生公司的“采乐”药商标，可以在日化品和药品的各自相关市场共存。

从商品的分类上来说，第 5 类的“人用局部抗菌剂”和第 3 类的“洗发水”并不属于类似商品。强生公司虽然在药品类别上注册了“采樂”商标，但其在洗发水等日化市场并没有合法的在先利益，法律也不会为强生公司在药品上的商标预留化妆品市场。但是，我们知道洗发水产品也会宣传自己具备去除头皮屑的功效，这样必然会与药用产品发生交叉。如果当初强生公司在申请商标的时候，顺便在第 3 类上也进行注册，那么也就不会发生旷日持久的诉讼。

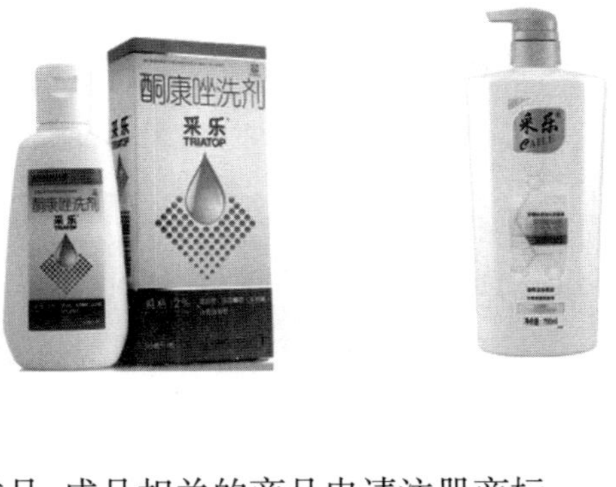

3. 主要原料或半成品、成品相关的商品申请注册商标。

随着社会分工的细化，很多企业只能完成社会分工的一部分，比如，汽车企业只生产汽车，对于汽车的轮胎、发动机等零配件都是外购，但是在商标实务中，为了避免不必要的混淆，也为了自己将来业务的拓展，可以将主要原料或半成品、成品相关的商品一并申请商标注册。

4. 根据使用方式和使用习惯相关联的商品或服务申请注册商标。

打酱油总得有酱油瓶，购买香水总得有香水瓶包装，所以，商品和其常用包装物总是形影相随的。再如调料用于火锅，火锅店需要调料，而调料归属第 30 类调味品，火锅店归属第 42 类餐饮服务，如果我们将商品的使用方式和使用习惯相关联的商品或服务申请注册同一个商标，可以为我们构筑一道防护大堤。例如光明乳业公司，除了将“光明”商标在第 32 类的乳酸饮料、豆奶等商品上注册，还在第 16 类的卡板纸、纸盒和包装塑料膜等商品上进行注册。

5. 根据销售渠道、销售场所、消费对象等方面相同或者相近的商品申请注册商标。

中国全聚德（集团）股份有限公司就将“全聚德”商标在第 29 类烤鸭，第 32 类不含酒精饮料，第 21 类托盘，第 24 类桌布，第 25 类鸭形帽、工作服，第 29 类食油，第 33 类白酒，第 3 类液体洁手剂，第 11 类鸭胚烘干机，第 39 类旅行社以及第 42 类室内装饰等商品或服务上注册。

6. 将同种事物在不同形态的商品申请注册商标。

如第 29 类加工过的肉食和第 31 类的活动物是相互关联的。生产经营板鸭、烤鸭的企业在第 29 类“烤鸭、板鸭”产品上注册“桂花”，也应考虑在第 32 类“鸭（活的）”上也注册“桂花”商标。

7. 相互有排斥的商品，也别忘了进行防御商标注册。

现实生活中，很多事物是相冲突的，仅在与公司产品、服务一致的正面商品、服务上注册商标还远远不够。企业还要在与本企业产品、服务不一致，甚至抵触的反面商品、服务上注册商标，以防止商标淡化。例如，山东三株公司曾经在注册口服液、食品等正面商标方面非常积极。通过在杀虫剂、农药、厕所刷子等反面商品上抢注三株文字商标，这给三株公司带来了巨大的商标淡化压力。这个事例对激励大中型企业抢注反面商标，防范商标淡化提供了借鉴。目前，很多中国公司已经非常注重抢注反面商标。

8. 新生商品或无法清晰区分类别商品，更要注意防御商标注册。

在世界范围内来看，商标归类在技术上都是一个难题。各国注册商标受理单位都希望能尽可能地详尽列出商品和服务项目,以便于申请人的申请和权利的保护。世界知识产权组织也会常更新《商标注册用商品和服务国际分类表》供各成员国参考。但面对商品和服务项目不断发展、市场交易方式不断发生变化、产品内涵不断丰富之时,商标申请人苛求一份详尽而准确的“列表”是不可能实现的事。企业与其在遇到纠纷之后相互埋怨,不如在申请注册商标时尽可能地扩大希望保护的范围。

不过,企业申请多个防御性商标后,并不意味着就可以高枕无忧了。防御商标只是企业维护权益的第一道防护墙。实施商标防御战略要根据企业的实际情况而定,可以分步实施,例如,先在与自己经营的商品或服务有一定的相关性的类别上注册,然后在自己近几年内可能会经营的商品或服务的类别上申请注册,随着商标的知名度的扩大,逐步扩大商标注册的范围。

【案例】“白家”与“白象”商标乱战源于产品归类的尴尬

1997 年 12 月 12 日,河南省粮食厅粮油食品公司申请注册了“白象”商标,核定商品为第 30 类方便面、挂面、豆沙、谷类制品、面粉、面条、豆粉等商品。其后,河南正龙食品有限公司获得了河南省粮食厅粮油食品公司的授权,在自己生产的方便面上使用“白象”注册商标。

2000 年 9 月,准备进入方便粉丝行业的四川雅士实业发展有限公司(2004 年 2 月更名为四川白家食品有限公司)向国家商标局申请注册了“白家 Baijia”商标,核定商品为第 30 类粉丝(条)、含淀粉食物、地瓜粉、马铃薯粉、调味品、食盐、食用淀粉和食用土豆粉等商品。

"白象"商标	"白家"商标
白象	白家

2007 年 7 月,当河南正龙食品有限公司进入方便粉丝领域时,便与在这个领域耕耘了七八年的四川白家食品有限公司成了竞争对手,于是双方的商标纠纷就此拉开了帷幕。

随后,河南正龙食品有限公司以四川白家食品有限公司侵犯"白象"商标专用权为由,向郑州市中级人民法院提起诉讼。2008 年 1 月,郑州市中级人民法院认定,四川白家食品有限公司所使用的"白家"竖排商标不属于注册商标,"白家"与"白象"构成近似商标;方便粉丝与方便面构成类似商品,并依此作出裁决,认定"白家"败诉。四川白家食品有限公司不服一审裁决,随即提起上诉。3 个月后,河南省高级人民法院作出了维持一审判决的终审判决。

由于申请商标时,《商标注册用商品和服务国际分类表》和《类似商品和服务区分类表》均未将方便粉丝列入其中,"白家"和"白象"无法找到准确的对应分类,只好用自己的判断来描述"方便粉丝"。"白家"认为它是淀粉食品,而"白象"认为它更像"方便面"。这样,同是方便粉丝,"白家"和"白象"分别被归入两类。四川白家食品有限公司现在使用的"白家"商标,其实注册类别是"粉丝"而不是"方便粉丝",后来生产的粉丝却叫"方便粉丝",而这在商标注册中不属于同一类别,也就是说,四川白家食品有限公司在方便粉丝上使用的"白家"商标根本就不是注册商标。

第三节　申请商标注册合规管理

在我国,实行商标权核准注册取得制度,只有经过注册,权利人才可以享有商标专用权,依法获得保护。此外,烟草类商品必须使用注册商标,对其他的商品和服务,商标注册采取自愿原则,是否申请商标注册完全取决于经营者的意志。

商标权与商标不同,商标是用以区别商品和服务不同来源的商业性标志。而商标权是商标专用权的简称,是指商标主管机关依法授予商标所有人对其注册商标受国家法律保护的专有权。商标注册,是指商标使用人将其使用的商标依照法律规定的条件和程序,向国家商标主管机关提出注册申请,经国家商标主管机关依法审查,准予注册登记。商标使用人一旦获准商标注册,就标志着它获得了该商标的专用权,并受到法律的保护。通过商标注册,可以创立品牌,抢先占领市场。而且,商标作为一种无形资产,有其价值,可以通过转让,许可给他人使用,或质押来转换实现其价值。企业应改变先生产产品再注册商标的传统做法,确立产品未定,商标先行的理念。

很多企业都认为,想好一个好听的名字,委托知识产权公司或直接到国家商标局递交申请材料,然后等商标注册证就可以了。现实并没有这么简单,商标申请注册也需要合规风险管理,预防各种法律风险。申请商标注册合规风险管理,也是我们应当全方位考虑自己将哪些文字、图形等申请注册商标,也要考虑在什么时间申请注册商标,还要考虑在哪些类别和商品上进行申请注册,以达到自己商标的稳定性,避免后期的风险。

一、商标注册申请人的确定

商标注册申请人是指依法向商标局提出商标注册申请的人,根据《商标法》第 4 条的规定,“自然人、法人或者其他组织在生产经营活动中,对其商品或者服务需要取得商标专用权的,应当向商标局申请商标注册。不以使用为目的的恶意商标注册申请,应当予以驳回。本法有关商品商标的规定,适用于服务商标。”同时第 5 条规定:“两个以上的自然人、法人或者其他组织可以共同向商标局申请注册同一商标,共同享有和行使该商标专用权。”

自然人、法人或者其他组织包括外国人、外国企业都可以作为商标注册申请人。如何确定商标注册申请人,一般情况下,这不是个问题,但在有些时候,这还真的是一个问题。比如对于旗下有众多关联企业的集团公司来说,每个子公司都是独立的法人，可以独立作为商标注册申请人，但是如果没有梳理好商标申请主体之间的关系，可能导致关联企业申请的商标近似而无法注册的后果，因为商标领域，并不考虑相同或近似商标之间是否为母子公司等关系。

二、商标图样选择的合规管理

商标图样是办理商标注册申请时向商标局提交的重要材料之一，是指直接体现商标内容的纸质或电文数据载体。

（一）文字商标与其他类型商标的优劣比较

所谓“文字商标”，是指仅用文字构成的商标，包括中国汉字、拼音和少数民族字、外国文字和阿拉伯数字或以各种不同字组合的商标。

汉字无疑是我国商标图案中的主体文字，但这也是一种概括的说法。实际上，商标中的汉字包括从古至今几乎所有的形体。当然，最常用的字体仍是楷书及其变化（宋体、仿宋体、黑体），不过它们往往都以美术字形式出现。此外，小篆、隶书和行书也常见于商标图样中。总体来说，在纯文字商标里，美术字和小篆、隶书和行书等具有装饰性的字体比较常用，有些字甚至被巧妙地艺术化为简明的图形，如“永久”自行车（见下图）。

一般商标可以包含文字和图案。但是，企业在申请注册商标时，最好是以文字为主，这是因为文字商标便于呼叫和传播。

判断商标是否相似的一个最重要标准，就是看其文字是否与其他商标中的文字相似。假如企业成功地注册了某一文字商标，实际上已经剥夺了他人使用同样的名称来推销其产品或服务的权利。

（二）组合商标组合注册和分开注册

组合注册是指将组合商标作为一个商标进行注册。分开注册是指将组合商标中每一部分单独注册为商标。我们以中粮集团的商标为例（见下图），采用组合注册,注册一个商标即可,所花费的成本为一个商标的成本费用。分开注册,则需要注册为"图形""中粮""COFCO"三个商标,所花费的成本是三个商标的成本费用。

一个比较可行的方法,是将图案商标与文字商标分开单独注册。这样,即使图案商标的注册遭到拒绝,或是今后图案商标受到他人的商标侵权挑战,也不影响企业注册的文字商标。

但是组合注册,一旦组合商标的任何一个要素有在先申请的,那么整个商标将会被驳回。分开注册,即使其中的某个商标被驳回了,也不影响其他部分的申请。而且组合注册,一旦组合商标核准注册之后,则只能按照注册时商标的组合方式使用,不能有变化,不可以改变组合方式,不可以拆开单独使用,否则将不可以标注为注册商标使用。分开注册的,就等于同时申请几个商标的专用权,一旦获得授权,那么在企业使用的过程中,可以任意将原组合商标的各个要素当成单独的商标来随意搭配,并且排列顺序可以完全随意组合,相互间上下左右替换,任意变换出各种场合适用的组合则可以随意组合起来使用,在每部分上标注注册商标的标记。

另外,如果企业随着发展要改变商标的图形部分,若是组合注册,那么就需要重新申请商标,而且重新申请还有可能不会予以核准注册。但是如果分开注册,重新申请图形商标,然后和原来的汉字、字母商标随意组合使用。所以,对于组合商标,如果不是特别考虑经济成本,建议商标还是分开注册更好。当然对组合商标组合注册一个商标,再对每个构成要素进行分开注册。

(三)商标颜色指定

商标在注册申请时有一项要求,即是否指定颜色及指定的是什么颜色。若商标指定了颜色,根据《商标法》第 49 条的规定,在使用注册商标过程中,商标注册人不得自行改变注册商标。这就说明在以后的商标使用中只能使用其指定的颜色,不能使用其他颜色。申请注册不指定颜色的商标,在实际使用中可以根据实际需要给注册商标加注颜色，因此，建议商标申请人一般不指定颜色。

三、商品类别和商品名称的选定

申请商标注册，应当按规定的商品分类表填报使用商标的商品类别和商品名称。这项规定说明了在商标注册申请中，商品分类表是很重要的，必须对其有所了解才能正确地提出商标注册申请，同时这项规定也要求商标注册申请人，在了解商品分类表的基础上填报商标注册申请，明确提出在哪一类商品上要求取得商标专用权，并详细填报商品名称。

（一）类别确定

在办理商标注册申请时，了解商品和服务分类表，正确表述商标所要指定的商品或服务及其所属类别是申请注册商标首先会遇到的问题。例如，某企业主要经营的产品为水晶饰品，那么关于水晶饰品到底应属于商品或服务分类表的第 14 类的珠宝、首饰、宝石，还是应属于第 21 类的玻璃、瓷、陶的工艺品，实际上，第 21 类的水晶（玻璃制品）只是作为原材料的水晶石。如果该企业选择类别错误，可能导致指定使用的商品或服务项目与自己的业务范围发生错位，这实际上不仅让企业花了无用的钱，而且还有可能侵犯他人的商标专有权。很多商品是比较容易混淆而造成错报的，比如第 1 类的“蛋白”是化工原料和第 29 类的“食用蛋白”以及第 31 类的“动物食用蛋白”。还有第 5 类的“婴儿奶粉”和第 29 类的“牛奶制品、奶粉”貌似相同，实则相差甚远。

【案例】“奥普 AUPU”与“aopu 奥普”商标之争

杭州奥普电器有限公司于 1997 年 4 月在第 11 类“浴用加热器”等商品上注册“奥普”商标，后又陆续注册“AUPU”等商标，最初的产品主要是“奥普”浴霸，2005 年自集成吊顶兴起后，也生产集天花板和电器于一体的集成吊顶综合性电器产品。

“aopu 奥普”商标在 20 世纪 90 年代中期已开始在金属毛巾架产品上使用。后来，浙江凌普电器有限公司看好集成吊顶市场前景，通过与浙江现代新能源有限公司签订商标使用许可合同，使用浙江现代新能源有限公司在第6类“金属建筑材料”等商品上注册的“aopu奥普”商标，生产奥普集成吊顶产品。

杭州奥普电器有限公司认为，根据《商标注册用商品和服务国际分类表》，集成带有照明、取暖等电器功能模块的吊顶，应归属于第11类的商品，因此，浙江凌普电器有限公司在集成吊顶产品使用“aopu奥普”商标，超出了其核定在第6类商品的范围，涉嫌侵犯杭州奥普电器有限公司核定在第11类商品上注册的“奥普”商标专用权。浙江凌普电器有限公司则认为，“集成吊顶”是一种用于建筑装饰装修方面的装修材料的集成，基于其自身的材质、结构和安装特点而具有集成其他符合其标准的功能模块的吊顶产品。无论是传统吊顶还是集成吊顶，电器或其他功能模块均是该吊顶上的集中体现。可见，集成吊顶应该属于第6类吊顶(金属建材材料)装饰材料类别。

实际上，杭州奥普电器有限公司与浙江凌普电器有限公司之间的争议焦点在于新型的“集成吊顶”商品，应归属于浙江凌普电器有限公司的第6类“奥普”商标保护范畴，还是应该归属于杭州奥普电器有限公司的第11类“奥普”商标保护范畴。

2009年11月，杭州奥普电器有限公司以“奥普aopu”商标注册和使用容易造成消费者误认和混淆，属于不正当竞争为由，申请撤销该商标。但是，商评委审查认为，两个商标并存多年，一个核准用在金属建筑材料上，一个核准用于热气淋浴装置上，不属类似商品，不会产生混淆误认，争议商标与引证商标共存时间长、已经形成持续13年的稳定市场秩序，而且申请争议超出了5年期限，裁定维持“奥普aopu”商标在“金属建筑材料”上的使用。

杭州奥普电器有限公司因不服该裁定，起诉至人民法院。北京知识产权法院经审理认为，杭州奥普电器有限公司所持有的“奥普aupu”商标在集成吊顶上具有较高知名度，而拥有“奥普aopu”商标的公司，不能充分证明该商标经过长期使用已具有较高知名度。因此北京知识产权法院认为商评委的裁定存在错误,判决撤销该裁定,并要求商评委重新作出裁定。

浙江现代新能源有限公司不服判决,随后向最高人民法院申请再审。2017 年 8 月 2 日最高人民法院裁定驳回浙江现代新能源有限公司再审申请。这场 8 年商标之争,最终以杭州奥普电器有限公司的胜利而落下帷幕。

(二)商品及服务名称的填写

商品名称是整个商标注册工作的重要内容之一,它决定了注册商标保护的范围。因此,在申请商标注册时,必须指明具体的商品和服务名称。商品名称力求具体、准确、规范,以便明确指定该商标的保护范围。一般来说,一个商品在商品分类表中有正规名称时,应使用分类表中的规范名称。某些人们日常生活中约定俗成的商品称谓,在申请商标注册时是不允许使用的。如"家用电器",因为它包括的范围过大,涉及商品分类表中至少五个类别的商品。例如,第 7 类的洗衣机、家用电动碾磨机;第 8 类的电动刮胡刀;第 9 类的电熨斗、电热卷发器;第 10 类的电动按摩器;第 11 类的电冰箱、电热水器等。诸如此类的情况还有"塑料制品""皮制品"等。

使用《类似商品和服务区分表》中规范的商品及服务名称,有助于加快商标的注册进程,确保申请人及时获得商标专用权。《类似商品和服务区分表》共有三层,上层是类别名称,中层是群组名称,下层是商品名称。很明显,越是上面的层次,囊括的范围越大。可是,在申请商标注册的时候并不可以指定类别名称和群组名称,一律填报具体商品和服务项目名称。当然,如果相应商品的名称同时也出现在群组名称甚至类别名称中,填报这样的商品自然符合要求。如 250013 号商品为"袜",同时"袜"也是所属 2509 群组的名称。

虽然,随着社会分工的逐步细化,很多企业只生产一件产品,比如专业生产办公家具的企业。虽然专业生产办公家具的企业目前只经营"办公家具",但是不排除将来自己业务范围的拓展,所以在申请注册商标选择商品时,除了优先选择"办公家具"外,不妨把"家具"这个大概念产品选上。在申请注册商标时,一定不要局限于自己目前经营产品范围的约束,一定要有长远眼光。

(三)商品选择时应尽可能多选择几个商品

注册一件商标,可以在所申请的类别中选定 10 个商品名称,这是商标注册申请人应当享有的权利。如果你的选定少于 10 个商品名称,商标注册费用不会少收,如果所选商品超出 10 个商品名称,每超出一个商品名称多交的费用很有限。所以企业每申请一个商标应在这个类别中选够 10 个商品名称,哪怕现在只生产一种产品或只提供一种服务,也应当指定满 10 个商品名称,以覆盖企业将来可能经营或者提供的服务,以及与企业现在或将来产品相类似的商品或者服务。否则,将来经营范围扩大了,再增加商品,根据《商标法》第 23 条规定:“注册商标需要在核定使用范围之外的商品上取得商标专用权的,应当另行提出注册申请”。这不但会多花钱,而且还有可能无法得到核准注册。退一步讲,即使企业指定满 10 个商品名称,其中有的商品或服务,企业永远都不会去经营,但这样做仍然会有好处,至少阻止了他人使用或注册相同或近似商标的可能性。

第四节 商标使用合规管理

商标使用包括将商标用于商品、商品包装或者容器以及商品交易文书上,或者将商标用于广告宣传、展览及其他生产活动中。销售发票、合同等商业性文件是商品交易活动的重要组成部分,在这些商业性文件中使用商标,应当视为商标的“使用”。对于企业而言,商标是一把“双刃剑”,企业对其运用得当,商标可以成为企业的一张优质名片,助力企业发展。但是不当的商标使用行为可能会让企业遭受商誉和金钱的双重损失。因此,商标的合规使用关乎企业经营活动能否顺利开展,企业有必要对商标使用情况进行核查和自检,以防范风险。

一、商标使用的合规风险

我国《商标法》对商标的使用也有着严格的规定。商标一经核准注册,就必须按核准的内容使用,不得随意改变。使用注册商标,有下列行为之一的,企业可能面临被撤销的风险:(1)自行改变注册商标的;(2)自行改变注册商标的注册人名义、地址或者其他注册事项的;(3)自行转让注册商标的;(4)连续 3 年停止使用的。

1. 企业使用自行改变注册商标标识。

企业申请注册商标,首要目的是满足自身经营活动中的商标使用需求,并且希望其商标使用权益能够得到商标法保护。即使存在并非为了使用而注册防御性商标的情形,但也以主商标存在并被实际使用为前提。企业在实际生产经营活动中,使用注册商标时,往往存在改变注册商标的需求,但改变注册商标进行使用存在一定的合规风险。

在现实的市场经营活动中,企业在使用商标时常常存在改变注册商标的情况。一方面,是生产经营活动复杂多样,为了获得更好的经营效果,企业往往需要配合不同的经营活动,或配合不同节日、纪念日等的风俗或潮流,在使用商标时对商标进行一定调整。例如,当下流行的各种联名活动,为了与对方的品牌形象及联名的活动氛围相契合,企业通常会对商标进行一些改变。在电影行业里,宣传海报上的商标往往也会根据不同电影的内容和类型进行风格上的调整。另一方面,企业在自身发展的过程中,其经营理念、企业文化、审美趋势等可能会发生改变,从而希望将自身的注册商标进行相应的调整;又或者随着社会流行趋势的变化,对商标作出迎合潮流的改变。

企业擅自改变注册商标,还可能构成《商标法》规定的“连续三年不使用”情形。从字面上看,该条款指向的行为似乎只是消极地将注册商标闲置或弃用,但是,如果企业对商标进行的是不规范使用,也可能被认为不是对原注册商标的使用。若此种不规范使用时间满 3 年,由此面临被撤销的风险。如北京知识产权法院一起此类案例中,商标权人梁某的注册商标是“卡宾 KABIN”,但出于商品设计美观等的需要,其在实际使用时仅保留了英文字母“KABIN”,结果注册商标被林某提起撤销申请。人民法院认为梁某对商标进行了擅自修改,不能认定为是对诉争商标的使用,应当撤销原注册商标,支持了林某的请求。

在实际使用过程中,如果对注册商标的主体部分进行较大的或根本性的改变,那么该商标应视为一个新的商标,在此新商标未经核准注册前,就在使用中标上注册标记,则属于《商标法》所禁止的冒充注册商标行为,甚至还有可能侵犯他人注册商标专用权,因此,在标明㊟、® ,或者“注册商标”等标记的时候,一定要核查该商标与核准注册的商标图样是否一致。如果不一致,就不要标明㊟、® ,或者“注册商标”等标记,这样不会被认定为自行改变注册商标标识的行为。

【案例】自行改变注册商标“傍名牌”

登喜路(Alfred Dunhill)是著名的男士奢侈品牌，致力于挑战人们对奢华和国际奢侈品牌的定义。Danhuoli 是登喜路集团(香港)有限公司的自创品牌，在国内开设了多家特许经营店，与英国登喜路没有任何关系。

登喜路(Alfred Dunhill)发现 Danhuoli 虽然在国内是以 Danhuoli 普通字体注册的商标，在以后的营销中却采用与登喜路(Alfred Dunhill)的标志性细长字母和黑白配色类似的图案，容易让消费者产生混淆，由此发生诉讼。广东省佛山市中级人民法院认定 Danhuoli 商标侵权成立，同时还存在不正当竞争行为，需赔偿登喜路(Alfred Dunhill)的经济损失共计 1000 万元人民币。

2. 自行改变商标注册人的名义和地址或者其他注册事项。

商标注册人的名义和地址是商标注册的重要事项，如果商标注册人名义发生变更而不向商标主管机关办理变更手续，一方面，商标权人的名义是商标管理机关在依法确认的在《商标注册簿》上登记的享有该注册商标专用权的权利主体，改变后的新的名义必须经过在《商标注册簿》上登记，确认其继续权利主体资格。另一方面，新的注册人名义如果不进行申请登记变更，将来申请的近似商标就会被商标主管机关以同在先注册的商标相同或近似为由驳回，不利于企业及时获得商标权。

对于商标注册人地址的变更，新地址不向商标局申请变更，会导致与商标局失去联系，难以沟通。更为严重的是，紧急文书送达不到注册人手中，使商标注册人遭受损失。比如，有人提出该商标，注册人已经连续 3 年不使用。商标注册人收不到商标局要求其举证通知，限期内不作答辩，其商标可能真的被撤销。

因此，注册人名义和地址发生变更的，应及时到商标局办理相应变更手续，这既是维护商标管理秩序的需要,又是出于保护商标专用权的需要。

3. 擅自扩大或者改变核定使用的商品或者服务的范围。

我国《商标法》第56条规定:“注册商标的专用权,以核准注册的商标和核定使用的商品为限。”该法律规定包括以下两层含义:一是在特定的范围即在核定使用的商品类别上使用核准注册的商标;二是在该特定范围内商标注册人对其注册商标的使用是一种专有使用,即不得任意改变商标或者扩大商标使用范围。

二、注册商标许可使用的合规风险

《商标法》对商标使用许可行为的规范体现在以下三个方面。

(一)许可双方保证质量的义务

许可人应当监督被许可人使用其注册商标的商品质量。被许可人应当保证使用该注册商标的商品质量。这不仅要求许可人与被许可人在商标使用许可合同中明确订立商品质量的条款,还要求许可人在合同履行过程中实际监督被许可人生产的产品质量。

(二)在商品上标明被许可人名称及产品产地的义务

被许可使用他人注册商标的,必须在使用该注册商标的商品上标明被许可人的名称和商品产地。服务商标被许可使用人虽然无法直接在其提供的服务上标明其名称及地址,但应当以其他适当方式让消费者了解,如在其服务场所的显著位置标明,在其提供服务的工具上标明,在交付消费者的商业文书上标明等,以履行此项义务。这样规定的目的,一方面是使消费者能够识别同一注册商标的不同使用人,了解其购买的商品的真实产地和生产者;另一方面也便于工商行政管理部门对商标使用许可进行监督和管理。

(三)签订商标使用许可合同的备案管理

注册商标使用合同自签订之日起的3个月内,许可人应当将该合同报商标局备案。其目的和作用:一是便于及时发现并由许可双方纠正许可行为中存在的瑕疵,如超出商标有效期限和核准注册范围,减少纠纷和损失;二是监督被许可人的商标使用行为;三是及时查处侵权假冒行为,以保护商标注册人、被许可人利益;四是维护消费者的合法权益。

签订商标使用许可合同中，存在以下合规风险：

1. 注册商标有效保护期已过，没有续展，或注册商标已转让，原注册人仍许可他人使用该商标。

2. 商标注册人主体已灭失，他人通过私刻公章等不正当手段与被许可人签订商标使用许可合同的。对于被许可人，应特别注明是否可以由被许可人的关联公司使用注册商标，也就是不能遗忘约定使用商标的主体范围。

3. 许可使用商品或服务超出商标注册证所核定的范围。

4. 对质量监督条款未做约定，即使约定，也是笼统地约定“按甲方要求的质量生产”或“按国标生产”，没有明确约定质量标准和监督检查办法，不利于发生质量纠纷后分清责任。

5. 许可使用该商标所生产的产品销售区域没有约定，容易造成许可双方及被许可人之间就销售区域交叉问题而引起纠纷。

6. 商标使用许可合同中的语言表达不严密。例如，华源凯马公司与无锡凯马公司签订了《商标独占使用许可合同》，合同约定华源凯马公司将“KAMA”商标许可无锡凯马公司独占使用，华源凯马公司有权监督无锡凯马公司使用注册商标的商品质量。《商标独占使用许可合同》第 11 条约定：“无锡凯马公司如违反上述合同第 3、5、6 条及不能保证产品质量，华源凯马公司有权提前终止合同”。后来，华源凯马公司以无锡凯马公司使用“KAMA”商标的产品存在严重质量问题并给商标权人声誉造成损害为由起诉到法院并请求判令：解除华源凯马公司与无锡凯马公司所订的《商标独占使用许可合同》，支付商标使用许可费 × × 万元。法院的判决只支持了支付商标使用费，驳回了其要求解除合同的诉讼请求。

法院判决的理由是，根据双方所订的《商标独占使用许可合同》第 11 条的约定，“无锡凯马公司如违反本合同第 3、5、6 条及不能保证产品质量，华源凯马公司有权提前终止合同”。该条款中有关提前终止合同的条件用“、”与“及”相连接，根据字面含义可明确双方约定条件是并列的，即被告无锡凯马公司违反第 11 条约定的全部条件，原告华源凯马公司才可提前终止合同。由于被告无锡凯马公司仅违反了第 11 条约定的部分义务，未违反全部义务，故原告华源凯马公司认为合同约定的解除条件已成就的主张不能成立。

三、注册商标使用的合规管理

商标合规管理除了要防止企业自行改变注册商标，自行改变注册商标的注册人名义、地址或者其他注册事项，连续3年停止使用的不合规的行为，对于其他的不合规行为，也应加强合规管理。

1. 对自行转让注册商标的管理。

转让注册商标是商标权主体的改变。商标权是一项民事权利，权利人有权处分，即可以将注册商标转让给他人，但是商标权又有不同于一般民事权利的特性。商标专用权不是一项自然产生的权利，而必须由国家法定主管机关依法定程序核准授予，注册商标转让的双方当事人可以就某一注册商标的转让通过协商达成一致，但商标权的转让最终必须通过商标主管机关核准才能实现。

2. 对使用注册商标的商品质量的管理。

我国《商标法》立法宗旨是，为了加强商标管理，保护商标专用权，促使生产、经营者保证商品和服务质量，维护商标信誉，以保障消费者和生产经营者的利益，促进社会主义市场经济的发展。商标使用人应当对其使用商标的商品质量负责。各级工商行政管理部门应当通过商标管理，制止欺骗消费者的行为，对于违背上述宗旨使用注册商标，其商品粗制滥造，以次充好，欺骗消费者的，由各级工商行政管理部门分别不同情况责令限制改正，并可以予以通报或者处以非法经营额20%以下或者非法获利2倍以下的罚款，或者由商标局撤销其注册商标。

3. 对强制注册商标使用的管理。

我国《商标法》实行自愿注册原则。但是，对于直接关系国计民生和涉及人民的健康安全的重要商品，法律、行政法规规定必须使用注册商标的商品，必须申请商标注册，未经核准注册的，不得在市场销售。

4. 对商标许可的合规管理。

第一，要慎重选择商标许可使用的对象。行使商标许可使用权，首先要控制好产品质量，加强联营企业产品的质量监督，维护好商标信誉和品牌形象，以形成商标增值的良性循环。

第二，要及时完善商标许可的法律手续，即商标注册人许可他人使用其注册商标,必须签订商标使用许可合同。

第三,对于商标使用许可合同的几个关键条款应约定明确,如约定许可使用区域范围;商标使用许可费用及商标标识的提供方式;对被许可人的商品质量实施有效监督,约定定期抽检的方法,防止因质量问题导致商标信誉下降。

第四,要标注生产企业的真实厂名和厂址,即经许可使用他人注册商标的,必须在使用该注册商标的商品上标明被许可人的名称和商品产地。

四、未注册商标使用的合规管理

自愿注册原则充分体现了民事权利意思自治的原则,商标使用人对使用的商标是否注册,完全按自己的需要来决定。实践中,企业可能出于各种原因而使用未注册商标。使用未注册商标也包括改变商标标识或超出核定使用范围等情形。使用未注册商标的不足之处在于,未注册商标的使用始终处于不稳定、不安全的状态,随时可能卷入商标"抢注"、商标侵权等法律纠纷。

对未注册商标的使用进行合规管理的目的是促使未注册商标使用人提高商标意识,引导其依法使用商标,维护正常的商标管理秩序,预防自身的合规风险。

1. 不得违反《商标法》禁用条款规定。

有关"禁用条款"的内容,各国商标法律都有不同程度的规定,但大多数国家"禁用条款"仅适用于商标注册实质审查程序,而在我国,"禁用标志"不仅得不到注册,也不得作为商标使用。法律这样规定的目的主要是保护社会利益、公共秩序以及消费者利益。如果允许类似"黑鬼""二奶"等禁用文字作为未注册商标使用而不加禁止,势必产生严重不良影响。

2. 不得冒充注册商标。

冒充注册商标,是指商标使用人在未经商标主管机关核准商标上标明"注册商标"字样或注册标记,以及其他能够使人误认其未注册商标为注册商标的行为。主要有三种表现形式:一是未向商标局提出注册申请,或虽已向商标局提出注册申请但在未核准之前就在商标上加注了"注册商标"字样或注册标记;二是商标注册人超出了核定使用的商品或服务范围使用注册商标,并标"注册商标"字样或注册标记;三是注册商标因未办理商标续展注册手续而被注销后,或注册商标因违法使用而被撤销后,仍继续使用并加注"注册商标"字样或注册标记。

3. 使用未注册商标的商品不得粗制滥造，以次充好，欺骗消费者。

使用未注册商标的商品和使用注册商标的商品一样也要求保证商品质量，体现了我国《商标法》在保护商标专用权的同时，把维护消费者利益放在重要地位的特点。通过商标管理来监管商品质量，工商行政管理部门在执行法律规定时，其工作范围主要在商品流通领域中进行，对于流通领域中出现的商品粗制滥造，以次充好的，依法处理。

4. 不得侵犯他人的在先权利。

广义上讲，对未注册商标使用的管理除上述三项内容外，还应当包括不得侵犯他人的在先权利。

5. 注意留存使用证据如有关生产、加工、销售合同等，以备被抢注时能够有证据维护自己的合法权益或主张未注册商标的在先使用权。

6. 对未注册商标加强合规管理在未取得商标注册证前，使用商标不要标记"注册商标""®"或与其他注册标记近似的符号；商标被撤销、被宣告无效或其他情形导致注册商标无效的，立即停止对无效的注册商标标注注册符号或者标注"注册商标"；定期审查商标所使用的商品或服务是否超出了注册商标核定使用的商品或服务范围，及时在超出的商品或服务上提交新的注册申请。

五、商标标识使用的合规管理

商标的使用按照使用客体性质的不同，可分为商标权利使用和商标标识使用。商标标识使用是指将商标进行对外公布、展示的使用。可建立三个制度，预防商标标识使用的不合规，导致合规风险。

（一）建立商标标识使用审查制度

对注册商标的使用审查主要体现在九个方面：一是是否在核定使用的商品或服务范围内进行使用。二是标注注册标记的商标标样是否与核准注册时的商标标样一致。三是标注注册标记的并已指定颜色的商标是否改变了指定颜色的色彩。四是注册标记的标注方式是否符合法定要求。五是未经重新核准注册的注册商标组合是否标注了注册标记。六是已被撤销或未续展已经丧失专用权的商标是否标注了注册标记。在进行上述审查过程中，如发现瑕疵，应及时除去注册标记或改正、更换商标标识或文字。七是严格按照注册商标样式使用商标，如有变动,及时提交新的商标注册申请。八是如果将两件以上的注册商标组合使用,建议对组合商标提交注册申请或者按照注册商标逐一标注注册标记。九是对未注册商标标识的审查。未注册商标也可以采用加注“TM”“SM”或者声明“商标”的方式,来向公众传达一个讯号,这是商标,而不是人人可以随意使用的标志。TM、SM 分别是英文 trade mark(商标之意)和 service mark(服务标记)的缩写字头。一个标注 TM 或 SM 的商标,在中国通常表明它还没有申请注册,或者已经提出申请但还没有获得核准注册。

需要提醒的是,我国《商标法》明确规定的商标标示的标记,似乎并不认可 TM 或 SM。尽管如此,标注 TM 或 SM 还是强调了自己标明商标的努力,为将来主张商标相关的权利提供了一些证据上的帮助。标注 TM 或 SM,尽管在我国法律上并没有得到承认,但如前所述,无论如何 TM 或 SM 还是表达了企业宣传商标、表明商标的努力,在发生争议时,对主张反不正当竞争法上的权利,或主张自己在先使用商标的权利,或许会有不少帮助。一般而言,TM 或 SM 在以下情形中使用:

(1)商标已经提交注册申请,但尚未核准注册。从注册申请到核准注册,需要一段时间,在这段时间里,可以标注 TM 或 SM 来表达商标信息。

(2)暂时性使用的商标,企业并不打算为这个标志申请商标注册,比如一些副品牌,只是临时使用,产品一旦更新即更换新的标志,因此,适合标注 TM 或 SM 来强调这个品牌。

(3)商标由于缺乏显著性或者由于其他原因,而无法取得商标的注册,那么只好标注 TM 或 SM 来强调这是自己的商标。

对自行改变的注册商标,使用 TM 或 SM。商标权人已经改变了注册商标的标志,如果打上® 反而会构成“自行改变注册商标”,甚至“冒充注册商标”的商标违法行为,这时打上 TM 或 SM 是最好的选择,表达了商标的信息。

【案例】美国辉瑞公司痛失“伟哥”

1997 年 11 月,美国辉瑞公司“VIAGRA”商标在第 5 类“人用药和医药制剂”等商品获得国家工商总局商标局核准注册。1998 年 3 月,辉瑞公司研制出一种治疗男性勃起障碍的特效药——西地那非(Viagra)。该药一经问世，立即畅销美国。中文媒体在报道这一“蓝色小药丸”时，纷纷将其音译为“伟哥”。然而辉瑞公司在为“Viagra”选用中文商标时，其翻译是“万艾可”和“威尔刚”，没有选用“伟哥”。但是中国市场对“万艾可”并不买账，继续用“伟哥”来称呼，多家中文报刊媒体在其报道中将“VIAGRA”称为“伟哥”，将“伟哥”(VIAGRA)的生产者称为辉瑞公司或辉瑞制药厂，其主要内容涉及药效、销售情况、副作用的介绍以及评论。甚至连《新时代汉英大词典》也将“伟哥”解释为“威而刚”、“VIAGRA”或“万艾可”，系用于治疗男性功能障碍的美国药品商标。在一些必须使用“万艾可”的场合，销售商店也会用“万艾可”(美国正宗“伟哥”)作特别说明和标注。因此，“伟哥”成为辉瑞公司的治疗男性勃起障碍的有效药品“Viagra”的对应翻译，被动地对应于该药品，并且被动地成为该药品的中文俗名。由于其他使用“伟哥”的同类商品与辉瑞公司及其商品发生了混淆，辉瑞公司不得不多次澄清“伟哥”与其之间没有关系。不少深谙中国保健品市场成功之道的本土企业，显然比辉瑞公司更清楚“伟哥”二字的商业价值。1998 年先后有 43 家企业提出“伟哥”商标注册申请，最终，广州威尔曼药业公司拔得头筹，“伟哥”文字商标注册于第 5 类商品，西药。

待辉瑞公司意识过来，“伟哥”商标被抢先注册已成事实。于是，双方对于“伟哥”商标的争夺也如火如荼。2002 年 6 月 22 日，广州威尔曼药业公司的“伟哥”商标通过国家商标局初审进行公告。辉瑞公司随即提出异议。在对“伟哥”商标异议期间，2005 年 10 月，辉瑞公司以“伟哥”是其未注册的驰名商标为由，认为广州威尔曼药业公司使用“伟哥”商标的行为构成侵权，向北京市第一中级人民法院提起诉讼。一审法院判决驳回辉瑞公司后，辉瑞公司不服一审判决，向北京市高级人民法院提出上诉，二审法院维持了一审判决。辉瑞公司仍不服并向最高人民法院申请再审。最高人民法院认为：1998 年 9 月 29 日《健康报》等 7 篇报道、珠海出版社出版的《伟哥报告 – 蓝色精灵 Viagra》以及《海口晚报》等 26 份媒体的报道中，虽然多将“伟哥”与“Viagra”相对应，但因上述报道均系媒体所为，而非辉瑞公司所为，辉瑞公司也明确声明“万艾可”为其正式商品名，并承认其在中国内地未使用过“伟哥”商标，故媒体在宣传中将“Viagra”称为“伟哥”，亦不能确定为反映了辉瑞公司当时将“伟哥”作为商标的真实意思，故辉瑞公司所提供的证据不足以证明“伟哥”为其未注册商标。最高人民法院于2009年6月裁定驳回辉瑞公司再审申请。

本案是进入2009年最高人民法院知识产权案件年度报告的典型案件。最高人民法院在报告中指出，在辉瑞公司明确认可其从未在中国境内使用某一标识的情况下，他人对该标识所做的相关宣传等行为，由于未反映其将该标识作为商标的真实意思，不能认定该标识构成未注册商标，更不能认定其构成未注册驰名商标。

持续数年之久的中洋“伟哥”之争终于尘埃落定。最早为中国带来“蓝色小药丸”的美国辉瑞公司最终没有夺回“伟哥”商标，中国本土企业广州威尔曼药业公司笑到最后。据估算，该商标品牌价值超过7亿元。

（二）建立规范商标标识使用联系制度

一般来讲，企业商标标识使用通常会在商标取名策划、商标标样设计策划与制作、包装设计策划与制作、广告策划与制作、促销活动策划与制作等环节显现，为避免在上述各环节中出现不规范的商标标识使用行为，如核准注册的餐饮服务商标，企业可能不规范地将该商标作为注册商标标注在餐具上，所以，企业很有必要将商标标识使用审查制度引入各相关环节，建立规范商标标识行为联系制度。

该项制度的模式可分为事后审查制和事中指导制。事后审查制是指在每个涉及商标标识使用的工作环节结束后，将方案提交商标合规管理部门进行审查，由合规管理部门提出审查意见的制度。事中指导制是指商标合规管理部门直接参与到各相关工作环节，对其中涉及的商标标识使用问题予以指导。此外，企业应赋予商标合规管理部门发现并提出改正企业在市场行为中各类商标标识使用不当行为的权力，各相关部门必须听从商标管理部门的意见并积极改正。

对于关联公司或者连锁企业而言，对于未使用商标材料及时销毁或者收回。

（三）建立商标标识使用的证据保存制度

商标标识使用是体现商标实际使用或使用在先的最直接证据，同时也是企业证明对商标进行了大力宣传的重要证据。及时妥善地整理和保存商标标识使用的证据应形成一种制度贯穿商标标识使用的各种商业行为中。如企业应保存商标标识使用的载体并注明制作时间。企业在签订各类广告合同中应明确写明广告所体现产品或服务的商标名称或商标标样。定期进行电视广告、互联网广告的监测并出具品牌监测报告；对户外广告进行拍照或摄像等。实施商标标识使用证据保存制度将会对企业可能发生的商标纠纷提供有利的证据支持。

第五节　商标维护合规管理

商标核准注册只是刚开始，持续维护才是关键。目前，随着商标注册数量的增加，商标注册越来越困难。一个商标，从名称、设计、查询、申请，最后到成功注册，商标注册并不容易。很多人认为商标注册成功后就可以一劳永逸。实际上，商标注册完成，不是商标工作的结束，接下来的商标维护工作同样具有重要的意义，包括对未注册商标的维护。企业应当妥善维护，做好合规管理工作。例如，商标注册信息变更维护、续展维护。建立商标维护合规管理体系更能保证商标管理工作的运转，可以最大限度地降低商标在使用过程中的风险，不断完善无形资产的积累。

一、商标监测的合规管理

传统的商标监测，是指以自己注册的商标为保护对象，对商标局发布的公告进行监测，或者对某些商标的法律状态进行监测。商标监测的目的，是观察某些商标的法律状态，还可以了解同行业其他企业的经营动态，以便及时调整自己的经营策略。在关键词竞价排名模式下，作为商标权人，应扩大商标监测的领域，在推出竞价排名模式的搜索引擎上加强对自身商标的监测，一旦发现被侵权，应及时进行维权，以便维护自身的合法权益。

商标监测是维护商标权利的主要方式之一，将此纳入企业合规管理范畴。企业应当指派专人或委托专业商标代理人定时查阅商标公告，检视商标主管机关是否受理与其相同或近似的商标。如有发现，应在法定期间内提起异议，否则，可能会弱化自己的商标保护力度。通过商标监测，可以获悉各国与权利人商标相同或近似的最新公告商标，既可以及时阻他人不法抢注以阻碍企业的品牌发展，也可以及时阻止他人“傍名牌”以削弱企业的品牌影响力。

根据自己的已有商标情况及竞争对手的情况，制定商标管理体系框架。管理体系框架的大小宽窄，需要根据企业情况而定。如果企业有一定知名度之后，为防止“傍名牌”，就需要跨类申请商标，进一步，公司在原有商标的基础上进行商标布局，包括系列商标申请，国内国外商标申请，各个子品牌之间的关联和呼应等，还包括对于行业新兴领域的占领，尤其是稀缺资源。

二、商标淡化的合规管理

商标的首要作用是简单而有效地区分商品或者服务的来源，而不是描述产品或服务。若不注意使用，商标可能成为普通词汇。所谓商标淡化，是指由于商标使用不当，商标标识所具有的显著特征被减弱，逐渐演变为特定商品的通用名称而失去识别功能现象。商标的退化是指商标自身显著性的逐步退化乃至完全丧失。商标显著性退化或丧失将导致一个原为有效注册使用的商标演变为商品通用名称，从而进入公有领域无法为注册人专有使用。像 Escalator（自动扶梯）、Thermos（热水瓶）、Nylon（尼龙），原本都是国外一些著名企业的注册商标，由于使用和管理不当，演变为相关产品的通用名称，不再享有商标专有权。商标是无形资产中最为重要的一项。随着商标知名度与美誉度的建立和累积，其价值也将节节攀升，不仅可以增加客户对产品的信赖度与忠诚度，更能带给企业无穷的商业利益。如果商标被淡化，企业将面临巨大的损失。

【案例】“优盘”商标淡化事件

“U 盘”的称呼最早来源于深圳市朗科科技有限公司（以下简称朗科公司）生产的一种新型存储设备，名曰“优盘”。

1999 年 8 月，朗科公司在第 9 类计算机存储器等商品上，向商标局申请了“优盘”商标注册，并于 2001 年 1 月 21 日被核准注册。但长期以来，由于管理不当，许多同业经营者、计算机从业人员、消费者都把“优盘”作为一种计算机移动存储器的商品通用名称加以使用。朗科公司在其营业执照的“经营范围”一项中，也把“优盘”列为其所经营的一项商品名称，其商品包装盒及促销宣传材料上，“朗科优盘”或“优盘”文字后面多没有其他连用的商品名称,很容易让社会公众将“优盘”认读为一种新型计算机移动存储设备的商品名称。

2002 年 10 月 23 日,北京华旗资讯数码科技有限公司(以下简称华旗资讯)向商标评审委员会提出申请,请求撤销朗科的“优盘”商标。华旗资讯声称,“优盘”商标不仅直接表示了商品的用途及具体的使用方法,并且该商标已成为此类商品的通用名称。中国电子商会向商评委提交的《关于“优盘”已经成为产品通用名称不宜再作为注册商标使用的情况反映》中,也认为“‘优盘’已经成为产品的通用名称,如果继续作为一个注册商标而为某个厂商所拥有和使用,会造成市场推广成本过高,不利于整个行业的良性发展”。

经过 7 年的审理,商评委于 2010 年 3 月 15 日作出裁定,认定 1509704 号“优盘”商标已成为其指定使用商品——计算机存储器的通用名称,予以撤销注册。

我国学者在论及商标淡化行为的种类时,几乎无一例外地将商标淡化的情形分为商标弱化、商标丑化和商标退化三种。商标淡化,是一种非常特殊的行为,商标权人受到的损害,不是一次性发生,而是慢慢累积的,后果也不是一朝一夕能够显现。因为淡化造成的损失是慢慢累积的,损失结果是难以评估的,所以我们不能把已有实际损失结果当成商标淡化的构成要件,而应以可能造成损失为依据,否则所谓的商标淡化合规管理基本上只能流于形式,成为一纸空文。

商标弱化,是指将他人具有一定知名度的商标使用在不相同、不相似的商品或服务上的商标淡化行为。例如,“可口可乐”是世界上最知名的商标之一,普通公众看到这个商标的第一反映,通常会把它和“可口可乐”这种碳酸饮料联系起来,同时会把它和可口可乐公司联系在一起,因为“可口可乐”这种商标具有显著性和识别性,能够标示和识别商品的来源。如果有人注册并生产“可口可乐”牌电视机、洗衣机等,尽管实际生产者和“可口可乐”公司没有任何联系,但消费者很可能认为它们也是可口可乐公司生产的。这种行为就是弱化,它混淆了商品的来源,进而削弱了商标的显著性。

商标丑化,或称玷污或污损,是指将与驰名商标相同或近似的商标或标记用于有损该商标良好形象的商品上的行为。玷污,是指将他人具有一定知名度的商标使用在对该商标的良好信誉可能产生贬低、污损作用的商品或服务上的商标淡化行为。最典型的莫过于德国"4711"香水案,4711 本是德国某公司拥有的驰名世界的香水商标,而德国另一家公司是污水处理公司,它在其臭气四溢的货车车厢上标上"4711"几个大字。尽管查明这其实是该公司的电话号码,但法院认为这种标识会在消费者中产生负面影响,损害香水商标的声誉,判决禁止污水处理公司在车厢上标"4711"。

商标退化,是指由于商标使用不当,商标演变为商品的通用名称而失去识别功能。"Aspirin"(阿斯匹林)曾经都是作为商标来使用的,由于使用不当,现在早已成了抗感冒药的代名词,失去了作为商标的商业价值。退化是指将商标作为商品的通用名称使用,从而使商标的区分功能完全丧失。退化是另一种极端的商标淡化行为,是商标淡化的一种特殊类型。

本节仅介绍退化的原因及合规管理。欲避免商标退化,需先了解商标退化的发生形态及其表现,才能因地制宜,对症下药。

1. 商标退化的现象比较复杂,大致可归为以下几个方面:

(1)显著性较弱的商标。有些商标的显著性本来就很弱,为商标退化创造了条件。由于这些商标标识的含义与特定产品的种类、质量、功能或其他特征相近,稍不注意,消费者就会将其当作通用名称。比如"轻骑"本为商标,但它描述了所指摩托车轻便小巧的特点,曾一度成为轻巧型摩托车的代名词。

(2)拗口的新产品名称。有的企业推出新产品时,虽然没有将商标当商品名称使用,但由于新产品的名称十分拗口,消费者很难记忆和接受,或者企业没有告知消费者该产品的通用名称,消费者很难记忆和接受,或者厂商没有告知消费者该产品的通用名称,于是,久而久之,新产品的商标就被消费者当成商品名称来指代。这在化工产品上经常发生类似案例,因为化工产品的名称十分专业,而且冗长,消费者很容易把化工产品的商标当成该产品的名称加以指代。如"FREON"(氟里昂)商标就被当作一种制冷剂的通用名称。这种情况往往是社会公众、媒体、同行等无意中造成的。

(3)权利人将商标当商品名称使用。此种情形在新产品上市时最为常见,例如,"阿司匹林""弹力车""奇异笔"等案例。权利人就新产品创造了一个颇具创意的名称,并将该名称作为商标申请注册及使用。这种做法固然具有便利以及广告效果的考量,但由于使用时并未区隔商标与商品名称的使用,而致消费者与同业均认其系商品名称而非商标,很难单从该商标的标示,区别商品的不同来源。

(4)长期处于垄断地位的产品的商标。有些产品长期处于垄断地位,也容易使其商标向通用名称的方向发展。像微软公司的"WINDOWS"系列,在很多消费者心目中,也已经成为系统操作软件的同义词。

(5)未禁止同业竞争者他人商标名称作为商品名称使用。如果权利人未加干涉或行动不及时,其商标作为商品名称使用的情形将越来越普遍,最后消费者也只会认为该名称系商品名称而非商标。比如"JEEP"(吉普)本系一家汽车公司在越野车上的注册商标,但在国内汽车行业曾经作为越野车的同义词,被广泛使用,后被商标权人制止,才恢复其商标的本来含义。

由上可见,商标退化的情形稍不注意,即会产生,因此,企业在商标管理上,切忌"事不关己,高高挂起",相反,应当通过采取预防性措施与救济性措施,尽量避免商标退化的风险发生。

2. 为防止商标演变成普通词汇而失去商标专用权,尽快采取以下合规管理措施:

(1)选择显著性强的标识。

商标显著性较弱,是引起商标淡化的一个因素。显著性不强的商标容易被他人以合理使用为抗辩事由,使用在自己的商品上。所以,在注册申请前应考虑选择显著性较强的商标,那种任意虚构的与产品的特征联系越少的商标,不易被别人规避使用,从而被退化使用。

(2)正确使用商标。

正确使用商标,是指商标权人以恰当的方法使用商标,谨慎保留商标的显著性,努力增强其知名性。商标不正确使用,有可能会淡化商标,甚至造成商标退化的严重后果。这在国内市场上有着惨痛的教训。现在大多数的普通大众,听到"优盘"时可能不会把它和朗科公司联系在一起,相反,更多的人可能会联想到"三星""爱国者"等优盘的著名商标。知名商标所有人应该爱惜商标,尽力维护商标的知名性,努力促进其发展,绝不能为了一时之利,舍弃长远利益。

(3)规范商标的使用。

纠正媒体或广告中商标使用的错误,如果商标在使用上有所疏忽,尤其是未将商标之标示与商品相关说明予以区隔,极易发生淡化的情形。因此,企业在商标使用上应有一套管理规范，对商标的标示方式、位置、比例等加以明文规范。例如，在商标一旁加注“注册商标”“®”“TM”等，以与商品说明或广告用语等相区别，尤其要注意区隔商标与商品名称，并向消费者提示。日本味之素公司在宣传自己的“味之素”商标时，就着重强调了它是“家庭用化学调料”，从而与产品名称相区别，避免被混作产品通用名称。

(4)商标与商品名称与新产品同时推出。

当一种新产品问世，如果没有简便易记的名称用来称呼产品，那么此时，防止商标显著性淡化的最好方法，就是在新产品上市销售时，创造一个易于记忆和接受的通用名称，并在产品的推广促销活动中明确告知消费者，这样就不会让消费者把商标当作产品名称来指代了。假设朗科公司在“优盘”使用之初，业界也并未把“优盘”作为商品名称使用时，即将商标“优盘”与商品名称“计算机存储器”联合使用，并分别强调之，可能就不会造成现在这种被动的局面。

(5)防微杜渐，加强预防。《韦氏大词典》新收录了100个常用词汇，其中就将Google作为动词收录，而不将其作为一个专有名词，它的词义是“使用搜索引擎Google查询、收集信息等”。针对此现象，Google公司已向词典编辑方发出信函，请编辑方不要把它的名字当作动词使用。可见Google公司已经意识到自己的商标有成为行业通用名称或者成为检索这个词的替代词的趋势，所以未雨绸缪，积极采取预防措施。美国Google公司的做法就值得我们学习。

三、商标转让的合规管理

转让注册商标是商标权主体的改变。商标权是一项民事权利，权利人有权处分，即可以将注册商标转让给他人。自行转让注册商标不仅不具有任何法律效力，而且妨碍了国家商标管理秩序，为《商标法》所禁止。针对自行转让注册商标的行为，工商行政管理部门“责令商标注册人限期改正”的行政强制措施，对那些拒不改正的，可报请商标局撤销其注册商标。

在商标转让过程中应做好商标调查。转让注册商标的，商标注册人对其在同一种商品上注册的近似的商标，或者在类似商品上注册的相同或者近似的商标，应当一并转让。未一并转让的，由商标局通知其限期改正；期满未改正的，视为放弃转让该注册商标的申请。转让注册商标不能产生误认、混淆或者其他不良影响。假如,商标注册人在第3类化妆品商品上分别申请注册了“雅倩”商标和“ARCHE”商标,这两个商标在注册申请审查中不被判为近似,在转让时可以不一并办理。但实际上,由于商标注册人通过电视广告及其他媒介所做的大量宣传,已使广大消费者将这两个商标联系在一起,甚至视为同一商标的组成部分。这种情况下,如果商标注册人将其中一个注册商标转让给他人,则必须将另一个一并办理转让,否则将造成消费者的误认。

需要注意的是,转让人必须是该注册商标或申请商标的权利所有人,任何未经商标所有人同意,以欺骗或者以不正当手段转让商标的,其转让商标行为可能被认定无效。

【案例】“iPad”商标之争

唯冠国际控股有限公司(以下简称唯冠国际)旗下的唯冠(台北)公司于2000年在欧洲和世界其他各地注册了iPad电脑的商标。2001年6月和12月,唯冠国际旗下子公司唯冠科技(深圳)有限公司(以下简称深圳唯冠)分别在中国商标国际分类号第9类(电子产品)上获得了iPad文字商标和文字图形结合商标的两个商标专用权,并将该商标使用在其自主研发的液晶显示器等电子产品上。

根据《史蒂夫·乔布斯传》中介绍,乔布斯萌生iPad这个想法是在2005年。2006年苹果公司的iPad进入市场,并开始计划推出苹果电脑。苹果公司在进入欧洲市场时,才发现iPad商标归唯冠(台北)公司所有。不可否认,真正赋予iPad这个词语非凡价值的是乔布斯和苹果公司。

为了取得商标权,保持品牌的全球一致性,而又不付出过高代价,苹果公司在英国注册了一家名为IP Application Development的公司(以下简称英国IP公司)。这家公司实际是苹果公司为了在全球收购iPad商标而成立的“空壳公司”。2009年年底,英国IP公司和唯冠(台北)公司签署了商标转让协议,唯冠(台北)公司以3.5万英镑的对价向英国IP公司转让旗下的所有商标,包括深圳唯冠“iPad”两个商标。2010年2月,苹果公司又与英国IP公司签订了一份《权利转让协议》,英国IP公司以10万英镑为对价,向苹果公司转让有关商标的所有权利。

但百密一疏的是，中国大陆 iPad 商标的所有权并不在唯冠（台北）公司，而在深圳唯冠的手中。这也就拉开了苹果公司与唯冠的商标权之争。对苹果公司而言，唯冠（台北）公司和深圳唯冠均属于唯冠国际的子公司，"iPad"商标转让协议是唯冠国际的集体交易行为。因此，苹果公司向深圳市中级人民法院提起诉讼，要求法院判令这两个商标归其所有。双方争论的焦点在于，唯冠（台北）公司是否有权出售深圳唯冠的商标权。深圳唯冠的主要理由是台北和深圳两家公司是独立的，并且深圳公司当时也未签署转让协议，而苹果公司认为唯冠（台北）公司当时已出售了 iPad 所有商标权。然而，一审法院审理认为，商标转让合同系英国 IP 公司与唯冠（台北）公司签订，深圳唯冠既没有参与谈判，也没有授权他人处分其商标及订立商标转让合同，涉案的商标转让合同对深圳唯冠无约束力，从而驳回了苹果公司的诉讼请求。

苹果公司不服，向广东省高级人民法院提起上诉。二审中，双方达成和解，苹果公司向深圳唯冠支付 6000 万美元"一揽子"解决 iPad 商标纠纷。

第三章　专利合规管理

专利是专利权的简称，它是指一项发明创造，向国务院专利行政部门提出专利申请，经依法审查合格后，向专利申请人授予的在规定的时间内对该项发明创造享有的专有权。在我国，专利分为发明、实用新型和外观设计三种类型。发明，是指对产品、方法或者其改进所提出的新的技术方案。实用新型，是指对产品的形状、构造或者其结合所提出的适于实用的新的技术方案。外观设计，是指对产品的整体或者局部的形状、图案或者其结合以及色彩与形状、图案的结合所作出的富有美感并适于工业应用的新设计。

专利是企业的差别优势、产权优势和创新优势的一种标志，拥有一项专利就意味着拥有了一个潜在的市场，而做好专利合规管理是实现潜在市场的前提。一段时期以来，"高价值专利"以及与之相关的"提升专利质量""培育核心专利"等成为业界高度关注的热词。专利合规风险主要有，企业专利挖掘技能不足导致创新不能得到保护，对专利申请相关知识不了解而导致专利保护范围缩小或产生偏离等。本章主要从专利权利人角度，通过介绍专利挖掘与布局、专利申请、专利转让、专利维护中的风险以及如何规避风险，帮助企业提高专利合规管理意识。

第一节　专利挖掘与布局的合规管理

专利作为企业知识产权的重要组成部分，在企业发展中起着十分重要作用。很多企业在合规管理中，仅是将授权专利纳入合规管理范畴。从预防风险角度来看，企业要意识到专利的重要价值，应将专利合规管理工作前移。"专利挖掘"与"专利布局"应是企业专利合规管理工作的重心，但从很多企业的专利工作现状来看，挖掘与布局往往是简单地由研发部门按照自己的理解提出一些简单的想法后，再进行相关专利的申请。很多企业并没有系统地从专利布局的角度来思考问题，导致企业虽然拥有很多专利，然而没有形成系统的专利保护能力，整体的专利质量并没有得到很好地提升。所以企业应根据的实际情况，结合专利挖掘和专利布局的基本规律，制定切实有效的合规管理制度，将潜在的风险，通过合规管理的方式，有效挖掘专利并实施专利布局，是企业规避知识产权风险，提升核心竞争力的必然之举。

一、专利挖掘

专利挖掘，是指企业在科研或生产过程中对所取得的技术成果，从技术和法律层面进行剖析、整理、拆分和筛选出可以申请专利的对象。对企业来说，专利挖掘是增强市场竞争力的需要，通过专利挖掘建立企业在某一领域内的专利保护网，增加专利拥有量，提高企业的无形资产含量，增加市场竞争力。专利挖掘出现失误，会使企业专利防御网络出现漏洞，影响企业专利布局的质量。企业要防止专利挖掘风险，就必须加强专利挖掘工作的管理。

（一）企业挖掘专利的误区

人们常常认为，发明是智慧的火花像闪电一样撞击天才而产生的结果，将技术创新视为畏途。其实，发明创造和获得专利权并不像人们通常想象的那么难。

大多数专利并不是惊天动地的科学发现，从《专利法》的角度讲，一个用于解决某一技术问题的非常简单的方案不一定缺乏创造性。许多可以被授予专利权的发明的技术方案，一旦其所解决的技术问题本身被澄清就变得相当容易，尤其是在所解决的技术问题是新的情况下更是如此。这样的发明与其说是来自天才的创造力和深刻的洞察力，不如说是对新技术问题的切实分析。授予专利权的标准比一般人想象的要低，虽然这种标准看起来有些神秘。

获得专利的主要障碍是创造性问题，对于大多数技术人员来说，在他们眼里，一项发明创造具有创造性，似乎意味着该发明创造必须是新的科学发现或新的技术原理。实际上，从法律意义上来说，如果一项发明创造是对公知技术原理的改进，提出了一种新的，虽然并不是惊人地解决某一技术问题的方案，那它也可能具有创造性，就很有可能被授予专利。

所有创新其实只是意识问题，并不在于技术水平的高低。专利就来自我们身边。企业在挖掘专利的过程中存在如下误区：

误区一，专利的技术含量必须很高。

很多研发人员以及企业管理人员都有这样的错误的认识，实际上，专利并不要求象制造飞机大炮般的技术含量，日常生活中的很多创新都可以成为专利。甚至我们看着并不起眼的小小的改进，也可以成为专利。可以毫不夸张地说，每个企业可能每天都有创新，但我们对创新视而不见。

【案例】方便切菜刀

普通的切菜刀，在使用过程中，容易将被切物粘在刀上，尤其是切割瓜薯类或肉质品。发明人在刀体两面上带有通气槽沟。由于菜刀带有通气槽沟，使在切割物品时减小物品对刀面的摩擦面积，变得省力。另外由于槽沟空间有气体存在，不会因为大气压力作用使被切的瓜薯类及肉质品类物品沾敷在刀面上，切后很容易从刀面上脱落，不“沾刀”。发明人将此改进申请了专利。

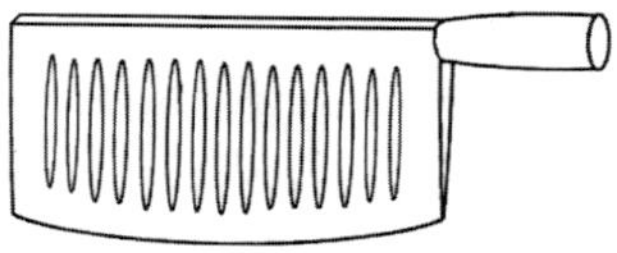

误区二，一件产品等于一项专利。

随着社会分工的细化，每个企业的生产的产品都很单一，如生产消防器材的公司，生产电视机的公司等。所以，很多企业可能从成立开始一直只生产一种产品，根本就没有能力开发新产品。这些企业的领导或技术人员潜意思地认为，没有新产品也就不能有创新，当然也就不可能有专利申请。实际上，专利制度并不是这样的，这样的认识是错误的。比如机械产品，每一部分的改进都可以作为专利挖掘的对象，有时也可以专利申请，并获得专利授权。

误区三，结构复杂的产品才能申请专利。

结构简单的发明创造，更应通过申请专利保护来对抗竞争对手的仿制和改进。很多人误认为，构造越复杂的发明技术含量越高。发明创造的技术含量不能以产品结构的繁简而确定。

误区四,只能在自己生产经营范围内申请专利。

专利的申请与企业的经营范围没有关系。企业生产消防器材,完全可以申请医药方面的专利。当然,企业取得专利,不一定代表企业就可以生产专利产品,例如,取得某企业取得某一种药品专利,如需生产专利药品,仍需要行政部门的审批才可以生产并上市销售。

误区五,“小发明”没有用。

很多企业的领导以及企业研发人员,所有工作的重心都以占领市场为目的,但是占领市场并非一日而蹴的,从长远考虑,企业如果长远占领市场,并在某个领域具有一定的“江湖地位”,千万别小看专利的作用,更别小看“小发明”的作用。诚然,名声显赫、功绩卓著的大发明、大创造固然令人赞叹和羡慕,“小发明”实难相比,其实不显山、不露水、不起眼的小发明也有其光辉的地位。

“小发明”“小创造”并非只是“小儿科”,小发明也能抱上金娃娃。日本松下电器公司从创业之初的 80 美元起家,而跻身世界驰名公司,成为举世瞩目的“电器帝国”,重视小发明乃是松下电器公司兴企的瑰宝。

(二)企业的专利挖掘主要方法

1. 以问题为导向进行专利挖掘。

企业在生产经营过程中会出现各种各样的问题,比如说产品质量上存在缺陷,或者用户体验感觉较差等,这些问题往往直接影响企业的经营发展和市场竞争力。企业可以将这些问题进行收集、整理并分析,找出存在此类问题的原因,是技术“瓶颈”没有突破,还是市场方向把握不准,然后根据此类原因,有针对性地厘清解决问题的方法,确定技术的创新点和保护方式,最后由企业管理人员、研发人员和专利代理师综合市场、法律、技术等方面因素,筛选出最具价值并且适合企业发展的技术方案。

2. 以项目研究为导向进行专利挖掘。

企业在进行某一项技术攻关时,往往是以项目研究的形式开展的。例如,对产品进行研发时,就可以同时对产品的生产方法、产品的包装、产品的形状、产品的构造、产品的尺寸、产品的成分进行专利挖掘,当然也包括对已知的产品所提出的新的用途。

3. 以竞争对手技术为导向进行专利挖掘。

在专利挖掘方面,企业应重视竞争对手的技术研究方向,对竞争对手专利挖掘和布局的重点进行认真分析。企业可以通过分析主要竞争对手专利信息，了解竞争对手技术开发的市场布局重点，而后结合企业自身优势梳理创新点，再针对性地开展专利挖掘策略，进而挖掘出能很好保护自己产品技术并能限制竞争对手的专利。

二、专利挖掘的合规管理

按照合规管理的思路，将专利挖掘纳入合规管理范畴，企业尽早识别专利风险的角度进行专利挖掘。在专利挖掘过程中注重专利风险的识别，非常重要的好处是，企业可以及早调整技术方案、改变技术方向或者采取替代技术手段，既能降低技术研发的沉没成本，又能节省技术研发的宝贵时间，还能对企业无法规避的专利风险能够及早采取措施，抓住一切可能的机遇窗口，适时进行妥善应对。

1. 挖掘专利前应进行必要的文献检索。

在研发人员开始研究课题之前，企业要通过检索，了解本领域的研发趋势和技术现状，以避免重复研究和确定自己的研发方向。一个企业，在开发新产品前，也要对相关产业领域进行检索和调研，以使开发出的产品具有技术上的竞争优势和市场销路。专利申请人在申请之前，也希望通过检索来获得最相关的现有技术信息，以使专利申请不与他人在先公开的专利相冲突或相重复，并使专利申请能顺利通过审查而授权且能保持其权利的稳定性。

专利检索是各个单位开发研究新产品前必须进行的一项工作。任何单位在开发研究之前一定要对本领域的技术现状进行了解。

专利检索目的有三：

其一，可以借鉴其他单位的研究成果，从而避免本单位进行不必要的重复劳动。

其二，了解本行业竞争对手的情况，做到知己知彼，从而确定己方的研发方向。

其三，防止己方开发的产品落入他人的专利保护范围，从而避免陷入专利侵权的尴尬境地。

2. 专利挖掘的对象不应排除技术含量低的成果。

如果一讲到挖掘专利，就一定要挖掘出非常有价值的成果，这样给专利工程师或研发人员都有很大压力。我们在进行专利挖掘时,可以利用一些传统知识、失效专利、非专利文献来部署大量的"垃圾"专利。有时"垃圾"专利并不垃圾。在没有创新技术的情况下,我们有时也需要根据企业的专利战略布局来设计一些外围的技术含量低的专利,不能因为没有创新点,就将这部分领域放弃。需要明确的是,本书并不是怂恿大家去申请"垃圾"专利,只是告诉大家专利挖掘中存在的方式方法而已。

3. 专利挖掘应该与企业的整体研发规划、专利战略或知识产权战略相结合。

基本专利是企业技术的根本,也就是核心专利,基础专利的挖掘一般不是数量的问题,而是申请时机的问题。

另一项工作是要围绕基本专利形成专利网,这是我们要挖掘的地方。因为随着知识产权的发展,专利申请并不仅是为了自己使用开发出来的技术,也要利用专利手段在新技术领域进行"圈地运动",形成专利网,建立以专利网为基础的垄断格局,用专利围墙来维护自己现有专利,以免竞争对手直接冲击自己的核心利益,让所有进入这一领域的竞争者感受到专利的包围。要在自己的专利周围形成许多原理相同的小专利组成专利网,比如说如果我们拥有聚合物锂离子电池的基本专利,那么我们就要围绕聚合物锂离子电池的生产过程,将配方、工艺参数、装配过程、制造设备、应用领域、产品结构和外观等统统按照聚合物锂离子电池的特点来改造提交专利申请。这样一旦有人踏入聚合物锂离子基本专利领域时,竞争对手也必然会涉及这些外围专利,专利网可以起到有力的保护作用。

三、专利布局

专利布局是通过对专利申请时间、地域和途径的选择、专利保护内容的谋划等,对专利申请工作的周密规划和统筹安排,对专利进行有机结合,构建严密高效的专利保护网,形成对企业有利的专利格局。专利布局是专利挖掘的进一步延伸,其专业性更强,涉及面更广。

专利布局要根据市场的专利情况,自身的专利情况,竞争对手的专利情况以及法律法规等相关因素经过综合考虑后进行合理规划。专利布局是一种有规划、有策略的专利系统化行为。通过专利专利保护网络的构建工作,可以有效地克服企业专利申请的盲目性和零散性，由被动地“为专利而进行专利申请”转变为“为企业的发展需求有目标、有规划地进行专利申请”，并因此而提升企业专利申请资源的利用效率，以及其专利集群的整体价值，为企业发展提供切实有效的专利支撑。

企业在构建专利保护网络之前，需要明确整体目标是什么，是保护自身技术还是对抗竞争对手。因此，专利保护网络的构建目标可以划分为保护式布局和对抗式布局。

1. 保护式布局。

保护式布局一般是围绕企业自身的技术创新展开的，其专利一般都和企业自身的技术或产品密切相关。这些专利的主要目标是对企业技术创新成果提供充分的专利保护，确保企业在此创新成果上的技术垄断和竞争优势，提高竞争对手规避设计的难度和研发成本。因此，可以从以下几个方面进行专利保护网络构建。

(1) 对技术的强化保护。

企业最有价值和最有竞争力的是核心专利所保护的技术，因此需要对核心技术专利进行强化保护，让竞争对手无缝可钻。首先要对核心技术的内容进行深入挖掘，再从改进的角度，挖掘核心技术专利的改进专利，并对改进专利进行抽象化或概况化，从而形成由点到面的保护圈。

(2) 对技术的扩展保护。

对技术强化保护完成后，为了获得更严密的保护，就需要将各种可能的专利布局点掌握在自己的手中。为此，需要对技术工艺进行扩展保护，扩展保护的角度很多，如应用、技术手段的替换、技术问题、规避设计等。

(3) 对技术的延续保护。

专利保护时期具有一定的期限，对于某些领域，从技术的提出到实现工业化再到产品投向市场，会需要很长的时间。因此，为了实现保护式布局的意图和目标，需要随着技术创新的产业化和市场化进度，不断有后续专利申请提出，实现对技术的延续保护。

(4) 对技术工艺的迷惑保护。

为了避免竞争对手透过专利申请公开的内容快速的跟进、模仿企业的技术，在进行保护式专利布局时，可以通过迷惑式布局，有意隐藏企业真正的研发方向或者最佳实施方式,达到迷惑竞争对手,增加竞争对手模仿、抄袭难度的目的。

针对新技术进行专利布局的同时,对不用的技术、变劣技术、次优技术也进行相关的专利布局,让竞争对手分不清主次,看不到重点。在撰写专利申请文件的时候,有意将效果差的原料配方作为优选,并对一些关键技术点进行隐藏。

2. 对抗式布局。

保护式布局是对企业自主创新技术的充分保护,但是,往往企业在自身技术创新的同时,竞争对手也在同时进行技术创新或者更早一步做出了技术创新,并申请了专利。这些专利可能影响企业自身的研发方向,甚至面临侵权风险。为此,针对竞争对手的专利,需要进行对抗式布局。

(1)包绕布局。

针对竞争对手的核心专利进行外围专利的申请,从性能改进、技术优化、技术手段替换、其他应用领域等角度进行包绕,防止竞争对手后续改进申请,进而牵制竞争对手,各有筹码。

(2)组合布局。

针对竞争对手的研发方向组合对抗式布局,如针对产品专利,对产品的上游原材料、工艺、生产设备、检测设备、下游应用等进行布局,防止竞争对手完全纵向布局。

四、专利布局的合规管理

有效的专利布局能够避免研发成果出现专利保护的漏洞,并能够形成对技术创新进行全面、充分、有效的专利组合。我国大多数企业缺乏主动进行专利布局的意识,通过合理的布局方式形成具有战略意义的严密的专利网,而且还能够应对竞争对手核心专利,增加高价值专利资源储备,进而提高企业自身专利风险预警和有效的应对能力。对于专利布局纳入合规管理范畴,可以将下列专利布局的要素作为合规管理对象。

1. 应做好专利信息分析。

企业专利布局前应做好专利信息分析。专利文献以其广泛性、公开性、及时性、专业性,一定程度上反映了最前沿的科技创新成果。全面、科学、准确的专利信息分析将成为企业进行专利布局规划、申请策略制定和产品价值定位的决策依据,某种程度上决定企业整个市场竞争的成败,至关重要。

2. 应注重时间、区域和时机的把握。

专利申请时机很重要,目前世界上绝大多数国家采用先申请制。企业有了好的构思,觉得有价值就应该马上申请专利,而不要等到推出产品了才申请专利。连贯地提交专利申请并进行布局,一方面可以延长保护期,另一方面也避免技术过早的公开而给竞争对手可乘之机。

对于专利申请的地域选择,优先选择市场最大或即将开拓市场的地区进行专利布局,使我们专利价值最大化。专利申请布局还应当考虑申请国家与专利之间的关系,如在专利产品生产国家应当以保护专利技术的生产方法发明为主。在专利产品销售市场国家应当保护专利产品的市场商机,所以专利申请技术则应以产品结构为主等。因这种申请布局导致的法律风险直接影响企业专利无法得到期望的法律保护,属于严重的合规风险。

3. 保护方式上选择的风险。

在企业技术及产品开发阶段,主要以专利和商业秘密居多。一般而言,对于那些容易被破解、仿冒的技术,适合通过提交专利申请来保护,但是对于一些不容易被破解,并且即使被侵权也很难获得侵权证据的技术而言,则适合用商业秘密来保护。

当然,在具体操作中,专利和商业秘密并不是二选一的关系,一些技术可能是通过二合一的方式进行保护,比如对于宏观的原理可以通过专利进行保护,但是对于一些参数、配方则可以采用商业秘密的方式来保护。

有时甚至还可能在同一产品上有发明、实用新型、外观设计等不同专利内容的布局。另外,专利申请布局也可能与其他知识产权相结合。

这种专利申请布局不当产生的风险仅仅是企业知识产权保护不周密,属于没有充分保护的风险。若因申请布局不当,为他人侵权行为留有法律保护盲区,则提高了企业合规风险等级。

4. 应基于产业链进行布局。

企业在提交专利申请时,传统的做法是一个技术点提交一件专利申请。但是在专利的具体运用中,通常的情况是该专利对于产业链中的各个厂商的影响都不尽相同。

因此如果发现某一专利非常重要,而且未来被侵权的可能性较高,那么企业在进行专利布局时，就不能仅根据技术点来进行布局，而更多的是要根据产业链的各个环节的具体情况来布局专利，以确保相关专利覆盖到产业链各相关环节。这样企业在进行维权时，就可以根据产业链中不同环节的不同情况，利用不同的专利进行维权。

同时，基于产业链进行专利布局，可以确保将来在进行专利许可时根据产业链中环节的具体情况，提出不同的专利组合方案。

5. 应基于技术体系进行布局。

如果某一技术点较为优良，那么在构建专利防护体系的时候，就不能仅基于该技术点进行布局，而需要进一步启发研发人员和专利工程师，从该技术对系统其他方面产生的影响来展开布局，以确保成功构建围绕该技术点的整体专利保护网络。

第二节　专利申请的合规管理

企业在发展过程中，对自己具有专有属性的技术、产品、设计等会采取一定的保护措施，申请专利就是保护措施之一。通过专利申请获得专利权后，企业就可以利用专利权的高度独占性，开拓、控制和占领市场，最终赢得市场竞争优势。企业的一项技术创新成果诞生后该如何处理？除了专利布局角度考虑之外，如果申请专利，应在何时申请专利？申请什么专利？是仅在本国申请还是同时向外国申请？这些都必须进行认真地考虑和调查分析，企业需要采取合规管理应对措施，进行风险控制。

一、专利申请策略

申请专利的主要目的：其一，通过法定程序确定发明创造的权利归属关系，从而有效保护发明创造成果，独占市场，以此换取最大的经济利益。其二，及时申请专利是为了在市场竞争中争取主动，防止竞争对手将相同的发明创造申请专利，从而确保自身产品生产与销售的安全可靠性，就是要防止其发明创造成果被他人随意使用，丧失其应有的价值。

申请专利可基于多种策略，其中常见的有抢先策略、垄断策略、拦路策略、防卫策略和储备策略等。

1. 抢先策略。

我国《专利法》实行先申请原则，同样的发明创造，国家把专利权授予最先申请的人，因此，谁先申请，谁就取得主动，否则，若他人抢先申请并被授予专利权，自己的研究成果就会白白丧失。而且，专利申请并不需要实际制造出成品才能申请。例如，组合药品有了配方和制备方法，获得初步的动物试验或细胞试验结果就可以申请专利，而不用等临床试验结束。不管哪种情况，等科研工作全部完成才去考虑申请专利的做法是值得商榷的，这样可能会错过最佳申请时机，甚至丧失申请的机会。

2. 垄断策略。

专利权人取得专利权后，自己可以独家实施，可以垄断产品的制造、使用和销售，还可以阻止他人进口与自己专利产品相同的产品。

3. 拦路策略。

当然，拥有了专利，不一定要自己使用专利，但可以阻止竞争对手的研究开发和发展方向。另外，通过检索本企业技术领域的专利文献，可以对他人的专利技术进行改进，对改进后的技术申请专利，取得专利权后，既可以阻止竞争对手改进其专利技术，也可以迫使对方与自己签订交叉许可合同，相互许可对方无偿使用自己的专利。

4. 防卫策略。

防卫策略是从限制他人、保卫自己的角度，对创新进行全方位的专利申请，以获取全面的保护。

5. 储备策略。

取得专利权后，并不一定要马上实施该技术，可以把该专利技术暂时储备起来，在自己的前一代专利技术充分完成了市场使命后再推出第二代专利产品，以延长其前一代产品的市场寿命。企业储备的专利技术越多，其潜在的竞争优势就越强。

6. 投石问路策略。

日本很多企业包括大型公司所申请的专利，有很多不被看好的甚至不值得申请的内容。日本企业对此的解释是，这样的申请即便被驳回，也是有价值的，一是作为公开的内容，别人不能就此再申请专利；二是审查员长期从事审查工作，因此对其所属技术领域会有相当的积累，大量地接触相关的技术情报是其作为技术产品信息专家的特征。申请专利，这样有可能利用专利局审查员特别是资深审查员的审查经验，由此而确认了别人在此领域没有专利，自己就可以放心大胆地挺进了。

7. 隐蔽申请策略。

随着专利意识的增强，很多企业都建立了专利情报机构，专门检索和收集竞争对手和相关专利申请情况，以及时调整自己的开发计划和研发投入。所以，很多企业为了避免引起竞争对手的注意，经常采取各种手段进行隐蔽申请专利。例如，假借“稻草人”作为专利申请人，以躲过竞争对手将自己作为目标对象的专利情报收集。专利申请人还可以选择冷僻、晦涩难懂的词汇作为专利名称，为他人检索专利信息设置障碍，还有甚者为了避免引起竞争对手的注意，有些专利申请人以小语种申请专利。因为以小语种申请专利，即便公布了专利申请文件，竞争对手也难以理解专利申请的内容。

IBM 公司曾就一种有可能取代晶体管的器件申请专利，当时为了避免引起竞争对手的注意，该公司在欧洲申请专利时特意用德语写成说明书，因为与英语相比，德语属于小语种。结果该申请文件在书架上放了 2 年之后才被人发现，使竞争对手推迟了 2 年才注意到该发明创造。

二、是否选择专利权保护的合规管理

专利权不是伴随着发明创造的完成而自动产生，而是需要申请人按照《专利法》规定的程序向专利行政机关提出书面申请，经审查符合《专利法》的规定，才能获得。专利申请最基本的合规风险，就是应当申请专利进行保护的对象而未申请，这种风险需要结合企业发明创造的特点予以衡量，更多依赖于企业专业人士的判断。对于发明创造的保护主要有两种途径，一种是申请专利，另一种是作为商业秘密进行保护。企业保护发明创造应当根据发明创造本身的特点选择恰当的方式。申请专利保护的，同样需要考虑发明创造的可分性或者多个发明创造的共同性等。若申请策略不当，将不能实现企业保护发明创造的目的，甚至可能给企业造成严重损害的风险。

有些发明创造虽然符合专利要求,但考虑专利保护具有期限性、专利方案可被替代性、专利方案被侵权不易探测性以及申请专利需要支付各项费等各种实际具体情况,企业就不适宜采用申请专利保护。有的发明创造,只要保密得当,他人难以获得该发明的内容,这类发明创造可以不申请专利,通过商业秘密的方式进行保护也未尝不可。例如,美国可口可乐饮料的配方就是靠技术秘密维护其利益的。

全球经济一体化的发展趋势,使企业面临的挑战越来越大,实施企业专利战略,加强专利保护已是大势所趋。特别是在开放性和透明度都日益增强的今天,真正用商业秘密保护的方式来保护企业高新技术成果已越来越难以奏效,因此专利保护越来越重要。一般认为,当所论及的发明创造属于专利法保护的领域并被认为具有专利性时,在下列情况下应考虑申请专利,应将发明创造纳入专利申请的合规管理范畴。

1. 如果一项发明创造,构思巧妙,但结构简单,十分易于仿造或通过逆向工程分析易于得出,而且市场需求量大,就应及时申请专利。

2. 当发明创造属于易于开发的,应考虑申请专利,以防他人也同样研发出来,申请专利,从而限制了自己。

3. 经济寿命长的发明创造。如果其经济寿命长于专利保护期,应考虑申请专利保护。

4. 开发周期长、开发费用大,尤其是远大于专利申请费的发明创造。例如,药品,其开发费用一般达数千万元甚至数亿元,开发周期达十几年甚至数十年,因而要尽可能申请专利保护。

5. 拟转让或许可他人使用的发明创造,应通过申请专利,以明确发明创造法律地位。

6. 竞争对手不易绕过的发明创造。当某一项发明创造为基本发明或较重要的发明,竞争对手难以绕过,这时应申请专利。

7. 拟向外国投资,在该国使用有关发明创造从事生产,或向外国输出有关产品时,应将该发明创造在该国申请专利。

【案例】中国第一台 VCD 机研发企业痛失商机

安徽万燕公司曾因推出“中国第一台 VCD 机”而辉煌一时。当时已经开创出一个市场，并形成一整套成熟技术的万燕公司，本应拥有占据 VCD 全部市场而独霸天下的绝对优势。然而“申请不申请专利似乎意义不大，关键是要让产品占领市场”这一念之差，致使万燕公司把 VCD 生产销售的大好河山拱手送给了别人，以致形成了日后 VCD 市场诸侯纷争的形势。

没有专利，缺乏强有力的知识产权法律保护，万燕公司推出的第一批 VCD 机几乎被国内外各家电厂商全部买去作为样机，成为被其解剖的对象和日后争夺 VCD 市场的“依靠”。万燕公司面对自己千辛万苦研制的新产品在为他人作嫁衣，却无可奈何。没有专利保护，使得推出中国第一台 VCD 机的安徽万燕公司丢掉了市场，最终失去了商机。

三、提交专利申请文件前的保密措施

一些企业由于专利保护意识淡薄，没有很好地保护自己的技术成果，结果技术秘密被窃取，产品被仿冒，合法权益遭到侵犯，后悔莫及。当然很多企业建立了商业秘密制度，但是如何在申请专利过程中，避免泄露自己技术成果，避免申请专利成为泄密技术成果的漏斗，成为企业的一种合规风险。

1. 不公开发表文章。

发明人在其研究领域有所创新后，往往会将其研究成果在行业期刊上发表，这种情况在高校尤为普遍。有经验的专利代理人员往往会询问发明人是否已将申请专利的技术论文发表，若已经发表了的，则提醒申请人不能再申请专利，或请申请人修改技术方案。一旦涉及欲申请专利的技术论文发表，丧失新颖性，则属于现有技术。

2. 委托其他单位试验生产应注意签订保密合同。

有些技术是需要投产试验才能看出是否具有效果，此时，试验数据就是专利申请的一部分，许多发明人自己无力做这种试验，需要与企业联合进行试验，此时，与企业签订保密合同是非常重要的。

如果发明人未与试验企业签订保密合同也没有口头约定，则企业没有对其技术进行保密的义务,“口头公开”是专利技术被公开的一种方式,企业极有可能通过这种方式将具体技术内容给予公开从而影响专利申请的新颖性。

四、申请专利时间的合规管理

专利申请时机的选择之所以成为专利申请的一个考虑因素,是因为世界上绝大多数国家在专利确权上都实行“先申请原则”或者“申请在先原则”。因此,及时申请专利是十分重要的,否则可能会让竞争对手捷足先登,使自己反而受他人约束。这方面的教训在国内外是不少的。我国有些企业在新产品上市几年后,发现市场上有仿造品严重影响本企业经营时才想到去申请专利,结果因为产品已被公开使用而丧失新颖性,无法获得专利,这些血淋淋的教训是值得吸取的。但是,专利抢先申请也不能一概而论,专利申请时机究竟以何时为好,应当根据企业某项特定的技术创新成果而定,依据不同的发明创造选择不同的申请时间,并不存在一个统一的模式。

但是,在确定适当的申请时机方面,以下原则是值得重视的:

1. 考虑发明创造的完善程度。

一般来讲,早一点申请,发明创造的内容也会早一点公开,竞争对手会趁机在此基础上进行新的研究而超越自己。在企业技术创新成果尚未成熟时过早申请专利,由于不具备授予专利权的条件而会影响专利权的获得。过早申请由于申请文件准备匆忙,容易导致申请文件,尤其是权利要求书漏洞百出而给对手以可乘之机。过早申请等于向竞争对手过早地暴露了自己的技术秘密,有可能使其在短时期内赶上甚至超过自己,使自己的专利申请尚未授权就被淘汰。

2. 考虑到基本发明本身的状况外,还要考虑其应用研究和周边研究的成熟度。

原则上,为防止其他企业或其他竞争对手以基本发明为基础展开外围研究,或者抢先申请应用发明专利覆盖自己的基本发明,企业一般应等到在基本发明的应用研究或周边研究大体成熟后再申请基本发明专利。要考虑本企业基本发明与外围研究开发成果专利申请的协调,防止单纯申请基本专利公开技术方案后,让竞争对手多头开发外围专利技术,反过来限制自己。企业也应对围绕基本专利的周边技术或者对基本专利所做的改进及时申请外围专利,在基本专利外再形成一层“技术壁垒”，使竞争对手无法攻破。否则，一旦被竞争对手所利用，申请基本发明专利的企业将处于被动地位。

3. 充分考虑竞争对手目前的状况，特别是研究相同发明创造的可能性。

如果竞争对手目前还无力研究出同样的成果，那么不必急于申请，待竞争对手准备研制但尚未研制出来时再申请专利。特别是对于高新技术产品而言，首先考虑的不是申请专利，而是采取严格的保密措施。当竞争对手已完成该产品的研发，准备批量投入生产时，此时立即申请专利保护是非常合适的。对自己具有优势、竞争对手在短期内难以做出同样的发明创造的，可以推迟一点申请专利，一般可以等到竞争对手快要追上时再申请专利。这样做的好处是避免技术被过早地公开而给竞争对手以可乘之机。但是，如果本企业的技术创新成果，同时有多家企业或者其他主体在进行研制，那么应抢先申请。特别是当竞争对手多，而市场需求又很强或者技术容易被模仿时，企业应毫不犹豫地尽快申请专利。

4. 考虑专利技术的需求、技术更新周期、专利保护期限。

由于申请专利的目的在于下一步将之商品化，进而占领市场，但专利权时间性的特点决定了专利申请人在选择申请专利的时间时会考虑到社会对该专利技术的需求、技术更新的周期、竞争对手研发的状况等。专利权是有期限的市场垄断权，为了延长“保护”期限，延迟申请也是可以考虑的。但是，由于，创新运动的高涨，现在的专利权一般都会“折旧”提前，大部分专利权在法定保护期限届满前，因市场价值减低和维护成本问题被企业所摒弃。

由上可知，申请专利既不可过早，也不能太迟，必须选择一个合适的申请时机。总之，由于发明创造本身和市场竞争的形式及企业经营战略的千姿百态，申请专利时机也是千变万化的，必须根据具体情况作出正确的选择。

五、选择专利申请主题的合规管理

专利申请主题的选择是至关重要的，直接关系到专利申请授权后，专利权的保护范围的大小。例如，发明人的发明创造涉及一种自行车座，但是该车座也可以适用于摩托车、玩具车等场合，如专利申请的主题确定为“车座”，限定的范围除自行车车座外，还包括摩托车车座等，显然比专利申请的主题确定为“自行车座”的保护范围大。

在专利申请中,经常会出现发明人对某个产品的某个部件进行了改进,一般会选择以该产品或该部件作为专利申请的主题。那么,究竟以该产品作为专利申请的主题,还是以该部件作为专利申请的主题?到底以哪一个专利申请的主题更有利于对发明创造的保护。选择以该产品所改进的部件作为专利申请的主题,将比以包括所改进部件的产品作为专利申请的主题,更有利于保护发明创造。当然,也可以,将改进的部件以及包含该部件的产品一并作为专利申请的主题。

在实践中,很多企业为了增加自己专利的拥有量和发挥专利的保护效能,经常将一个大专利主题分解成多个小专利主题进行申请。例如,新发明的汽车,包括车身、车轮、车座、车门等。在选择专利主题时,可以将汽车作为专利申请的主题,但其保护的仅仅是汽车。企业如果将车身、车轮、车座、车门等分别作为专利申请的主题,这样将进一步扩大专利的保护范围。同时,企业也可以用较多的专利,提高专利的总体价值,但是,需要较多的专利申请费用和维护费用。

六、选择专利申请类型的合规管理

一项发明创造,可根据不同情况申请“发明”、“实用新型”或“外观设计”。但因发明或实用新型的保护范围、保护期限等的不同,创造性要求的不同,实用新型不能与方法权利要求进行合案申请等区别,在申请专利时,要在两者之间进行选择。但是在选择发明或实用新型时,应对保护客体内容有正确的理解才能作出正确的选择,否则,在日后的侵权纠纷中,造成对专利权人不利的情况。发明专利包括产品专利和方法专利,对产品不要求具有一定的形状,发明专利的保护期长,但对创造性要求高,审批周期也长,申请费用较高。实用新型和外观设计专利均只保护产品,而且均要求产品具有一定的形状,取得专利的周期较短,申请费用也少些,但保护期较发明专利短。实用新型专利侧重于保护技术,而外观设计专利侧重于保护具有美感的设计,并且无强制许可的规定。

(一)发明与实用新型的选择

根据我国《专利法》的规定,在结构上作了改进的台灯,既可以申请发明专利,也可以申请实用新型专利。与发明相比,实用新型的主要区别在于:

1. 实用新型所包含的范围小于发明。由于发明是对产品、方法或者其改进所提出的新的技术方案，所以，发明可以是产品发明，可以是方法发明，还可以是改进发明。仅在产品发明中，又可以是定形产品发明或不定形产品发明。但是，申请实用新型专利权的范围则要窄得多，它仅限于产品的形状、构造或者其组合所提出的实用的新的技术方案。这样，各种制造方法就不能申请实用新型专利。

2. 实用新型的创造性低于发明。我国《专利法》对申请发明专利的要求是，同申请日以前的现有技术相比，有突出的实质性特点和显著进步；而对实用新型的要求是，与申请日以前的现有技术相比，有实质性特点和进步。对发明强调了"突出的实质性特点"和"显著进步"，而对实用新型只要求"实质性特点和进步"。显然，发明专利的创造性程度要高于实用新型专利。

3. 实用新型专利的保护期短于发明。

我国《专利法》规定，对于实用新型专利的保护期为 10 年，自申请日起计算。而发明专利的保护期规定为 20 年。相较之下，实用新型专利的保护期比发明专利的保护期要短得多。这是由于在一般情况下，实用新型比发明的创造过程要简单、容易，发挥效益的时间也短得多。所以，法律对它的保护期的规定相应也短些。

4. 实用新型专利的审批过程比发明专利简单。

根据我国《专利法》的规定，专利局收到实用新型专利的申请后，经初步审查认为符合《专利法》要求的，不再进行实质审查。而对发明专利，则必须经过实质审查，无论是审查的手续和时间都要比实用新型复杂得多，长得多。

（二）发明或实用新型专利申请种类的转换

在一定的情况下，发明专利申请与实用新型专利申请可以相转换。如在我国，根据国内优先权制度，在优先权期间内，申请人可以就在先的发明专利申请提出相同主题的在后实用新型专利申请，或者就在先的实用新型专利申请提出相同主题的在后发明专利申请。这将给申请人选择最恰当的专利申请种类提供了方便。例如，申请人提交了一项实用新型专利申请后，在优先权期间内，又完成了其产品的生产方法，为使该方法能一起得到保护，可就相同主题的产品及其生产方法提出发明专利申请。

同时，根据《专利法》第 9 条的规定，同一申请人同日对同样的发明创造既申请实用新型专利又申请发明专利，先获得的实用新型专利权尚未终止，且申请人声明放弃该实用新型专利权的,可以授予发明专利权。

也即专利申请人可以就同一发明技术去同时申请不同类型的专利。若一个发明创造同时申请发明专利和实用新型专利,一般来说实用新型专利可以首先获得专利权,而发明专利授权的周期较长。即便以后发明专利也获得授权,可以根据具体情况放弃其中之一,以减少费用。这样一来企业可以较早地获得专利权。

所以,实践中,经常出现同样的发明创造,在申请实用新型的同时,又申请发明专利。这就是利用实用新型快速授权先予保护,同时又利用发明专利保护期限长、保护面宽的特点。一旦发明专利授权,实用新型即可完成使命,声明放弃该实用新型专利权。如果发明专利不被批准,仍保留实用新型专利。

(三)实用新型与外观设计的选择

实用新型是对产品的形状、构造或者其结合所提出的适于实用的新的技术方案。也就是说,实用新型是技术构思方面的创造,虽然也有形状方面的创新,但产品的形状、构造或其组合是在新的技术方案下确定的,所以,实用新型的技术思想方面的创作与外观设计中对美的外观方面的创作有着根本的差异。同时,外观设计基本上不包括结构设计,只是赋予产品一个装饰性外表,实用新型的设计对象不包括图案、色彩,所以两者的区别是明显的。

归纳起来说,外观设计与实用新型的区别:

1. 外观设计是对产品的整体或者局部的形状、图案或者其结合以及色彩与形状、图案的结合所作出的富有美感并适于工业应用的新设计,而不涉及产品的制造技术、结构和用途。而实用新型是对产品的形状、构造或者其结合提出的技术方案,把技术方案与产品本身融为一体,而不只针对产品的外表。

2. 外观设计的目的在于利用美学原理,借助产品的形状、图案、色彩或者它们结合,达到使人对产品产生美感的效果;而实用新型是一种利用自然规律,通过产品的形状、构造来解决一定问题的技术方案,它的目的不在于唤起人们视觉上的美感而是要取得一定的技术效果。

实际上,申请实用新型专利的同时,再申请该产品的外观设计专利,即从产品的形状、图案、色彩及其结合的美观角度方面保护该产品。这样就可以增强该产品的市场竞争力,还防止他人再申请同类的外观设计专利进行堵截。

(四)产品发明与方法发明的选择

在专利申请中,发明分为产品发明和方法发明,有些申请案可能既涉及产品发明的内容，又涉及方法发明的内容，此时应分析其实质究竟是产品发明还是方法发明。相对“方法”权利要求而言，采用产品发明的保护可能更为直接，保护范围可能会更大，因为同样的产品往往可以采用不同的方法制得，产品被保护了，采用任何方法制得的该产品都将构成侵权。虽然《专利法》规定，对一种方法的保护可以延及由该方法所制得的产品，但是采用方法保护范围是有限的，要小于对产品进行单独保护的范围。因此，总体来说，在可以选择的情况下，通常倾向于产品发明专利申请。

（五）发明、实用新型或外观设计的选择

同一项发明创造，可同时采用两种或三种专利保护，例如，对于方法发明申请发明专利，而对于其涉及的产品，根据其先进程度，可以考虑申请发明专利，又可以考虑申请实用新型专利，如果其外形具有特点，在申请上述专利的同时，可以考虑申请外观设计专利。比如新设计出的一种小轿车外型，一方面很美观，另一方面又由于其特有的流线型使空气阻力特别小从而省油并可提高速度，该小轿车外型既可申请实用新型专利又可申请外观设计专利。但为避免被强制许可则以申请外观设计专利为宜。当然，如果希望取得较长保护期，该小轿车外型还可以申请发明专利。如有必要，甚至可以同时申请发明专利和外观设计专利，或者同时申请发明专利、实用新型专利，甚至同时申请发明、实用新型和外观设计三种专利。

同时申请两种或三种专利有这样的好处：

1. 一旦发明专利因创造性不够而未获批时，创造性要求较低的实用新型或外观设计专利申请仍可能获得批准，从而增加了取得利权的可能性。

2. 发明专利保护期长但审批慢，实用新型和外观设计专利保护期短但审批快，两者同时申请正好可以相互取长补短，使发明创造一方面可以更早地进入受法律保护的状态，另一方面又可以较晚地脱离法律保护的状态。当然，在两者都获批准后，可以放弃其中一个保护期较短的专利权，事实上也没有必要维持保护同一项发明创造的两种利权。

（六）申请外观设计专利的作用

产品的外观设计能使物品富有吸引力并能引起人们的注意，因此能增加产品的商业价值，并能提高其销售力，可以与知名商品特有的包装、装潢的法律保护相互转换。发达国家对外观设计的重视丝毫不亚于发明专利。

我国外观设计专利权的保护期限为 15 年。对于一些商品而言,经过 15 年的市场经营,有可能成为知名商品,并且,以其特有的包装、装潢为相关公众的认可。当外观设计保护期届满后,该产品外观设计将成为公知公用的外观设计,《反不正当竞争法》为已到期的外观设计,或即将到期的知名商品提供了可以继续取得法律保护的依据。但其前提是,成为知名商品的包装、装潢的内容与产品外观设计的内容应当是一致的。

七、选择专利申请国别的合规管理

专利的地域性决定了企业只有在其他国家申请专利才能在该国获得专利保护。企业到国外去申请专利是实施专利技术输出战略的重要前提,也是企业开拓和占领国际市场的重要手段。一般来说,企业到国外申请专利取决于占领国际市场的需要。

选择在哪些国家申请专利,从根本上说取决于占领市场的需要,一旦认为一项发明创造在某国有广泛的市场,就应考虑向该国申请专利,也就是销售地。对于企业所在地和竞争对手所在地,也要考虑作为申请专利的国家。

八、申请专利保护主题的合规管理

值得注意的是,根据我国《专利法》的规定,有诸多主题,不授予专利权,所以,申请专利之前应当注意自己的发明创造是否属于不授予专利权的范围。

考虑到国家和社会的公共利益,《专利法》对专利的保护范围作了某些限制性规定。这种限制主要体现在两个方面:一方面是《专利法》第 5 条规定了不授予专利权的客体,即对违反法律、社会公德或者妨害公共利益的发明创造,违反法律、行政法规的规定获取或者利用遗传资源,并依赖该遗传资源完成的发明创造;另一方面是《专利法》第 25 条第 1 款规定了不授予专利权的客体,包括:(1)科学发现;(2)智力活动的规则和方法;(3)疾病的诊断和治疗方法;(4)动物和植物品种;(5)原子核变换方法以及用原子核变换方法获得的物质;(6)对平面印刷品的图案、色彩或者二者的结合作出的主要起标识作用的设计。

专利申请文件如何准确表达专利申请的主题,也可能涉及是否属于《专利法》保护的客体。例如，发明人发明了一种在手术过程中手术线特定的打结方法，很明显这属于《专利法》第 25 条第 1 款第 3 项中有关“疾病的诊断和治疗方法”的条款，不属于《专利法》保护的客体。但是，完全可以将该专利申请的主题确定为“一种结及其打结方法”，然后说这种结和这种方法可以应用在手术过程中。通过这种变通，就使得原来不能申请专利的技术可以申请专利了。

再如，发明人想要保护一种化合物治疗癌症，很明显是属于《专利法》第 25 条第 1 款第 3 项中有关“疾病的诊断和治疗方法”的条款，不属于《专利法》保护的客体。但是可以将专利申请的主题变通为“这种化合物在制备治疗癌症药物中的应用”，通过这种变通，就使原来不能申请专利的技术可以申请专利了。

九、授予专利权的实质条件的合规管理

一项发明创造不是自然而然成为专利的，它必须具备一定的条件，才有可能获得专利权。通常包括形式条件和实质条件，所谓形式条件，主要指专利申请文件格式和具体写法，而实质条件一般是关于发明创造本身应当具备的条件。实质条件可以分为消极条件和积极条件，所谓消极条件，是指不能取得专利权的条件，如前面介绍的不能授予专利权客体实际就是专利权的消极条件，主要包括违反国家法律、社会公德和损害社会公共利益等。所谓积极条件，是指授予专利权的客体应当具备的法定条件，如新颖性、创造性和实用性。

不符合专利要求的发明创造申请专利的风险，在申请专利前，企业应当评估发明创造是否可申请专利。如果一旦专利申请被驳回，则该技术持有人只能依据商业秘密制度进行保护。但由于在申请专利时，需要将专利文件和有关专利材料公开，经初步审查认为符合法律要求的，自申请日起满 18 个月，还需要公布。这意味着竞争对手可通过公开合法的渠道获得企业的技术开发情况。一旦专利申请未能成功，企业不仅付出了一定的申请成本，而且该技术的商业秘密保护也面临威胁。

【案例】新型呆扳手

一种用于拧紧和松开六角螺母、螺栓的新型呆扳手，包括头部和柄部，头部中间开口，其特征在于扳手口为互不对称，依次相连的折面构成，其口段1、17呈喇叭状，大于六方形的对角线的距离，面1、6与面15，面2、4与面13、16，面9与面14，面3、5、8和面10分别平行，并且两平行面间的垂直距离等于六方形两平行面间的距离，面2至面15每依次两面间的夹角为120°，面1与柄部中心线平行，面2和面17的延长线与柄部的中心线间夹角为60°。

由该技术方案确定的各折面之间及折面与柄部中心线之间的几何关系或在几何上无法同时满足，例如，面1与面6按照其与面15的几何关系应处于同一平面，但按照面1与柄部中心线，面2、3、4、5之间的相关几何条件，面1与面6却不可能共面。同样互相矛盾的几何关系也存在于面16与面17的几何关系上，用几何作图的方法无法同时满足上述互相矛盾的几何关系。又如，“面9与面14，面3、5、8和面10分别平行，并且两平行面间的垂直距离等于六方形两平行面间的距离”这样的表述令人无法理解其技术上的意义所在，因为这些折面均为扳口上处于六方形件同侧的折面。鉴于技术方案的主要技术特征是由若干相互矛盾、无法满足的几何关系构成，因而是无法实施的，本发明创造不具备实用性。

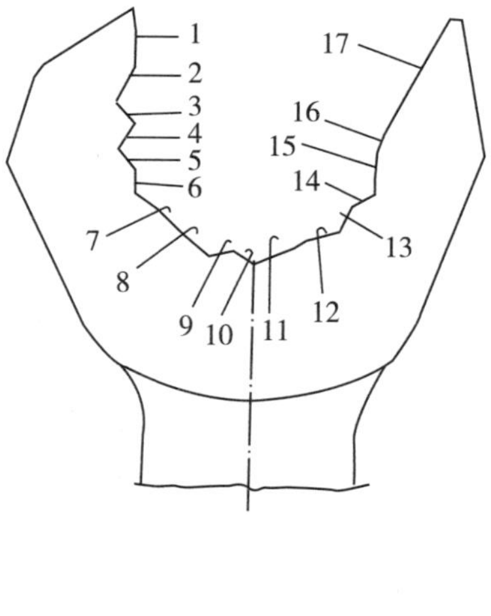

十、专利保密审查的合规管理

当今的许多大型科技公司通常在全世界的多个国家都拥有研发机构，从而一项发明创造可能在一个国家完成，需要向另一个国家申请专利，或者由多个国家的研发人员合作来完成，需要向一国或多国申请专利。由此，在将一项发明向国外申请专利时，首先应当关注完成发明创造的所在国家针对专利申请的保密制度。

我国《专利法》第 19 条规定，任何单位或者个人将在中国完成的发明或者实用新型向外国申请专利的，应当事先报经国务院专利行政部门进行保密审查。对不履行保密审查义务将在我国不被授予专利权的后果。即便在我国申请过程未发现不履行保密审查义务，而被授予了专利权，无效请求人可以此为理由请求宣告全部专利权无效。

十一、发明人署名的合规管理

依照我国《专利法》的规定，发明人、设计人有权获得非职务发明创造的专利权，职务发明创造的专利权属于发明人或者设计人所在单位。发明、实用新型的完成人称为发明人，外观设计的完成人称为设计人。发明人或设计人是指对已经完成的发明创造的实质性特点作出创造性贡献的人。发明人或设计人基于发明创造活动而取得专利申请人和专利权人的资格，是专利权利最基本的主体。为了叙述简便，本节将发明人和设计人统称为发明人。发明人有权在专利申请中署名，但署名时应当使用本人真实姓名，不得使用笔名或者假名。

很多企业忽略了《专利法》有关发明人的定义，将专利申请的所有关联人员，甚至将压根未参与发明创造的领导、专家等，任意在专利申请中虚列其为发明人。诸多的发明人署名权纠纷因此而起。企业作为专利申请人，任意列示发明人名单，很有可能出现诸多隐患。例如，被虚列发明人的员工要求企业支付发明人奖酬。更有甚者，引起企业技术成果的知识产权权属争议。

另外，无论发明人是否在职，都享有署名权，不能随意删除。实务中，很多企业在申请专利时就不署名离职员工或者将离职员工在发明人中删除，企业这样操作的目的主要是担心离职员工后期主张专利奖励报酬。

第三节 专利申请文件的合规管理

专利申请文件,是指在申请专利时向国务院专利行政部门递交的各类申请文件。申请发明或者实用新型专利的,应当提交请求书、说明书及其摘要和权利要求书等文件。申请外观设计专利的,应当提交请求书、该外观设计的图片或者照片以及对该外观设计的简要说明等文件。在进行专利申请的时候,就要注意专利申请文书的撰写。许多专利申请文件往往由于撰写质量不高,从而造成专利申请的授权率较低,甚至致使许多很有价值的发明无法获得有效的专利保护。下面几点是专利文件撰写需要考虑的风险,并纳入企业在专利申请过程中的合规管理范畴,从管理角度事先预防风险。

一、专利申请文件“真假”技术方案

根据我国《专利法》第 26 条第 3 款的规定,说明书应当对发明或者实用新型作出清楚、完整的说明,以所属技术领域的技术人员能够实现为准;必要的时候,应当有附图。也就是说,申请专利应充分公开自己的发明创造,要公开专利内容。但是,很多专利申请人担心充分公开自己的核心技术会因此被人剽窃利用。所以,一些专利申请人为避免技术泄露,在申请专利时隐藏或修改了核心的技术参数,一些专利的内容并不真实。对于这种在申请专利时隐藏或修改核心的技术参数的方式,是比较冒险的行为,在此不作过多的评价。

例如,有一项专利是关于工业循环冷却水管道防腐阻垢的水处理药剂的配方,其核心成分是一种具有特殊结构的磷酸盐,而该专利申请人在专利中采用其他的磷酸盐代替了这种具有特殊结构的磷酸盐,从而将专利的核心成分隐藏了。不仅隐藏了核心成分,该专利申请人还在配方中加入直链烷烃一类的成分,而实际配方中是没有的。专利申请人之所以会隐藏核心成分,添加原来没有的成分,主要是为了防止技术泄露,用以迷惑仿造者。这类虚假的专利在涂料类专利中也非常多,按照一些专利文件中的配方得到的产品,其品质远达不到该专利中所提到的效果。

二、撰写专利文件时应考虑与商业秘密的结合保护

申请专利是企业保护自己的产品合法权益不受侵犯，免除他人仿冒之苦，垄断市场的行之有效的办法。然而，有利就有弊。因为一旦申请专利，就必须公开技术成果的全部技术资料，从这个角度而言就是丧失秘密。资料公开，他人就可以分析、剖析，就容易在此基础上研制出新的技术后来居上，或者找出弱点，钻其专利空子。而专利保护也是有限期的，期限一过，技术资料就会成为公共财产，谁都可以免费使用，他人很容易就能与你分享这种技术。由此可见，是否专利申请也要讲究策略，那些不易为外界破解的技术，还是不申请专利，以保守技术秘密为好。

对于技术成果，采取什么方式进行保护，不能一概而论，不要“一刀切”，而要根据企业的实际情况和成果的技术难易，深思熟虑后再作出决定。技术上有可能被竞争对手破解攻克的智力成果，就要及时申请专利保护；技术上十分先进，在相当长时间内都难以被竞争对手破解攻克的技术成果，不妨采取技术保密的方式；还有，对于那些技术上难以认定侵权的，也要采取技术保密的方式。比如我国一些中草药侵权认定就非常困难。因为在制备中草药的过程中，几十种物质混在一起，加工处理时这些物质又可能发生复杂的化学反应。中草药的药性，往往不仅与配方和制作工艺有关，还与原料的产地有关。在制备成片剂或汤剂的中成药后，即使采用最先进的仪器也无法分析出它的原始配方和生产工艺。实践中，权利人认为他人可能侵犯了自己的专利权，但拿到他人的药品后，根本无法拿他人产品的技术特征与自己专利技术的特征相比较，无法证明他人是否侵权，从而无法保护中草药专利权人的利益。

有的技术成果保护，还可以采取一部分申请专利，一部分采取商业秘密保护的形式。这种保护的好处是，如果申请专利的部分到期失效，那么还有商业秘密部分发挥作用。如果技术秘密不慎泄露或者被人破解，那么还有申请专利的那一部分受法律保护，这样竞争对手仍然还是难以越“雷池”一步。

专利申请需要公开技术方案，这其中可能包括一些技术秘密。因此，需要适当处理专利公开和技术秘密的关系，不需要公开的技术就不要写到专利申请文件中去了。当然也要避免为了保护商业秘密而导致公开不充分。许多申请人认

为技术信息的充分公开与保护商业机密之间是相互对立、相互矛盾的关系，从而在实际操作中，常常为了保护商业机密而未将发明内容充分公开。

三、专利文件撰写应用词准确

从各国专利法的规定以及专利法的施行情况来看，并非由人创造出来的任何东西都可以获得专利保护。各国都将其中一部分排除在专利保护客体之外，比如经济活动和行政管理工作等方面的计划、规则和方法等，由于只涉及人类社会活动的规则，因而也不属于专利法保护的客体。所以，专利文件的撰写应按照法律规定的角度，准确用词，因为用词不当，可能离题万里。撰写这些法律文书就应特别谨慎、字斟句酌。否则，由于撰写不当带来的法律风险可能使企业的发明创造无法获得适当的法律保护，一般后果是导致法律对该项发明创造的保护范围变窄。

起草专利权利要求时，必须反复推敲、措辞准确、清楚地确定请求保护的范围。否则，一个字写得不好都会给申请人带来不必要的损失。例如，权利要求中出现“两个放射器和接收器”这种语言表达，在不考虑其他因素的情况下，对此表达可能有三种理解，第一个理解就是“一个放射器和一个接收器”，数量合计是两个；第二个理解就是“两个放射器和两个接收器”，第三个理解就是“两个放射器和一个接收器”。从这个例子就能看出权利要求的语言运用的重要性。

【案例】羽毛球专利的权利要求理解

一种羽毛球专利的权利要求1为“一种以竖杆及与其一体的多根横肋为特征的，由球头和连成一体的竖杆组成的球裙构成的羽毛球”。对于该权利要求中“由球头和连成一体的竖杆组成的球裙构成的羽毛球”，有人认为“连成一体”是指球头和球裙是连成一体的，该权利要求保护的范围应是球头和球裙一起制造的。如果“球头和球裙分别制造后再组合而成的羽毛球”就不构成侵犯专利权。但专利权人认为“连成一体”这四个字是竖杆的定语，“连成一体”是指竖杆与球裙，而不是球头和球裙，该权利要求书既包括球头和球裙连成一体的羽毛，也包括球头和球裙分别制造后再接合而成的羽毛球。

从这个案例可以看出，如何理解“由球头和连成一体的竖杆组成的球裙构成的羽毛球”这句话十分关键。如果专利权人将权利要求书改写成“一种以竖杆及与其一体的多根横肋为特征的，由球头和连成一体的竖杆的球裙构成的羽毛球”就能正确、清楚地表达权利要求。

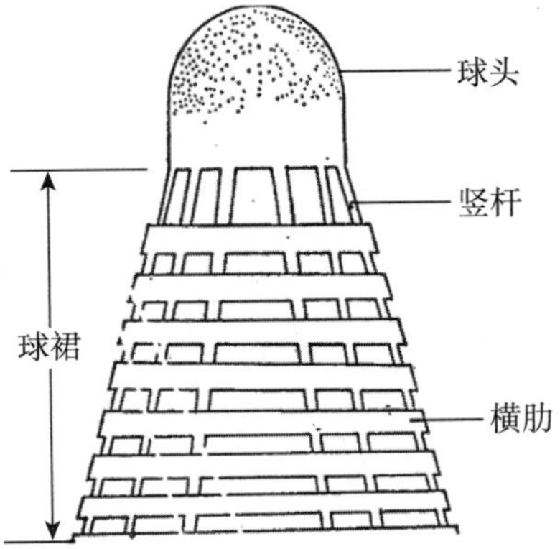

四、专利申请文件撰写应预防保护范围被绕开

专利申请文件是发明人向国家知识产权局提出专利申请，请求获得法律保护的凭证。专利申请文件中的“说明书”和“权利要求书”是最严谨的技术性法律文件，写错一个字就有可能让专利申请人遗憾终身。随着大家专利保护意识的增强，专利申请量逐年增加，保护专利光有技术是不行的。一位日本知识产权学者认为，评估专利价值有三个因素：该专利被无效的可能性；该专利被仿造的可能性；该专利对于市场许可的可能性。可以看出，他认为可否被仿造对于专利的重要性，可以与专利能否成立、专利是否有市场价值相提并论。因为我们知道一个可以被轻易仿造的专利，其价值不仅为零，而且可以说为负，它不仅不能保护专利持有者的发明创造，反而公布了自己的技术，并为竞争者提供了技术提示。所以，企业在注重专利保护的同时，应努力提高研发人员的法律知识，提高研发人员的专利法律意识。那些有缺陷的专利不但容易被他人绕过技术，甚至发生诉讼时有理说不清。专利申请文件的撰写如同圈地。专利写得好，一方面圈地面积就能够足够大，也就是保护范围更宽；另一方面圈地的质量足够好，也

就是权利效力稳定。一般来讲,如果保护范围宽,稳定性相对来说就会弱,保护范围窄,稳定性相对会高。专利申请需要限定一个合适的保护范围,如果范围太大,有可能不能授权。如果范围太小,又无法获得更大权利的保护。因此,专利申请人应当和专利代理师多沟通,确定合适的保护范围。

第四节 专利运营合规管理

专利运营是指通过对专利进行管理,促进专利技术的应用和转化,实现专利技术价值或者效能的活动。根据专利技术特点、应用领域、商业价值不同,专利运营主要有专利转让、专利许可、专利质押融资等方式。

一、专利转让中的合规管理

专利权转让是指专利权人作为转让方,将其专利权转移受让方,受让方支付约定价款的行为。通过专利权转让合同取得专利权的当事人,即成为新的专利权人,新的专利权人在专利权期限内同样也可以与他人订立《专利转让合同》《专利实施许可合同》。

(一)专利转让方的合规管理

在办理专利权转让的过程中,专利权人应注意以下几个事项:

第一,注意受让人的问题,特别是中国单位或者个人向外国人转让专利权的,必须经国务院有关主管部门批准。

第二,注意专利权的转让按法律规定必须经过登记和公告后生效。

第三,注意约定后续改进技术成果的归属。

第四,在办理专利权转让过程中,应注意维护专利权的有效性。

(二)专利收购方的合规管理

专利收购是指企业不是通过自己申请获得专利权,而是花费金钱从专利权人那里购买而来,以达到独占市场。专利收购是在短时间内增加专利储备的最直接的方法。作为企业收购专利,肯定有目的性,不可能盲目地收购他人的专利。企业为了尽快发展自己,注重专利技术的引进,以加快自身的发展,节约研发资金，节省开发时间，同时也为了摆脱竞争对手、垄断市场、申请高新技术企业，避免侵犯他人的专利权，是企业提高自身发展速度的一条捷径。专利作为技术的主要载体，是企业核心竞争力的体现之一。受让专利是否存在重大纠纷，取得或者使用是否存在重大不利变化，企业是否具备自我研发能力、是否形成对转让方技术的依赖在首次公开募股（Initial Public Offering，IPO）阶段备受关注，甚至一些企业因为受让专利的问题止步于IPO途中。

在专利收购中，除与专利权人签订合同，办理相应的手续之外，应注意相应的合规风险问题，例如，进行国内外专利文献的检索调查、分析判断和社会调查，了解其先进程度及效益水平。尤其应引起购买者注意的是，应对所购买的专利进行法律论证。如果条件允许，最好聘请律师或相关的专业人员把关。

1. 查看专利的法律状态。

专利的法律状态包括：专利权的授予，专利权的无效宣告，专利权的终止，专利权的恢复，专利权的质押、保全及其解除，专利实施许可合同的备案，专利实施的强制许可及专利权人姓名或名称、国籍、地址的变更。

专利法律状态检索是指对专利的时间性和地域性进行的检索，它分为专利有效性检索和专利地域性检索。专利有效性检索是指对一项专利或专利申请当前所处的状态进行的检索，其目的是了解该项专利是否有效。专利地域性检索是指对一项发明创造都在哪些国家和地区申请了专利进行的检索，其目的是确定该项专利申请的国家范围。

2. 审查专利权属、尚余保护期限。

注意权利权属的问题，主要看转让人是否是专利的合法持有人，是否有共有人，是否存在职务发明的情况。专利存在一定的保护期限，所以，在购买专利技术时，一定要查看专利尚余的保护期限。

3. 查看专利具体内容及专利保护范围，是否属于从属专利，实施是否侵犯他人专利。

在实践中，很多企业购买专利时，根本就不进行审查所要购买专利具体内容及专利保护范围，往往根据专利权人提供的样品，就决定进行购买。但是，很多时候，专利权人提供的样品并不一定就是所要购买专利所要保护范围。另外，很多专利是他人专利基础上改进所形成的专利，即属于从属专利，如果购买这种从属专利，还不能单独实施，还必须经过基础专利的专利权的同意。

4. 所购买专利不要忽视配套设施。

把技术方案变成产品，离不开生产设备、生产工艺、生产材料。倘若这些不齐全，企业都无法进行生产。所以，如果在购买专利时仅重视发明专利技术的好坏，忽视配套设施的供应和购买，即使这个发明专利再先进，日后企业也会因为配套设施的欠缺出现“巧妇难为无米之炊”的情况。

5. 购买专利时，应结合技术转化情况确定费用的支付。

发明专利既然只是一种技术方案，那么就还需要一个转化的过程，而且，这个转化过程是离不开技术发明人的参与。有些发明专利转化失败，就是因为没有发明人的参与。因此，购买发明专利的费用，就不要一次到位，而应采取分期付款的方式，随着技术转化为产品的进程情况按步骤付款，这样才能把买卖双方的利益与产品的转化进程紧紧连在一起，进而顺利实现发明专利的转化。

6. 注意约定转让方的一些特定义务。

比如，提供实施专利技术的有关资料和必要的技术指导；承担对专利权的完整性的担保义务；不提出宣告专利权无效申请；承担如实向受让方说明订立合同前专利实施的情况，并就此对转让价格的影响在专利权转让合同中作出约定。

二、专利实施许可的合规管理

专利实施许可，是指专利权人作为许可方，许可受让方在约定的范围内实施专利，受让方支付约定使用费的行为。

（一）专利实施许可的种类

1. 普通实施许可。

按照普通实施许可，合同的被许可方根据许可方的授权在合同约定的时间和地域范围内，按合同约定的使用方式实施该专利，同时专利权人保留了自己在同一地域和时间实施该专利以及许可第三人实施该专利的权利。

2. 排他实施许可。

被许可方在约定的时间和地域范围内以合同约定的使用方式享有对专利的排他性实施权。在合同约定的时间和地域范围内，专利权人不得再许可任何第三人以此相同的方式实施该项专利，但专利权人可自行实施。

3. 独占实施许可。

独占实施许可，是指专利权人许可被许可方在合同约定的时间和地域范围内，以合同约定的使用方式对专利进行独占性实施，从而排斥包括专利权人在内的一切人实施该项专利。

4. 相互交换实施许可。

相互交换实施许可，是指许可方与被许可方就相互允许使用彼此的专利而订立的协议，也称交叉实施许可合同。

5. 分实施许可。

分实施许可是相对于基本的实施许可合同而言的，在专利实施许可合同中，如果许可方允许被许可方就同一专利再与第三人订立许可合同，由第三人在合同约定的期限和地域范围内实施该项专利，则被许可人与第三人签订的后一种实施许可合同就是分实施许可合同。分实施许可合同只能从属于基本的实施许可合同，不得有任何超越行为。

（二）专利许可费

专利许可合同中应当就专利许可费的计价进行约定，许可费的约定一般有三种方式，即(1)固定的专利使用的许可费（固定价格）；(2)按照生产或者销售的数量按照一定的价格或比例计算确定许可费（提成价格）；(3)将许可费分为入门费和提成费两部分（入门费＋提成价格）。

采取提成价格或入门费＋提成价格，作为许可方能够真正获得以提成方式部分许可费用，取决于有关产品的产量或销量，一般被许可方倾向于以销量作为确定给付使用费的标准，但许可方面临的问题是如何确定被许可方的销量。如果被许可方故意漏报或瞒报销量，应如何承担法律责任。

1. 关于销量的确定。

专利实施许可合同是有期限的，但是生产的专利产品，不能生产出来就立即能销售出去，显然矛盾就出来了，在专利实施许可合同期限内生产的产品，在期满后的销量是否应作为提成价格的基础。如果专利实施许可合同期满后的销量不作为提成价格的基础，可能会导致被许可方在专利实施许可合同期间不顾销量，大量生产专利产品以待许可期满后销售，此举将损害专利权人利益。因此建议许可他人实施其专利时，专利权人与被许可人应当约定保底销量或约定许可期满后专利产品的处理方法。考虑到专利权人很难辨别产品究竟是在许可期间内还是在许可期满后生产的，最好不要允许被许可人在许可期满后继续销售其专利产品，即便该产品是在被许可期间内生产的。

2. 关于存在漏报或瞒报销量的责任承担。

在专利许可合同中，完全期望被许可方的诚信显然具有一定的法律风险，所以，在双方许可合同中，应注意约定被许可方漏报或瞒报销量的法律责任。例如，如果查出被许可方存在漏报或瞒报数额的情况，则按照漏报或瞒报数量的一定倍数确定被许可方的责任。关于倍数的多少，由双方进行协商确定，现行的法律对此没有一个严格的限制。因为倍数是针对查证属实的漏报或瞒报数额，而实际漏报或瞒报的数额可能远超当事人查实的数额。所以，倍数的约定对双方当事人来讲，并不显失公平，实际上也不违反《民法典》等法律关于违约赔偿责任的规定。

对于专利许可费的计算方式并不是一成不变的，也可以按照实施专利给被许可方节约的成本计算专利许可费。

【案例】美国兰斯博格静电喷漆专利许可

发明人 Ransburg 有 5 项产品和方法发明专利，用于静电喷漆，相较于现有技术，可以大大节约喷漆涂料，降低成本。用以前的喷涂方法喷涂平面产品，50% 的油漆被浪费，而在自行车等不规则表面上喷涂，则有 95% 的油漆被浪费掉。使用 Ransburg 的方法专利，喷涂平面产品，100% 的油漆得到使用，在自行车等不规则表面上喷漆，99.5% 的油漆得到使用。发明专利给使用者能够带来总成本的节余，几乎难以计算。方法发明的价值远超了产品的发明价值。由于可以节约大量的成本，又具有巨大的环保价值，Ransburg 的发明被广泛应用于汽车、自行车、冰箱、家具产品的表面喷漆。

因为 Ransburg 的专利具有非常广泛的用途，必然产生很多必须解决的问题。例如，使用方法专利的被许可方是否只能从 Ransburg 购买专利产品（机器设备）？方法专利在不同的用途场合，其节约比例是不同的，提成费的计算标准应如何确定？

Ransburg 的专利许可实行入门费 + 提成价格的方式，被许可方可以决定是否使用 Ransburg 提供的专利产品，如果不使用 Ransburg 提供的专利产品，入门费就比较低（使用 Ransburg 的专利产品，入门费是机器价格的 10 倍）。提成价格按照不同的用途使用不同的提成比例，平面产品，如汽车金属车身板，按使用油漆成本的 10% 提成；不规则产品，如自行车零件，按使用油漆成本的 50% 提成，其他产品如冰箱，提成比例为 10% ~50%。

（三）专利实施许可的合规管理

1. 不侵权保证条款的约定。

在专利实施许可合同中，加入被许可人如果实施该技术而侵犯他人专利，专利权人保证被许可人不受损失的约定。毫无疑问，专利权人作出此承诺的基本考虑是消除被许可人的疑虑。即便专利权人十分谨慎，也难以绝对确保利用其专利技术生产的产品不会侵犯他人专利权。此时，专利权人也可以通过在合同中加入一定的条款，限制自身在技术侵犯他人权益的情况下偿付被许可人的金额，以免在出现相关侵权纠纷时，专利权人与被许可人之间相互推诿，不积极应诉。当然，基于合同相对性原则，这种约定仅在专利权人和被许可人之间有效，不能对抗合同之外的人。

2. 专利实施许可中设置专利陷阱。

专利许可中有一种非常重要的战略，即许可第一代专利技术，但同时为被许可方预埋障碍，设置专利陷阱。有些企业将第一代技术许可给被许可人，同时也为其第二代技术的许可预先埋下了伏笔。这是一种非常具有杀伤力的许可战略。

3. 特别注意约定“验收标准和方式”。

专利实施许可合同履行过程中，当事人常会因合同标的，技术成果是否成熟、先进、可靠、实用而发生纠纷。处理这类纠纷，往往会遇到对该技术成果的鉴定问题，而鉴定意见对案件的处理结果关系极大。因此，在合同中应特别注意约定验收标准和方法。当事人为此发生纠纷，人民法院对该技术成果组织鉴定，实质上就是对该合同的技术是否符合合同约定的一种验收。不符合约定验收标准的，就应视为违反合同，违约方应当承担违约责任。

4. 注意将专利实施许可合同备案。

根据我国《专利法实施细则》的规定，专利权人与他人订立的专利实施许可合同，应当自合同生效之日起一定期限内向国务院专利行政部门备案。

5. 注意“不争议条款”是无效条款。

“不争议条款”又称“不得反控条款”，是指在专利实施许可合同中，约定被许可方不得对许可合同中所涉及专利权的合法性提出质疑，即被许可方不得在合同有效期内对合同中涉及的专利权直接或者间接地提出无效宣告请求。

三、专利融资的合规管理

我国知识产权强国建设正在从追求数量向提高质量转变，政策导向鼓励知识产权运用。专利质押作为知识产权运用的典型方式，经过多年的打磨日渐成熟。在逐渐取消知识产权申请阶段奖励补助的趋势下，专利融资已成为实施鼓励创新政策的主要抓手，于企业而言则成为低成本获取融资的新途径。特别是新冠疫情加剧了企业经营压力，合理变现稳定时期累积的专利资产，转化为企业的纾困资金，就成为企业重点关心的问题。

专利质押是指债务人或第三人将其有权处分的、可依法转让的专利权作为出质标的，以此担保债务履行。如债务人到期未能履行债务，债权人有权拍卖、变卖或折价专利权，处置价款中优先受偿。

专利质押融资是指企业对专利权等财产权利作价评估，将其作为质押物向银行或其他金融机构申请贷款实现融资。不同于出质人作为第三人为其他债务人的债务提供的质押担保，专利质押融资模式下，出质人通常与债务人身份合一，以其所拥有的专利权作为担保获取银行贷款。

对于作为出质人的企业而言，专利质押存在专利后续利用受限、未进行质押登记法律风险和他人假冒权利人办理专利质押等合规风险。

1. 专利后续利用受限。

根据我国《民法典》第 444 条的规定，以注册商标专用权、专利权、著作权等知识产权中的财产权出质的，质权自办理出质登记时设立。知识产权中的财产权出质后，出质人不得转让或者许可他人使用，但是出质人与质权人协商同意的除外。出质人转让或者许可他人使用出质的知识产权中的财产权所得的价款，应当向质权人提前清偿债务或者提存。

这意味着企业作为出质人，如无特别约定或经质权人同意，仅可自行使用质押专利，而不得对外转让和许可专利，如企业将核心专利予以质押，在质押期间的交叉许可和转让变现均会受到较大限制，应慎重考虑。

2. 未进行质押登记法律风险。

如前文所述，根据法律规定，专利质权设立以登记为前提。在出质人和质权人的专利质押合同中，也常会约定出质人应在合同签署后一定时间内办理质押登记，如出质人未能配合办理，则需要承担违约责任。

当然，在此种情形下，鉴于法律规定出质人和质权人应共同办理质押登记，质权人也应证明其有催告出质人办理质押登记或其他积极主张自身权利的行为。如未能举证，则质权人对于未能办理质押登记也将存在过错，则出质人可降低就未办理登记违约行为应承担的民事责任。

3. 他人假冒权利人办理专利质押。

在特定情形下，存在他人冒用权利人名义对专利进行质押，进而获取专利质押贷款的情形，真实的权利人应如何维权？权利人可提起专利权权属之诉，认定冒用人侵犯了权利人的合法权益，并可主张损害赔偿。

在专利质押融资中，对于作为质权人的企业而言，专利质押存在出质人主体资格瑕疵、专利权瑕疵以及专利权价值贬损等合规风险。

1. 出质人主体资格瑕疵。

根据《专利权质押登记办法》的规定，出质人不是当事人申请质押登记时专利登记簿记载的专利权人的，不予登记。专利质押本质上是将专利权的财产性权利作为担保，为使得专利质押有效，出质人应为专利的合法权利人，即登记在专利证书上的权利人，而非专利的被许可人或其他主体。

但这不意味着仅有专利所有权才可以作为质押物，在实践中，专利权人享有的专利许可使用收益权作为财产权利亦可以作为质押标的，甚至在实际操作时更易为银行所接受，如部分银行已明确接受"专利许可收益权质押融资"模式。专利许可收益权基于专利许可合同，许可收益可以稳定预期，财产权价值可以有效评估，如发生争议还可代位行使债权。但需要注意的是，不同于专利质押的质押物是法律授予的专利权，专利许可收益权质押产生的来源则是专利许可合同约定的合同利益，二者均属于权利质权，但存在一定差异，可能导致适用不同的法律规定，如质押合同内容、登记机关、登记事项、不予登记理由等。

此外，根据《专利权质押登记办法》的规定，以共有专利权出质但未取得全体共有人同意且无特别约定的，不予登记。故在专利权共有情形下，除非共有人另有约定，则将专利进行质押需要经过全体共有人同意。

2. 专利权瑕疵。

专利权质押期间可能会出现质押专利被宣告无效或者终止。当然，2021 年修订的《专利权质押登记办法》新增规定，如在专利权质押期间出现质押专利被宣告无效或者终止的，专利年费未按照规定时间缴纳的或者因专利权的归属发生纠纷已请求国家知识产权局中止或法院裁定保全措施的，国家知识产权局应当及时通知质权人。由此在程序上保障了质权人的担保权益。

专利权虽可能存在影响担保目的实现的瑕疵，但经过当事人（质权人）同意是可以弥补的。《专利法》第 9 条规定了专利权人同日申请发明和实用新型的情形，这是专利申请中的常见操作，申请人申请的实用新型授权后可以获得提前保护，还可以通过声明放弃实用新型专利权的方式获得发明专利授权，以实现发明专利对发明创造的继续保护，从而延长专利权的保护期限。此时办理质押登记的是已经获得授权的实用新型，但不排除后续放弃实用新型而转化为发明专利的可能，此时如质权人未与出质人约定此种情形如何处理，将可能导致登记后质押物权利丧失，而不能实现质押目的。因此，质权人应慎重同一发明和实用新型同日申请情形下的专利质押，应在质押合同中明确约定同日申请情形下不得放弃实用新型，或者专利质押可延续至后续获得的发明专利，并应继续办理质押登记。

3. 专利权价值贬损。

专利质押登记后，可能因技术更迭导致专利技术价值贬损，或者因为专利权人未积极应对专利权挑战而丧失专利权，在此种情形下，一旦发生债务人未能清偿债务的情形，质权人将难以获得预期的担保收益。

第五节　专利维护合规管理

对于已经申请获得专利权的专利，需要进行日常的维护，如著录信息的及时更新；收到的无效宣告请求文件，应及时转相关人员，并在期限内做出回复。对已经获得专利权的专利，其日常维护的难点和容易出问题的地方主要是年费的缴纳，由于专利年费需要按年缴纳，故容易造成漏缴年费的情况出现。除了通过软件自动定时提醒的做法，还可以通过设置多重防线的方法避免出错，比如安排两级人员负责，或委托代理公司负责，并且企业自己同时监控提醒。但是专利维护，从时间上来说，不能仅局限于获得专利权之后的工作，也应囊括授权之前的一些维护工作。将维护工作时间前移，例如保密工作，目的也是专利授权之后，能够得到更好的维护。企业也涉及专利标识标注不规范的合规问题。另外，对于专利维护，从内容上，也不能局限于维护专利权有效，应包括专利预警等内容。企业如何进行专利维护的合规管理？其可以健全技术成果奖励、技术成果管理、技术档案管理、知识产权流程管控等多方面的制度建设。

一、建立及完善保密管理制度

企业应与单位核心的研发人员确定合理的保密制度，相关的保密文件，保密事项，保密要求等确定清楚，且签订好保密协议。如果研发人员离职后，确定是否要签订竞业限制协议，以进一步完善保密制度工作。除了员工保密之外，对宣传展出信息进行审核，确保先专利申请再对外公开。(1)什么样的产品展出需要进行创新审核？一般的产品展出不需要审核，但是有创新设计的产品展出宣传之前应当经过合规管理部门审核后再公开。(2)如果一定要抢在竞争对手前面发布新品，来不及申请专利怎么办？可以先将简单的技术构思由专利代理机构撰写处理后直接递交申请，确定专利申请日，只要赶在展会或者网站公开前一天递交申请就可以保证其新颖性。后面企业可以再仔细的整理、修改、补充、完善该技术方案，重新递交专利申请，要求先前专利的优先权即可。

二、建立专利事务合规审查管理制度

对于专利权的维护，可以进行全程管理，从研发起就进行动态的跟踪管理。对企业的专利权创造、运用、管理、保护进行全流程管理。企业对每一项专利都要做好动态监控。企业要高度关注专利权的日常维护，避免出现专利权因未缴年费而终止、权属证据灭失等情形。

专利事务合规审查制度也可以在其他知识产权借鉴使用。企业可以参考下列专利维护过程中的《专利事务合规审查表》，建立专利事务全过程的合规审查表，帮助企业做好每一项知识产权动态监控。

表3-1 专利事务合规审查表

合规风险名称	合规风险	合规管理措施	落实情况	责任人
专利缴费				
专利奖励				
转让许可				
专利预警				
专利评价				

三、建立专利档案管理制度

为便于建立专利档案管理，建立企业专门的专利数据库，对专利技术的研发、申请、受理、审查、授权、缴费、维护等工作进行细致化分配。对于研发记录进行档案留痕，对于接触到商业秘密的人员进行记载，可以为后期涉及侵犯商业秘密或者权利归属留下有力证据。

根据《专利法》的规定，专利权人应当自被授予专利权的当年开始缴纳年费。所谓年费，又称专利维持费，这是专利权人的一项义务。法律作出这样的规定，可以使专利权人从经济核算的角度放弃一些没有经济效益或者效益不高的专利权，从而使有关发明创造进入公有技术领域，供社会公众自由实施应用；另外，国家为专利权人的专有权提供保护，要求专利权人缴纳一定的费用也是合理的。本书也不建议一次性将一个专利的全部年费缴纳完成，毕竟市场情况会不断变化，有些专利会提前放弃而不需要缴纳年费。

对已经授权的专利进行有效评估，对有较高价值的专利做更高的运营管理，对价值较低或者根本就不需要的专利，可以通过转让、许可甚至放弃缴纳年费等方式进行处理。

四、建立技术成果归属相关制度

企业应做好职务发明创造、技术成果奖励、合作研发管理等多方面的建设，做到知识产权权属约定清晰、技术成果奖励到位。

企业在产生职务发明时，一定要跟发明人确定清楚该专利权的归属，在员工入职前要调查了解该员工是否有上家单位的职务发明，以及员工离职后的职务发明处理。企业要建立和完善对职务发明创造的奖励和报酬制度，与发明人约定好职务发明创造的奖励方式、报酬的金额、履行的过程等，并做到务必实施，必要时通过工会等民主形式表决通过公司的相关专利规章制度。另外，要保障发明创造人员的署名权。这样才能激励研发人员积极投入研究热情，确立企业核心技术，提高核心竞争力。

五、构建专利预警管理机制

专利预警体系是指通过收集与分析本行业技术领域及相关技术领域的专利信息和国内外市场信息，了解竞争对手在做什么，针对可能发生专利纠纷的前兆及可能产生的危害，建议企业采取的对策措施。专利预警分析主要分为国家专利预警分析、行业专利预警分析和企业专利预警分析。

专利预警分析便于对技术发展趋势、申请人状况、专利保护地域等专利战略要素进行定性、定量分析，使企业对所在行业领域内的各种发展趋势、竞争态势有一个综合了解，更加全面、有效地利用专利制定战略。企业进行专利预警分析，能够比较好地规避专利侵权风险，明确研发方向，节约企业的研发时间和经费。

专利预警提高企业的专利风险管理意识，进行主动防范，使企业在市场竞争中赢得主动权，更好地迎接专利技术领域的挑战，是企业应对经济全球化、参与国际市场竞争，提高市场竞争力。

第四章　著作权合规管理

著作权是指自然人、法人或者非法人组织对文学、艺术和科学作品享有的财产权利和人身权利的总称。在我国,著作权指版权。广义的著作权还包括邻接权,我国《著作权法》称为“与著作权有关的权利”。我国采取著作权自动取得原则,当作品创作完成后,只要符合法律上作品的条件,著作权即产生。著作权人可以申请我国著作权管理部门对作品著作权进行登记,但登记不是著作权产生的法定条件。作品登记过程仅对作品的权属信息做形式审查,一般对著作权的归属只能起到初步证明的作用。著作权的这些特点,也就带来著作权合规风险的不确定性。

第一节　作品的合规管理

我国《著作权法》意义上的作品包括:(1)文字作品;(2)口述作品;(3)音乐、戏剧、曲艺、舞蹈、杂技艺术作品;(4)美术、建筑作品;(5)摄影作品;(6)视听作品;(7)工程设计图、产品设计图、地图、示意图等图形作品和模型作品;(8)计算机软件;(9)符合作品特征的其他智力成果。

2020 年 11 月 11 日修订的《著作权法》将原作品兜底性条款的表述由“法律、行政法规规定的其他作品”改为“符合作品特征的其他智力成果”。原规定将作品严格限制于“法律、行政法规规定”,属于封闭模式的规定,而新规定则改为开放模式。事情都有两面性,这种开放模式为企业提供更多的著作权保护机会,但同时企业可能无形中侵犯了他人著作权而浑然不知,增加企业合规风险。对于企业而言,新《著作权法》实施后,应保持较高的敏感性,特别是频繁涉及著作权归属、使用等事项的行业,如图书出版、音视频播放、网络游戏等。

对于作品的认定,随着新生事物的不断出现,不可能全部列举出来。下文列举几个经常发生争议的作品范畴，提醒企业在识别合规风险时也应考虑这些因素，或者说，这给企业一个考虑著作权合规风险的一个视角。对于是否认定为《著作权法》的作品，提醒我们合规管理人员，一方面要考虑是否对此采取了相应的保护措施或手段，另一方面作为使用者是否可能涉嫌侵犯他人的著作权，形成合规风险。

一、自动摄影照片是否有著作权

自动摄影照片主要分为两类：第一类是全自动智能摄影，如交通电子眼拍照、具有拍摄功能的可穿戴设备等拍摄的照片。第二类是使用自动摄影技术录像或拍摄得出的照片，将录像机固定后自动录像，从录像中截图生成照片，或者设置好参数，使相机以固定的时间间隔自动按下快门生成照片。第一类自动摄影照片由于没有人类创造力的投入，因此通常不构成作品。而第二类作品同时有人力的投入和机器的使用，因此其是否享有著作权存在争议。

在高某等与金色视族（北京）影视文化有限公司等著作权权属、侵权纠纷案中，一审、二审法院就分别作出了完全相反的认定。一审法院认为涉案照片的形成过程为原告放飞气球后，气球上固定的相机自动录制了一段视频，原告所做的工作仅是从相机自动录制的视频中截取了一帧画面，然后将该帧画面上的一个竖状阴影去掉。在气球升空后，对于气球的飞行以及相机的录制，已经无法人为操控，完全处于一种气球任意自由飞行和相机自动录制的状态。在这种情况下，原告对于拍摄对象的选择，拍摄时机的把握，拍摄角度和距离的调整，光线、色彩、明暗等各种拍摄元素的运用，已经无从谈起，基本没有人的智力因素介入，拍摄出来的结果不是源自原告的创作行为，不符合作品独创性的要求。

二审法院撤销了一审判决，认为虽然涉案视频的拍摄为自动拍摄，但在拍摄过程中，仍然体现了人工干预和选择，所以拍摄结果具有一定的独创性。涉案照片在拍摄目的或拍摄意图、拍摄对象、拍摄手法、拍摄角度、相机设置、后期处理上均体现了人为因素的选择和编排，体现了原告的智力创作和审美，符合摄影作品关于独创性的要求，故涉案图片构成摄影作品。

二、卡通形象是否作为美术作品受著作权法保护

卡通形象与一般的美术作品存在关联性，也存在一定的差别。卡通形象是动态的，其在不同年龄段、不同场合背景下是千变万化的，但是无论如何变化，相关消费者一眼就能认出这个卡通作品，这种具有识别度的特征正是卡通形象的主要特征。

【案例】“巧虎”与“欢乐虎”著作权之争

1996 年“巧虎”卡通形象的动画、图书等幼儿用品开始进入中国大陆。被告广东泰茂食品有限公司（以下简称泰茂公司）在其生产、销售的巧克力杯等产品包装上印有手持不同食品的“欢乐虎”图案，还将印有“欢乐虎”图案的产品图案印制在其产品宣传册上或发布在其网站上。原告株式会社倍乐生认为，泰茂公司在其生产、销售的产品、产品宣传册和公司网站上使用的“欢乐虎”图案与原告的“巧虎”卡通形象构成实质相似，被告的行为侵犯了原告的著作权，故诉至法院，请求判令被告停止侵权并赔偿其经济损失人民币 500 万元、合理费用人民币 128，746 元，并判令被告泰茂公司在《法制日报》上公开赔礼道歉、消除影响。

上海市第一中级人民法院经审理认为，原告对“巧虎”卡通形象的美术作品享有著作权。1996 年“巧虎”卡通形象即以在中国广东电视台播放动漫影视节目的形式被引进中国大陆，其后原告对“巧虎”卡通形象投入大量广告宣传，“巧虎”卡通形象在中国大陆的相关公众尤其是少年儿童中享有一定的知名度。泰茂公司作为中国广东地区的企业，其相关的消费者亦主要为少年儿童，故其在产品市场营销时完全有机会接触到原告的“巧虎”卡通形象。被控侵权的“欢乐虎”图案中包含了“巧虎”卡通形象的全部主要特征，与“巧虎”卡通形象构成实质相似。泰茂公司在其产品、宣传册及网站上擅自使用“欢乐虎”图案的行为，侵犯了原告的作品复制权、发行权、信息网络传播权。故判决被告停止侵权；被告泰茂公司赔偿原告经济损失人民币 30 万元、合理费用人民币 8 万元，合计人民币 38 万元；泰茂公司在《法

制日报》上刊登声明，消除影响。判决后，泰茂公司不服，提起上诉。上海市高级人民法院经审理后判决，驳回上诉，维持原判。

三、体育赛事是否构成作品

观众所观看的体育比赛节目与现场比赛不是一回事，现场的比赛需要人工拍摄、选择和编排，不排除机器拍摄等辅助行为，要经过人工的选择和取舍，特别是经典的比赛动作的抓取和传输，需要主创团队更多的智力劳动，形成体育比赛节目，呈现给观众。所以，体育比赛本身和体育比赛节目不是一回事。实践中，很多人混同了二者，直接得出体育比赛不是《著作权法》保护的作品，体育比赛节目也不是作品的错误结论。企业在经营与体育赛事有关的项目时，应注意风险防范。在合规事项审查时，企业应特别予以注意。

【案例】"PPTV 视频"体育赛事直播著作权纠纷

央视国际网络有限公司经授权享有 2018 年俄罗斯世界杯足球比赛全部 64 场赛事节目实时转播、延时转播、点播服务的专有权利。该公司调查取证发现，上海聚力公司在 2018 年俄罗斯世界杯足球比赛期间，在其运营的"PPTV 视频"网站（域名：pptv. com）设置"世界杯"专题页面，制作并向公众发布覆盖相关场次的比赛资讯，其中使用比赛连续画面制作 GIF 格式文件，用以呈现比赛精彩画面，共计 843 段，涉及从小组赛到决赛阶段共计 38 场赛事。网名为"青哥足坛""坐等世界杯""SL 小猛哥哥"在"PP 视频"

网站直播栏目下的“足球”板块，对2018年俄罗斯世界杯期间埃及与乌拉圭、法国与比利时的比赛进行直播，直播画面中显示“CCTV5”的标志。

央视国际网络有限公司向北京互联网法院起诉，主张上海聚力公司的行为侵犯了其对于涉案赛事的信息网络传播权等，请求赔偿经济损失及合理开支共1000万元并赔礼道歉、消除影响。

上海聚力公司对其网站发布上述比赛资讯情况不持异议，但称其比赛画面并非来源于央视国际网络有限公司，对此其没有提供证据。对于直播情况，其提供信息证实直播系网络用户实施的行为，该公司已尽到平台监管责任，对于主播直播并未进行任何编辑推荐，未从中获利，不应当对用户侵权行为承担责任。涉案GIF格式文件已由上海聚力公司删除。

北京互联网法院根据《著作权法实施条例》的规定认定，体育赛事节目系以多机位设置采集、选择镜头，以镜头切换、回放，捕捉精彩瞬间方式呈现比赛画面，其形成的连续画面已达到类电影作品独创性所要求的一定程度，构成类电影作品（视听作品）。

法院认为，依《著作权法》的规定，信息网络传播权即以有线或者无线方式向公众提供作品，使公众可以在其个人选定的时间和地点获得作品的权利。上海聚力公司在2018年世界杯比赛期间在其运营的“PPTV视频”网站设置世界杯专题页面，并将截取的赛事画面制作843段GIF动图向平台用户提供，侵犯了央视国际网络有限公司对涉案赛事的信息网络传播权。

对于上海聚力公司主张将涉案赛事用于新闻报道构成合理使用的抗辩。法院认为，《著作权法》规定，为报道时事新闻，在报纸、期刊、广播电台、电视台等媒体中不可避免地再现或者引用已经发表的作品，可以不经著作权人许可，不向其支付报酬，但应指明作者姓名、作品名称，并不得侵犯著作权人依照法律享有的其他权利，本案中上海聚力公司未能证明使用涉案赛事内容属于不可避免的情形，其该抗辩理由不能成立。

法院认为，根据《侵权责任法》（已失效）的规定，网络用户利用网络服务实施侵权行为的，被侵权人有权通知网络服务提供者采取删除、屏蔽、断开连接等必要措施。网络服务提供者接到通知后未及时采取必要措施的，对损害的扩大部分与该网络用户承担连带责任。网络服务提供者知道网络用户利用其网络服务侵害他人民事权益，未采取必要措施的，与该网络用户承担连带责任。

上海聚力公司作为“PPTV 视频”运营商，未收到央视国际网络有限公司关于上海聚力公司用户存在侵权行为的通知，且上海聚力公司未对三名主播直播侵权行为进行编辑推荐，不存在主观侵权故意。因此，上海聚力公司作为网络服务提供者，对三名主播直播涉案赛事的行为不承担侵权责任。

综合央视国际网络有限公司 2018 年世界杯赛事节目进行传播的许可使用费、GIF 精彩画面对赛后点播带来的影响、涉案赛事节目的商业价值、被告的侵权故意等因素，一审法院酌定赔偿损失数额为 400 万元。央视国际网络有限公司主张维权合理开支，但未提供相应证据，法院不予支持。

北京互联网法院一审判决：被告上海聚力公司赔偿原告央视国际网络有限公司经济损失 400 万元，驳回原告的其他诉求。判后，原告、被告双方均上诉，北京知识产权法院二审认为，双方的上诉请求均不能成立，一审判决认定事实清楚，适用法律正确，二审判决驳回上诉、维持原判。

四、短视频的作品定位

新《著作权法》中，将“电影作品和以类似摄制电影的方法创作的作品”，统一修改为“视听作品”，删除与电影相关的限制性定义。这不是独创性认定上的改变，而是保护范畴上的扩张，外延扩大，辐射的作品类型大幅增多。这一作品类型未来能够包含覆盖哪些内容表现形式，能否将目前涌现的各类新型网络作品均纳入其保护范围内，如网络短视频、VR 游戏画面和运行画面和游戏直播等。

网络短视频等新型作品如符合具有独创性，并且能以一定形式表现的智力成果的条件，就能够被纳入保护范畴内。实践中，二次创作短视频，是利用已有作品的视频素材进行创作，常见为影视综艺、动漫、体育及游戏等作品素材制作的短视频，主要形式有预告片类、影评和解说类、盘点类、配有其他原创音乐的混剪类等。目前以影视片段作为素材进行二次创作的短视频的侵权风险主要集中在侵犯复制权、改编权、保护作品完整权和信息网络传播权。

【案例】短视频模板第一案

剪映 App 是一款视频编辑软件，为用户提供多种素材、音乐、特效等，协助用户自行对短视频进行编辑。剪映 App 经微播公司授权确认，由脸萌公司负责运营。

2020 年 2 月 27 日制作人“阿宝”在剪映 App 上发布了“为爱充电”短视频模板，用户可通过替换模板中的可更换素材形成自己的短视频。经制作人“阿宝”授权，微播公司、脸萌公司取得“为爱充电”短视频模板相关著作权权利。同年 2 月 28 日，被告看影公司、小影公司在运营的 Tempo App 上传了被控侵权短视频模板，用户可点击播放，也可替换素材嵌入模板进行编辑、下载及分享等。被控侵权短视频模板在 Tempo App 上以售卖会员等方式收费。

微播公司、脸萌公司向杭州互联网法院提起诉讼，认为看影公司、小影公司侵害其信息网络传播权、复制权、改编权及汇编权，诉请看影公司、小影公司立即停止提供被控侵权短视频模板的在线播放及供用户使用、下载服务，刊登声明消除影响，并赔偿经济损失及合理费用 50 万元。

2020 年 4 月 16 日杭州互联网法院经审理认为，本案制作人选择多个要素组织制作的短视频模板，与现有的单个独立要素在客观上存在明显差异，且在发布前没有证据证明存在类似的短视频模板，应当认定是制作人独立制作的短视频模板构成一个有机统一的观看整体，其中包含制作者多方面的智力劳动，整个创作过程中存在智力创造空间，具有独特的选择、布局和设计，体现了制作者的个性化表现。被指控侵权的短视频模板与案涉的短视频模板相比，除了可以自由更换的两张人物图像外，其他不可编辑部分的内容几乎相同。由于两个短视频模板在个性化选择、设计和排列上是相同的，因此应该认为两者在整体上实质上是相似的。二被告在经营的 App 上提供被共同或个别指控侵权的短视频模板，允许用户在其个人选择的时间和地点播放、下载、制作、共享。该行为构成对二原告所涉作品信息网络传播权的侵害，因此判决二被告立即停止在 Tempo App 上提供涉案短视频模板。

关于复制权。法院认为复制权是以印刷、复印、拓印、录音、录像、翻录、翻拍等方式将作品制作一份或多份的权利。本案侵权行为发生在互联网领域,将作品置于信息网络中,其前提是将作品上传网络服务器或数据库。数字化作品的传播范围与复制件数量已无关联,区分数字环境中复制权与信息网络传播权两项权利的关键点在于作品上传完成后所处的状态,本案中,涉案作品被置于网络传播状态,此时作品复制行为被信息网络传播行为吸收,被诉行为只构成侵犯信息网络传播权。因此,二原告的该项侵权主张不能成立。

关于改编权。法院认为改编是指在保留原作品基本表达的前提下,通过增添新的独创性又创作出了新的作品。本案中,被控侵权短视频模板与涉案短视频模板并无实质性差异,不能认为产生了新作品,不构成对二原告改编权的侵犯。

关于汇编权。法院认为汇编是指以体系化的方式呈现的信息集合,其独创性就体现在汇编者对被汇编信息的选择和编排方式,也即汇编行为添加了新的独创性但形成的作品没有独立美感,公众关注的仍然是被汇编的信息本身。被控侵权短视频与涉案短视频模板整体上系同一视听内容,其利用了涉案短视频模板的不可替换素材,只对其中两张图片进行简单替换的行为并未达到汇编作品所要求的对素材选择及编排的独创性,二原告有关侵犯其汇编权的主张不能成立。

五、人工智能的生成物是否认定为作品

对于人工智能的生成物,比如通过人工智能自动写新闻稿,甚至谱写歌曲、绘画,虽然现在人工智能已经能达到很高的水平,可能很难分辨这篇新闻稿是由人工智能写的。那么对于这些人工智能自动生成的这种作品,能不能用版权来进行保护?

【案例】腾讯机器人 Dreamwriter 创作财经文章

Dreamwriter 是腾讯公司自主开发的基于数据和算法的智能写作辅助系统。2018 年 8 月,腾讯证券网站上发表了由 Dreamwriter 智能写作助手

创作完成的一篇财经文章，文章末尾注明“本文由腾讯机器人 Dreamwriter 自动撰写”。

该文发表当日，上海某科技有限公司在其经营的网站上转发了这篇文章。腾讯公司认为该行为侵犯了其享有的著作权，于是诉至深圳市南山区人民法院。

南山区人民法院在判决书中，确认了该文章满足《著作权法》对文字作品的保护条件，属于我国《著作权法》所保护的文字作品。法院认为，该文章是由原告主持的多团队、多人分工形成的整体智力创作完成的作品，整体体现原告对于发布股评综述类文章的需求和意图，是原告主持创作的法人作品。

法院认定，被告公司未经许可，在其经营的网站上向公众提供被诉侵权文章内容，供公众在选定的时间、选定的地点获得的行为，侵害了原告享有的信息网络传播权，应承担相应的民事责任。最终，南山区人民法院判定被告赔偿原告经济损失及合理维权费用 1500 元。

六、技术标准是否认定为作品

根据我国《著作权法》第 5 条第 1 项的规定，法律、法规，国家机关的决议、决定、命令和其他具有立法、行政、司法性质的文件，及其官方正式译文，不属于《著作权法》保护的范围。但是“技术标准”是否属于我国《著作权法》第 5 条规定的范围，可否受《著作权法》保护的问题，学界意见不一。在实践中，也有不同的认识，例如《国家版权局版权管理司关于标准著作权纠纷给最高人民法院的答复》（权司〔1999〕50 号）和《最高人民法院知识产权审判庭关于中国标准出版社与中国劳动出版社著作权侵权纠纷案的答复》（〔1998〕知他字第 6 号函）认为，强制性标准是具有法规性质的技术性规范，不受《著作权法》保护；而推荐性标准是不具有法规性质的技术性规范，应纳入《著作权法》保护的范围。此外，《国家版权局关于在查处侵权盗版案件中标准类出版物有关著作权法律适用问题的复函》（国版发函〔2020〕1 号）明确指出：推荐性标准不属于法规性质的技术性规范，属于著作权法保护的对象。推荐性标准的著作权属于标准作品的作者。

因此,企业编制标准或使用标准时,需要注意著作权风险,纳入企业合规管理范畴,避免对其他标准作品的"洗稿"。选择共同编制单位时,需要提前约定好知识产权归属,以免在日后遭遇著作权纠纷的困局。

【案例】全国首例地方技术标准的著作权保护

江苏天舜金属材料集团有限公司(以下简称天舜公司)从事建筑钢材产品的研发、创新与推广工作,以及相关产品型号的技术标准与工程建设应用企业标准的编制、发布工作。

自2012年起,天舜公司先后主编并发布多件"热处理带肋高强钢筋混凝土结构"和"钢筋混凝土用热处理带肋高强钢筋"的企业标准,并进行登记备案。部分标准由江苏森林建筑新材料股份有限公司(以下简称森林公司)进行作品著作权登记。

天舜公司发现安徽某公司在企业标准信息公共服务平台发布了以其为主编单位的《635MPa级热轧带肋高强钢筋应用技术标准》(Q/WX J02002－2019),该标准与天舜公司、森林公司早在2012年发布的《热处理带肋高强钢筋混凝土结构技术规程》(苏JGT 054－2012,系江苏省工程建设推荐性技术规程)及2016年发布的《热处理带肋高强钢筋混凝土结构技术规程》(DGJ32/TJ 202－2016,系江苏省工程建设标准),在内容编排、条款设置、文字表达上存在大量相同和雷同,遂提起诉讼。原告主张,被告未经许可使用原告作品的行为侵犯了原告包括署名权、保护作品完整权、复制权、发行权、信息网络传播权。

法院认为诉争标准系原告独立创作完成,凝聚了原告的智力结晶。作为汇聚原告智力成果并以文本形式表现的规程标准,具有可复制性,符合法律规定的作品特征,判决安徽某公司于判决生效之日起立即停止在任何公开平台(包括但不限于在企业标准信息公共服务平台等其他网络平台)发布侵害天舜公司、森林公司著作权的Q/WXJ02002－2019标准,已发布的在判决生效之日起7日内予以下架。

第二节 著作权归属的合规管理

著作权人是《著作权法》保护的主体，即享有著作权权利和承担著作权义务的人。著作权人包括：作者；其他依照《著作权法》享有著作权的公民、法人或者非法人单位。著作权的取得包括原始取得和继受取得。

“原始取得”，即作者通过完成创作作品这一事实行为而取得作品的著作权。作者完成作品便自动获得《著作权法》保护，并不需要对作品进行登记。即便是没有创作完成的作品，如果已经具备《著作权法》要求的独创性，并可以某种形式表达，也同样可以受到《著作权法》的保护。“继受取得”，即通过受让、继承、受赠等方式取得全部或部分著作权。继受取得的著作权仅限于著作财产权。但已转让未发表作品的著作财产权或许可他人以特定方式使用未发表作品著作财产权的，通常可以推定作者许可受让人或被授权人发表该作品。

很多企业对于著作权的归属问题，并不重视，但是一旦发现权属争议纠纷，又缺少相应的证据予以支撑自己的观点。所以，企业为了避免著作权的权属纠纷，应采取必要的合规管理措施，降低企业风险。

一、证明作者身份的合规管理

创作作品的自然人是著作权的作者。创作，是指直接产生文学、艺术和科学作品的智力活动。为他人创作进行组织工作，提供咨询意见、物质条件，或者进行其他辅助工作，均不视为创作。帮助作者修改稿件、编辑、校对、审稿等不能成为作者。

（一）如何证明作者身份

如何证明自己是作者？可以通过署名和其他证据材料证明。《著作权法》第 12 条第 1 款规定，在作品上署名的自然人、法人或者非法人组织为作者。一般情况下，署真实姓名的作者只要出具有效的身份证明，如身份证、护照、法人或非法人组织登记证书以及工商营业执照等即可证明自己的真实作者身份。

而在作者署名为笔名或作品未署名的情况下，根据《最高人民法院关于审理著作权民事纠纷案件适用法律若干问题的解释》第7条第1款的规定，当事人提供的涉及著作权的底稿、原件、合法出版物、著作权登记证书、认证机构出具的证明等，可以作为证据，予以证明作者身份。

（二）数码照片如何证明作者

因工作需要，企业会拍摄办公场地或活动场景，便于企业的留念或宣传。摄影作品是指借助器械在感光材料或者其他介质上记录客观物体形象的艺术作品。数码照片已逐渐替代传统胶卷照片走进千家万户。数码科学技术的普遍推广和应用，给数码作品的著作权认定带来了新的问题。

如何确定未发表数码照片作者是谁？不同于传统照片，数码照片是将影像信息以数字方式存储于磁盘或内存卡中，因而可以直接把数据传给计算机或者刻录成光盘，并借助于计算机的处理手段，对数码照片进行修改，其无形性、易修改、易转储存等特点给认定数码照片尤其是未发表的数码照片的著作权人带来了困难。

认定未发表数码照片的著作权归属，通常可按照以下步骤进行：

1. 首先判断被诉侵权图片与原告主张著作权的数码照片是否具有一致性。司法实践中通常这么认定：第一，按照常理，同一场景下不同的人所拍摄的照片也不会完全相同；第二，虽然数码照片可修改，但无论如何修改，也改变不了作者独特的视角，因此，局部的不一致不足以推翻整体的一致性。

2. 认定被诉侵权图片与原告主张著作权的数码照片一致后，再判断该未发表的数码照片的著作权归属。由于未发表的作品没有直接证明其权属的合法出版物或权利凭证，如果要求权利人直接证明权利归属，权利人举证责任过重，不利于对权利人的保护。因此，司法实践中一般坚持经验法则和逻辑规则结合，从细节出发，综合全案，从而得出符合民事诉讼证据规则的结论。首先，赋予数码照片载体持有者一定的证据优势地位。数码照片载体也是一种证据，具有一定的证明力。除非对方当事人也同样作为持有人，否则仅抗辩不足以对持有人形成有力的反驳效果。其次，赋予被告对数码照片的合法来源进行举证的责任。被告负有审核图片合法来源之义务，并对此承担相应的举证责任，若其无法提供相应的证据予以反驳，则法院会将此作为认定原告享有著作权的理由之一。最后，还应关注细节。比如根据原告对数码照片的拍摄意图及过程的说明、图像内容与权利人之间是否存在关系、被告是否有机会接触未发表数码照片等事实的查明，结合双方的证据进行综合判断。

数码照片权利人应注意保留权属证据，以防止维权无门。保留证据的方式主要有：(1)拍摄完成后第一时间对原始数据进行加密处理；(2)拍摄完成后通过电子邮件、微信、微博等发送给自己或负有保密义务的相关人员，或发布私密微博、微信、网络日志等；(3)对拍摄过程进行录制；(4)利用电子存证平台进行存证；(5)进行版权登记。

【案例】格林豪泰酒店数码照片

格林豪泰酒店(威海)管理有限公司(以下简称格林豪泰酒店公司)于2006年拍摄了多张反映酒店内部装潢的数码照片，从未公开发表。2006年年底，随着两名管理人员跳槽至上海辉盛酒店管理有限公司(以下简称辉盛酒店公司)后，格林豪泰酒店公司发现，其拍摄的数码照片未经许可，被使用于辉盛酒店公司下属帝悦大酒店的宣传资料中。

格林豪泰酒店公司以辉盛酒店公司侵犯其数码照片著作权为由，向法院提起诉讼。法院经过调查审理及多方比对和分析，被告使用的图片除其中一张图片中杯子上缺少原告注册商标外，其拍摄视角、图片中场景、物品及其相互的空间位置等均与原告所持光盘的照片完全相同，故被告所使用图片与原告光盘照片局部不完全一样的事实不足以推翻其与原告所持有光盘中照片的一致性。且被告未提供相反证据，也未申请鉴定，法院据此认定被告使用的两张图片与原告光盘中的数码照片具有一致性，认定两张数码照片著作权系格林豪泰酒店公司所有，判令辉盛酒店公司立即停止对原告的侵权行为，赔偿经济损失人民币6000元。

二、委托作品的合规管理

委托作品是指接受他人委托创作的作品。企业在委托他人创作作品时，应约定权利归属。根据《著作权法》第19条的规定，受委托创作的作品，著作权的归属由委托人和受托人通过合同约定。合同未作明确约定或者没有订立合同的，著作权属于受托人。企业出现委托作品的形式有，委托第三方设计企业商标、制作企业宣传片、拍摄员工证件照等,应注意委托作品的合规管理。在委托作品中,要特别容易忽略的一个细节,就是A企业委托B企业创作,但是B企业可能会将作品创作再委托,再委托过程中,没有约定权利归属,这就会为委托作品的权利归属发生纠纷。实践中,还有一种情况就是,A企业委托B企业创作,但是B企业与创作人员发生是否为法人作品或职务作品纠纷。

(一)人物艺术照的相关权益

很多企业为了宣传的需要,聘请专业的摄影机构拍摄员工的艺术照。人物艺术照,无论是完全个性的摄影,还是模式化(化妆、布景、造型格式化)的艺术摄影,需要摄影师更多的智力创作投入,包括对拍摄对象特点的把握及表现构思、取景布局、光线、技巧应用等,且追求艺术性、突出表现人物的美感。因此,人物艺术照作品完全符合《著作权法》规定的摄影作品定义,可以获得著作权。

由于人物摄影作品,涉及被拍者的肖像权,因此其使用将同时涉及著作权及肖像权问题。企业应通过委托合同的具体约定来妥善解决使用及权益归属问题。

(二)委托作品侵权时的责任承担

在委托创作法律关系中,委托作品通常具有个性化特征,而非市场上常见的种类物,否则委托人可直接购买。基于此,委托人和受托人通常会对作品创作的素材、过程作出特殊约定,还常就委托作品的著作权归属或授权使用情况进行约定。当合同约定创作素材由委托人提供,或委托人对作品创作作出特别要求或指示,或委托人根据合同约定享有委托作品的著作权或被许可使用权时,应在委托创作合同中进行特别约定,也为双方将来侵犯第三方合法权益时,避免委托双方之间出现不必要的纠纷。

【案例】委托设计惹侵权纠纷

高孝午是著名艺术家,于2006年创作完成《城市梦想》系列美术作品,其形象为圆头圆身、四肢圆润,面部表情微笑柔和,背上有小翅膀,双手双脚向上抬起,双手手心向外,双脚脚心向上,人物整体呈飞翔姿态。2008年5月刊发的《艺术经理人》杂志刊登了对高孝午的专访,其上载明涉案权利作品所表达的思想:“小人物身体膨胀成一个大气球,还生出一对小翅膀,面带标准化的高氏微笑，想象着自己可以像天使一样展翅高飞。但是现实生活中的小人物，广大的身躯是笨重的，小小翅膀根本带动不了那个大肉球，反映出大都会里芸芸众生的无奈，但永不放弃梦想，哪怕梦想与现实是矛盾的。”

高孝午作品《城市梦想》

2019 年 5 月，上海乐田餐饮管理有限公司（以下简称乐田公司）与案外人签订《软装设计及采购合同》，约定案外人为乐田公司设计、定制四件飞人雕塑。乐田公司称双方口头约定除署名权外的其余著作权归属于乐田公司。同日，双方签订《设计服务合同》，约定该案外人为乐田公司设计包材，设计完成后著作权自动转让至乐田公司。同年 6 月，案外人完成雕塑设计后，按照乐田公司的要求修改定稿，并在此基础上设计了包含该雕塑形象的杯套、包装等包材。乐田公司将四件雕塑陈列于上海乐田餐饮管理有限公司翔殷路第一分店（以下简称乐田公司第一分店）的经营场所。雕塑旁摆放有内容为“由艺术家 Nikenan 创作的艺术品”的卡牌，并在包括该店在内的 21 家店铺使用了前述包材。四件雕塑及包材上的卡通形象均为圆头圆身、四肢圆润、背部有小翅膀的人物形象，颜色、动作存在一定差别。该形象与权利作品相比，整体外观相似度极高，仅在颜色、动作等细节方面存在差异。

原告高孝午认为，乐田公司以上行为侵害了其对权利作品享有的署名权、复制权、展览权、保护作品完整权，遂起诉至法院，请求判令乐田公司、乐田公司第一分店停止侵权、销毁违法侵权作品；在《新民晚报》赔礼道歉；赔偿经济损失 200 万元及合理费用 116,075 元。一审审理中，因被诉行为已停止，原告申请撤回第一项诉讼请求。

乐田公司、乐田公司第一分店共同辩称：(1)被诉侵权作品与权利作品不构成实质性相似，相似之处仅为同类作品的通用设计；(2)被诉侵权作品由案外人设计、制作，双方签订的合同系非标准件买卖合同，故乐田公司对被诉侵权作品具有合法来源，且无从知道该作品可能构成侵权，已尽到注意义务，不应承担法律责任。(3)即便构成侵权，权利人主张的赔偿金额也过高。

上海市杨浦区人民法院经审理认为：(1)权利作品造型独特，在细节及整体形象设计上构思精巧，具有一定的独创性、艺术美感和审美意义，构成美术作品。(2)经比对，被诉侵权作品与权利作品仅在颜色、动作方面存在不同，但整体外形和呈现的视觉效果基本一致，构成实质性相似，且并未署名，部分被诉侵权作品的动作改动实质上改变了作者在原作品中想要表达的"梦想与现实是矛盾的，但永不放弃梦想"的思想，足以构成对原作品的歪曲和篡改。故相关被诉行为侵害了高孝午对权利作品享有的复制权、署名权、展览权、保护作品完整权。(3)乐田公司与案外人签订的两份合同均非单独的购买合同，根据合同约定及履行情况，乐田公司是被诉侵权作品的共同制作者，且其提交的证据不能证明被诉侵权作品有合法授权，故构成对高孝午著作权的侵害，依法应承担停止侵权、赔偿损失、赔礼道歉的民事责任。据此判决乐田公司向高孝午赔礼道歉、赔偿高某经济损失40万元及合理费用7万元。

一审判决后，被告乐田公司提起上诉，上海知识产权法院经审理，判决驳回上诉，维持原判。

三、法人作品与职务作品

认定一个作品是法人作品还是职务作品，主要看两方面，第一，职务作品要求创作作品的人与法人或非法人组织之间存在劳动雇佣关系。第二，法人作品要求由法人或者非法人组织"主持"该作品的创作，且创作的作品"代表法人意志"。区分法人作品与职务作品的目的就是涉及作品著作权的归属问题。

（一）法人作品

《著作权法》第11条第3款阐明了法人作品的相关定义和要求，由法人或者非法人组织主持，代表法人或者非法人组织意志创作，并由法人或者非法人组织承担责任的作品，法人或者非法人组织视为作者。所谓由法人“主持”，一般认为应指从选题、立项、人员组织、确立创作路线和大纲、创作日程和时间表等均由法人完成，而非仅由法人简单地提出任务目标。所谓“代表法人意志”，是指作品要反映出法人或非法人组织的创作意图和“思想”，自然人的创作和发挥空间在法人作品的创作过程中较小，作品主要反映出法人或非法人组织的自有“特征”。站在作者的角度，区分这两个概念的意义在于分析自然人作者能否获得著作权。由于法人被视为法人作品的作者，享有全部著作权，所以自然人作者连署名权都不享有。

（二）职务作品

职务作品，是指公民为完成法人或者非法人组织工作任务所创作的作品。职务作品的作者一般是创作作品的自然人，该自然人享有著作权，法人或非法人组织在自己的业务范围内享有优先使用权。当然，也存在例外情况，即特殊职务作品的自然人作者仅享有署名权。《著作权法》第18条第2款规定，规定了三种作者仅享有署名权的“特殊职务作品”的情形：

1. 主要是利用法人或者非法人组织的物质技术条件创作，并由法人或者非法人组织承担责任的工程设计图、产品设计图、地图、示意图、计算机软件等职务作品；

2. 报社、期刊社、通讯社、广播电台、电视台的工作人员创作的职务作品；

3. 法律、行政法规规定或者合同约定著作权由法人或者非法人组织享有的职务作品。

（三）法人作品与职务作品的合规管理

如何有效地激发企业内部员工的创造是创新型企业发展的源动力所在，创新型等智力成果密集型企业知识产权的取得，其主要形式是自主取得，这就使职务作品、职务发明边界的厘清尤为重要。

如果属于法人作品，企业应当从以下角度做好合规管理。

1.“由单位主持创作”的证据，应是由代表单位的人员负责组织该项创作，从创作的提出、立意、人员、日程的安排、物质技术条件的提供、创作的进程、完成等各个方面都由单位负责主持，而并非简单地提出任务，布置工作。

2.“代表单位的意志”的证据，是指创作思想以及表达方式均须代表、体现单位的意志。作品的完成完全或者主要体现了单位的意志，对于个人创作者自由思维空间不大的，可认定为代表了单位的意志。但是，个人在单位提供或者要求的条件下，自由发挥创造力、抒发其思想，对作品的结构安排、情节处理、材料取舍、思想表达等都是由个人意志所决定的，则不能认定为体现了单位的意志。由此，单位仅提出创作作品的任务本身，以及创作者个人根据单位提出的原则性要求去创作，都不能认为"体现了单位的意志"。

保留职务作品的相关证据材料也是相对重要的工作，主要证据包括：

1. 利用物质技术条件的证据，包括资金、设备、图纸、资料、技术等物质技术条件进行创作的证据。

2. 本职工作活动的证据，包括营业执照、相关行政审批手续、劳动合同、人事关系证明、纳税证明等。

【案例】摄影记者照片引发著作权纠纷

原告丁某春系《南通日报》社摄影记者。1999 年 2 月 7 日，丁某春用自己的照相机为在街头选购大红灯笼的妻子和儿子拍摄了一幅照片，后该照片在 1999 年 2 月 12 日《南通日报》"周末特刊"的"过大年"专版上发表，题名为"街上红灯闹"，署名为"本报记者丁某春"。

2000 年 1 月，被告江苏美术出版社出版发行了严抒勤主编的《乡土教材》，该教材中使用了原告丁某春发表在《南通日报》上的"街上红灯闹"照片，并将照片更名为"大红灯笼"。

"街上红灯闹"照片由原告丁某春独立拍摄完成，照片以串连在一起、色彩鲜艳的中国传统节日灯饰——大红灯笼为主体，辅以母子选购时的喜悦神情，以简洁的画面渲染出太平盛世时期普通百姓喜迎中华民族传统节日——春节的欢乐、祥和氛围，具有一定的独创性，属于我国《著作权法》所保护的摄影作品。

对于该幅摄影作品著作权归属的问题，原告丁某春主张其本人系该作品的著作权人。被告江苏美术出版社根据丁某春系《南通日报》社摄影记者和该照片刊登于《南通日报》的事实，认为该作品为法人作品，丁某春个人对该作品不享有著作权。法院认为，根据《著作权法》第 11 条第 3 款的规定，由法人或者非法人组织主持，代表法人或者非法人组织意志创作，并由法人或者非法人组织承担责任的作品，法人或者非法人组织视为作者。而“街上红灯闹”这幅摄影作品系由丁某春在假日期间利用自己的摄影器材拍摄完成，该创作行为并不代表法人或者非法人组织的意志。因此，该作品的作者是丁某春个人。

“街上红灯闹”照片的拍摄行为虽然系其个人行为，但其同意《南通日报》迎春特刊“过大年”使用该幅作品，并同意在其署名前冠以“本报记者”的身份，据此可以认定该作品是丁某春为完成南通日报社组办迎春特刊“过大年”的工作任务而拍摄，属于《著作权法》第 16 条第 1 款规定的职务作品。但该作品并非主要是利用南通日报社的物质技术条件创作并由该社承担责任，也没有相关法律、行政法规规定或者合同约定该作品的著作权由南通日报社享有，不属于《著作权法》第 16 条第 2 款规定的“作者享有署名权，著作权的其他权利由法人或者非法人组织享有”的情形。因此，“街上红灯闹”照片的著作权仍应归作者丁某春享有。

四、合作作品的合规管理

《著作权法》第 14 条第 1 款规定，两人以上合作创作的作品属合作作品，著作权由合作作者共同享有。

根据创作的形式不同，合作作品可分为不可分割使用的合作作品和可分割使用的合作作品。不可分割使用的作品，是指合作者之间思想观点相互渗透，以致虽有创作分工，也无法确定哪一部分的归属。可分割使用的合作作品，是指合作作品的作者各自所创作的智力成果具有相对独立性，分开后仍能作为完整作品。可分割使用的合作作品的作者除了对这一作品享有共同的著作权外，每个人还可以对自己所创作部分单独行使著作权。但是每个人行使权利时，不能侵害合作作品的整体著作权。

2020 年修订的《著作权法》第 14 条新增第 2 款规定“合作作品的著作权由合作作者通过协商一致行使；不能协商一致，又无正当理由的，任何一方不得阻止他方行使除转让、许可他人专有使用、出质以外的其他权利，但是所得收益应当合理分配给所有合作作者”。

五、著作权其他归属情形的合规管理

著作权属于作者，这是著作权归属的一般原则。但是，根据创作作品的情况的不同，以及影响著作权的其他因素的存在，使著作权的归属也呈现多种复杂的情形。根据我国《著作权法》的规定，视听作品中的电影作品、电视剧作品的著作权由制作者享有，汇编作品的著作权由汇编人享有。所以，企业在日常合规管理中，应根据不同的作品形式，对企业所涉及的著作权加强合规管理。例如，体育赛事著作权归体育赛事主办者，还是赛事节目的摄制方。如果赛事摄制方与赛事主办者没有约定，赛事节目的著作权归谁？

【案例】IPTV 平台直播体育赛事侵权“第一案”

中国排球协会在《中国排球协会章程》明确了其作为中国排球超级联赛的赛事主办方，拥有通过电视或广播对排球超级联赛的赛事进行直播和录播的播放权。2019～2020 年中国排球超级联赛的赛事相关知识产权的使用及许可第三方再使用的权利，经历了从排协、体育之窗、排球之窗层层授权的过程。2018 年 1 月 18 日排球之窗将联赛全部全媒体权利、维权权利等在中国地区独占性授权给咪咕公司，特别明确了全媒体的授权包括 IPTV（交互式网络电视）。2019 年 11 月排球之窗与中视体育签订合作协议，该协议“鉴于”部分载明排球之窗拥有 2016～2021 年中国排球超级联赛五个赛季的完整知识产权，同时约定，排球之窗将其拥有的标的赛事版权中的卫视独家版权及央视新媒体播放权授予中视体育。对于央视新媒体播放权，协议表述为“中央电视台相关新媒体、数字平台直播、延播、重播、点播权利”，未具体细化。该协议还约定，中视体育负责制作并播出部分场次。2019 年 12 月 14 日中国联合网络通信有限公司安徽省分公司在经营的 IPTV 平台的“CCTV5＋体育赛事”频道直播了“2019～2020 中国女子排球超级联赛第二阶段第九轮—辽宁华君 VS 天津渤海银行”比赛（以下简称涉案赛事）。

原告咪咕公司遂起诉至人民法院，认为被告安徽联通在其经营的 IPTV

播放平台上，擅自向公众提供涉案赛事的网络直播服务，侵害其著作权，要求被告安徽联通承担相应的赔偿责任。被告安徽联通辩称，其不认可涉案赛事节目构成作品，同时认为，即使构成作品，其制作方中视体育也因受托制作时未明确约定著作权归属而成为著作权人，且涉案赛事在IPTV平台上的播出正是中视体育行使其拥有的央视新媒体播放权，同时，被告在整个过程中仅负责信号传输和技术保障等基础电信服务，不应承担责任，故请求法院驳回原告诉请。

上海市浦东新区人民法院认为，从赛事性质来看，涉案赛事在机位设置、同类场景的不同镜头表达方式、慢动作回放、特写镜头表达人物情绪、现场精彩镜头捕捉等各方面，都符合视听作品独创性的要求。从作品权利人来看，排球协会作为赛事主办方，在向下层授权时，并未放弃自身所拥有的知识产权，系涉案赛事的著作权人，否定了中视体育因制作赛事而成为著作权人的观点。从咪咕公司和中视体育先后获得排球之窗的授权情况来看，该案中，原告授权链条上游的排球之窗，在授权原告独占性享有包括IPTV平台播放权在内的全媒体权利之后，又授权被告的上级内容来源方中视体育卫视独家版权和央视新媒体播放权。由于央视新媒体播放权并非法定概念，合同中亦未对其进行细化和明确，故从排球之窗与中视体育之间《合作协议》的签订背景、约定内容、当事人的意思表示和履行行为进行解读，最终认定央视新媒体播放权在《合作协议》中的含义，并不包括IPTV平台播放权。中视体育就涉案赛事并未获得在IPTV平台播放的权利。由于中视体育缺乏权利基础，故安徽联通抗辩其提供的播放涉案赛事有合法权利来源的，不予采纳。从IPTV平台经营者的责任认定来看，被告安徽联通并非单纯负责IPTV信号传输，还负有开展市场营销和推广活动、向用户收取IPTV业务费用并进行分成等权利和义务，即使被告安徽联通与案外人中视体育对播出内容侵权责任的承担有约定，也不能对抗原告。故被告安徽联通作为经营者应就其IPTV平台播出节目侵权的行为对外承担相应的民事责任。

六、作品登记的合规管理

作品登记并不是取得著作权的前提条件。我国实行自愿登记制度，权利人可以将作品向有关登记机关进行作品登记。作品登记的好处：

首先，著作权登记可以梳理著作权的归属关系。现代社会中，作品创作的过程越发复杂化，尤其是对委托创作作品、法人作品、职务作品而言。著作权登记提供了一个从法律上明确作品权利归属的手段。

其次，著作权登记可以减少维权、诉讼过程中的举证成本和难度。在发生著作权争议时，著作权登记证书是证明享有权利的初步证据，可以方便权利人向人民法院提起诉讼。

著作权纠纷中，被侵权人常常需要拿出原稿、原件等材料证明自己因创作行为而享有对其作品的著作权，或通过著作权转让或许可合同证明自己对他人创作的作品享有著作权。对一些没有发表或不为人熟知的作品而言，拿出相关原件或合同相对困难，而著作权登记可起到类似的证明作用。目前的司法实践中已将著作权登记证书作为认定著作权归属的证据。

著作权登记可以降低交易风险。在行使著作权或者进行著作权交易时，如许可他人出版或者转让著作权等，使用著作权登记证书作为权利证明，有利于交易的顺利完成。随着著作权保护意识的提高，作品使用者在购买授权时，一般需要授权方证明自己合法享有著作权且有权对其进行转让、许可等处分权，以确保购得的授权合法有效，不会遭到他人索赔。著作权登记的交易保障功能在依托网络传播的作品上尤为突出。因为互联网的匿名性、传播的便利性等，确定这些作品的实际著作权人殊为不易，轻易相信他人承诺而购买的授权很可能是无效甚至可能会导致他人索赔。而版权登记证书恰恰可以缓解这种顾虑。

需要注意的是，著作权登记并不是著作权归属的最终凭证。著作权登记管理机关办理登记时并不会事无巨细地审查，无法确保申请登记者一定是真正的著作权人。著作权的享有不以登记为前提条件，作品一经创作完成，作者就直接享有著作权，所以版权局并不会像商标局、专利局那样检索现有的知识产权并进行细致审查。

第三节　软件著作权合规管理

随着我国软件业的发展，对软件的保护也变得越发重要。计算机软件著作权,是指自然人、法人或者非法人组织对计算机软件作品享有的财产权利和精神权利的总称。通常语境下,计算机软件著作权又被简称为软件著作权。软件著作权的客体是计算机软件,是指计算机程序及其有关文档。计算机程序,是指为了得到某种结果而可以由计算机等具有信息处理能力的装置执行的代码化指令序列,或者可以被自动转换成代码化指令序列的符号化指令序列或者符号化语句序列。同一计算机程序的源程序和目标程序为同一作品。文档,是指用来描述程序的内容、组成、设计、功能规格、开发情况、测试结果及使用方法的文字资料和图表等,如程序设计说明书、流程图、用户手册等。

一、软件保护合规管理

一般情况下,软件著作权属于软件开发者。接受他人委托开发的软件,其著作权的归属由委托人与受托人签订书面合同约定,无书面合同或者合同未作明确约定的,其著作权由受托人享有。由国家机关下达任务开发的软件,著作权的归属与行使由项目任务书或者合同约定,项目任务书或者合同中未作明确约定的,软件著作权由接受任务的法人或者非法人组织享有。

自然人在法人或者非法人组织中任职期间所开发的软件有下列情形之一的,该软件著作权由该法人或者非法人组织享有,该法人或者非法人组织可以对开发软件的自然人进行奖励。合作开发的软件由两个以上的自然人、法人或者非法人组织合作开发的软件,其著作权的归属由合作开发者签订书面合同约定。无书面合同或者合同未作明确约定,合作开发的软件可以分割使用的,开发者对各自开发的部分可以单独享有著作权,但是,行使著作权时,不得扩展到合作开发的软件整体的著作权。合作开发的软件不能分割使用的,其著作权由各合作开发者共同享有,通过协商一致行使,不能协商一致,又无正当理由的,任何一方不得阻止他方行使除转让权以外的其他权利,但是所得收益应当合理分配给所有合作开发者。

(一)企业如何声明是软件的著作权人

与专利权、商标权不同,著作权自作品创作完成之日起即自动产生,并不需要注册授权程序就可以享有权利。即便企业对软件进行著作权登记,通常而言也不会对软件作品完整的源代码进行登记。上述原因导致企业需要自行进行软件著作权的保护。企业软件著作权保护的第一步,就是如何证明自己是软件的著作权人。

在发生纠纷后,当事人如何举证证明计算机软件著作权权属?通常情况下软件著作权属于软件开发者。如无相反证明,在软件上署名的自然人、法人或者非法人组织为开发者。换言之,如无相反证据,在软件上署名的自然人、法人或者非法人组织就应当被认定为软件著作权的权利人。企业在软件开发、销售和服务过程中,应当注意通过以下方式表明自己是软件的著作权人,并注意留存相关证据:

(1)在软件源代码中通过注释、头文件等方式,进行著作权声明,表明软件的名称、版本、作者以及开发时间。

(2)在目标程序的用户界面、用户协议等处,进行著作权声明。

(3)在提供软件的链接、网页,以及销售平台、渠道中进行著作权声明。

(4)对于各个软件版本,企业最好可以自行通过时间戳等方式,固定和证明软件的内容、开发时间和权利人。

(5)保留软件开发过程记录,包括任务分配、开发调试过程、软件测试、软件发布上线等记录。

(6)对于重要的软件,进行计算机软件著作权登记,获得计算机软件著作权证书。

(7)经过第三方机构进行认证的软件,认证机构的证明也可以作为软件著作权的权属证据。

(8)对于许可或转让获得的软件,需要具有取得权利的合同及履行凭证。

对于上述证明企业享有软件著作权的证据,需要注意其署名的方式应该符合该软件的特点和行业惯例,同时,也要注意软件的各个版本、证书等的署名应当保持一致。

(二)企业如何证明软件属于职务作品

《著作权法》第18条第1款规定,自然人为完成法人或者非法人组织工作任务所创作的作品是职务作品;第2款规定,对于主要是利用法人或者非法人组织的物质技术条件创作,并由法人或者非法人组织承担责任的计算机软件等职务作品,或者对于法律、行政法规规定或者合同约定著作权由法人或者非法人组织享有的职务作品,作者仅享有署名权,著作权的其他权利由法人或者非法人组织享有，法人或者非法人组织可以给予作者奖励。

为了避免企业与员工之间产生软件职务作品纠纷，企业应注意以下事项：

（1）明确约定开发人员在职期间开发的软件属于职务作品。在开发人员入职、定岗、离职时，应通过劳动合同、岗位职责、离职协议等合同、制度等明确约定，开发人员在职期间开发的软件，属于职务作品，开发人员仅享有署名权，软件著作权的其他权利由企业享有。

（2）保留开发人员完成企业的工作任务的记录，包括劳动合同、人事关系证明、纳税证明、岗位职责、部署工作任务的邮件、文件、任务单等资料、开发人员完成工作任务的开发记录、代码提交记录、修改记录等资料。

（3）保留开发人员利用企业的物质技术条件的记录，包括配发电脑、办公设备的记录；员工申请使用专用设备、实验设备、测试设备、办公设备的记录；员工承担项目使用的企业项目资金、企业原有代码、技术文档、技术规范、技术秘密等资料。

（三）软件开发外包的合规管理

毋庸置疑，随着信息化时代的发展，软件开发外包的发展已是大势所趋，在为企业带来一定优势的同时，也应注重其风险管理。只有做好每一步，才能发挥软件开发外包效益的最大化，推动企业不断向前发展。

企业将软件开发外包，不应忽略软件外包也存在一定的风险，倘若不对风险加以好好管理控制，则会造成外包项目的不顺利进行。因而，要做好软件开发外包，也应该注重合规风险管理。

常见的软件开发外包风险主要为软件外包各个阶段的风险，将每一个细节都探讨了解清楚，与合作方签订合同，确保每一步的进行都万无一失，或者是说将风险降至最低。

此外，软件项目的开发外包，还存在一定的服务交付风险。因此我们在选择外包服务商时要尽可能选择交付能力的软件外包公司。

软件开发合同中最容易产生纠纷的问题。为了避免在该情形下对软件著作权产生纠纷，企业应当注意以下事项：

（1）合同性质的约定。通过合同名称、合同条款的约定，明确合同属于委托开发合同还是合作开发合同。按照《著作权法》的规定，对于合作开发的软件，其著作权一般应属于合作开发方共有。因此，明确软件开发合同属于委托开发合同还是共同开发合同,在适用法定的著作权权属认定时非常关键。

(2)权利归属约定。在软件开发合同中务必明确约定软件的著作权权属、权利的行使和收益分配方式。

(3)软件的交付周期。明确约定软件的各项交付内容和交付日期,委托方可以明确约定迟延履行的违约责任,以及如果开发方迟延履行软件开发或交付义务,委托方经合理催告后可以解除合同。

(4)付款的方式。付款的金额、日期、方式、前置条件等。

(5)软件的验收质量标准。包括软件的功能需求和质量标准等;验收标准是判断合同目的是否实现的重要依据,合同双方据此对软件需求和交付成果的质量进行审核。出于计算机软件自身特性,最终交付成果难以避免地存在技术瑕疵或漏洞,不同的瑕疵或漏洞对于软件正常运行的影响差异很大。明确完善的验收标准有助于在双方对成果产生争议时提供统一明确的参考。为避免对验收标准产生争议,双方可以共同委托具有资质的第三方机构进行验收。

(6)验收的方式。验收的人员、流程、日期等,是否签订书面验收报告等。

(7)软件交付方式。如光盘、U 盘或邮件等方式。软件开发项目的交付范围包括软件程序本身(源程序和目标程序)、与程序配套的程序设计说明书、流程图、用户手册等文件,以及用户界面的设计等。需要说明的是,如果企业计划对开发的软件进行功能调整、后续升级或二次开发,则需要在合同中明确约定交付范围也包括源程序,以避免在是否需要交付源代码的问题上产生争议。

此外,关于软件交付的方式,通常开发方会在自己的服务器上进行开发,软件交付方式可以包括通过交付软件安装包以及相关文档方式,或者提供链接地址、用户名及密码等方式、由委托方自行下载。在实践中,当约定的交付期限结束后,开发方可能会将相关文件从服务器中删除、断开相关链接或者更改用户名和密码,或者由于服务器故障等技术原因,使委托方无法再获取相关文件,这种情况下可能会产生是否实际完成软件交付的争议。对此,双方应当对开发方提供的交付内容进行核对,并且对委托方收到的交付内容和收到时间进行书面记录。

(8)担保责任。瑕疵担保责任、不侵权担保责任等。

随着软件开发的不断推进以及双方沟通的不断深入,最初约定的功能需求会不断细化,有可能产生软件功能的删减、增加或变更的情况,也可能导致开发周期的延长或者开发费用的增加。在实践中,企业往往因证据意识薄弱,未妥善保存软件开发过程中对重要内容作出修改的沟通记录,无法证明需求的变更是由委托方提出的还是由受托方的失误导致的,从而引发纠纷。为此,企业应当明确指定双方的联络人,并将沟通等过程中的聊天记录、邮件、电话、短信等记录妥善保存。当涉及合同重要事项的变更时,可以另行签订补充协议,以书面形式进行确认。

(四)保护软件著作权技术措施的合规

技术措施,是指著作权人对作品的接触控制、复制控制或者其他控制以实现对版权作品的使用进行控制的技术措施。我国《著作权法》规定了权利人为了保护著作权及邻接权可以采取技术措施。

数字化技术使低成本复制成为可能,复制的精确度非常高,同时,在网络上传播作品也非常快捷方便,其传播成本几近为零,未经授权而使用、改编、复制的风险大大增加。在这种情况下,著作权人可以通过一定的防止软件著作权侵权技术措施控制他人接触和使用作品,以维护著作权。著作权人可以采取的防止软件著作权侵权技术措施多种多样,依据不同的标准可以进行不同的分类。根据软件著作权侵权技术措施的不同功能,我国《著作权法》定义下的“技术措施”,可以分为“访问控制技术措施”和“版权保护技术措施”两类。访问控制技术措施”旨在防止未经权利人许可获得作品,如通过用户名识别与验证限制他人运行计算机软件,以间接保护软件作品不被非法复制、发行。与前者不同,“版权保护技术措施”并不限制访问,而是通过反复制设备等措施来直接保护著作权人专有权利。

(1)受保护的技术措施应具有“有效性”。

《著作权法》第49条要求受保护的技术措施应当是“有效技术、装置或者部件”,即明确了技术措施受保护的“有效性”要件,但对于何为有效并未进一步作出详细的规定。通常认为,对“有效性”的判断应当以一个普通计算机用户为标准,技术措施是否有效,应当以一般用户掌握的通常方法是否能够避开或者破解为标准。与之相对应的,如果是计算机领域的专业技术人员,若其“能够通过某种方式避开或者破解技术措施的,不影响技术措施的有效性”。

(2)受保护的技术措施在目的上应具有“正当性”。

尽管我国法律并未明文规定“技术措施”在目的上应具有正当性,但显然这是受保护的技术措施题中应有之义。在司法实践中，通常要求该等“技术措施”在目的上应具有正当性。就软件作品而言，若技术措施与著作权法上的正当利益无关，则不属于受禁止规避技术措施制度保护的技术措施。譬如，该种技术措施是用于实现与其他产品或服务的捆绑销售、用于实现价格区域划分、用于破坏使用盗版软件用户的计算机系统等。

从另一个角度来说，也可以认为只有不存在滥用的技术措施，才能受到保护。如果技术措施被“滥用”，成为妨碍公平竞争的工具，甚至会损害社会公共利益，则其当然不应受到法律保护。

(3)规避版权技术保护措施的法律责任。

在技术措施具有“有效性”和目的“正当性”的前提下，若未经权利人许可，故意避开或破坏前述技术措施，显然会给版权人的利益带来威胁，因此法律对此明确禁止。除此之外，制造、进口或者向公众提供用于规避技术措施的装置、部件、技术服务的，也应当受到禁止。《著作权法》第53条对此规定了相应的民事责任和行政责任。《刑法修正案(十一)》在“侵犯著作权罪”中增设了规避技术措施的情形，确立了规避技术措施行为的刑事违法性。

(4)禁止规避版权技术保护措施的例外制度及其限制。

尽管故意规避技术措施会给版权人的利益带来威胁，应予禁止。但是，2020年修订的《著作权法》第50条规定了禁止规避版权技术保护措施的例外/限制。属于例外情形的，即使未获得权利人许可，实施规避版权技术保护措施的行为，亦不被认为是违法行为，因此也可将这种例外制度称为“规避版权技术保护措施的豁免”。

《著作权法》封闭式列举了五种可以避开技术措施的情形，包括：为教学或科研少量提供无法通过正常途径获取的已发表作品；非营利目的以无障碍方式提供无法通过正常途径获取的已发表作品；国家机关执行公务；进行计算机网络安全性能测试；加密研究或软件反向工程研究。不过，对于该种“豁免”，《著作权法》仍对此作出了限制——不得向他人提供避开技术措施的技术、装置或部件；不得侵犯权利人依法享有的其他权利。

二、游戏软件合规风险

随着游戏产业的规模日益发展，相关的版权保护和合规问题正成为游戏业界关注的焦点。游戏的合规主要体现在两方面，包括未成年人保护合规和游戏内容合规。

（一）未成年人保护合规

2021年8月30日，国家新闻出版署下发《关于进一步严格管理切实防止未成年人沉迷网络游戏的通知》，针对部分未成年人过度使用甚至沉迷网络游戏问题，进一步严格管理措施，坚决防止未成年人沉迷网络游戏，切实保护未成年人身心健康。

2021年9月8日，中央宣传部、国家新闻出版署约见了重点游戏企业。监管部门重申了现有对未成年人游戏时长的限制，以及禁止未成年人通过账号租赁规避实名验证。禁止未成年人打赏。

（二）游戏内容合规

监管机构指出游戏行业应该：（1）加强内容管理，严禁含有错误价值取向、血腥恐怖、淫秽色情等违法违规内容；（2）避免垄断行为，并将重心放在推动创新；（3）遏制“唯金钱”和“唯流量”等含有错误价值导向的游戏设计，并改变诱导玩家沉迷的各类玩法规则和设计；（4）严格管理游戏营销，尤其是限制明星代言游戏广告；（5）加强游戏直播管理，比如禁止大额打赏和未成年人打赏。

游戏作为图像、音乐、文字、计算机软件等多元素的集合体，构成复杂。游戏中的文字元素可能侵犯其他文字作品。游戏中的过场动画可能侵犯其他视听作品的著作权。

游戏名称、游戏角色名称、特定场所名称、道具名称、技能名称以及游戏软件图标、游戏角色等的图形标志如果符合商标属性，可能涉及侵犯他人商标权。

三、开源软件的合规风险

开源软件近几年在国内越发活跃，各类开源项目如雨后春笋般涌现。开源软件技术已全面进军操作系统、云原生、人工智能、大数据、半导体、物联网等行业领域。

开源软件的最主要特征可以概括为两点：一是软件的源代码必须公布，任何人都可以修改、维护；二是任何人都可以对软件及演绎软件发布和再发布。开源软件最大的特点是开放，也就是任何人都可以得到软件的源代码，可以进行研究学习、使用、修改和再发布。开源软件的使用提升了产品研发效率，但同时也可能会带来隐藏的风险。不恰当地使用开源软件，可能会给企业造成负面舆论甚至经济损失的风险。

（一）开源软件的误区

1. 开源等同于免费。很多网站以免费开源为标题，导致网络用户常常陷入开源等同于免费的误区，但实际上开源软件并不禁止收费。此外，开源软件都有自己的许可协议，即开源许可证。在违反开源许可证的情况下，使用开源软件可能会被权利人起诉著作权侵权/合同违约而最终付费。

2. 开源软件可以随意使用且不存在法律风险。开源软件不是公有领域的软件，不加限制地使用和售卖开源软件，可能存在法律风险。

（二）开源软件知识产权风险

1. 著作权侵权风险。

著作权侵权风险主要包括违反开源许可证的侵权和著作权瑕疵两个方面。所谓违反开源许可证是指使用者没有按照开源许可证的规定使用开源软件，从而导致侵犯著作权。开源许可证是一种具有法律性质的合同，同时也是开源软件使用者得以合理使用的合法凭证。使用者一旦使用开源软件就视为使用者与开源软件权利人达成合意，并表示接受开源许可证的约束。如果使用者没有按照许可证的规定使用开源软件，将侵犯开源软件权利人的著作权，并可能面临开源软件权利人的侵权诉讼。

开源软件存在著作权瑕疵是指贡献者将自己不具有著作权的代码贡献到开源社区，使得开源软件本身存在著作权瑕疵。开源软件极大地促进了软件行业的发展，同时也有越来越多的开发者参与到开源软件的贡献中。由于开源软件的性质，使得开发者无须承担瑕疵担保责任，这就造成开源软件的贡献者可能会将自己不具有著作权的代码贡献到开源社区，后续使用者在使用存在著作权瑕疵的开源软件时，其所造成的著作权侵权责任由自身承担。

2. 专利侵权风险。

计算机程序本身不是专利的保护客体，但是包含计算机程序的发明创造可以申请专利。软件专利的保护以计算机程序处理流程为基础，通过计算机执行程序的流程编制以解决相应的技术问题，从而实现对软件功能和方法的保护。开源软件仅是软件授予著作权方面的许可，在某些开源协议项下并不包含专利许可,如果软件包含已申请的专利,使用该开源软件就有可能存在专利侵权的风险。例如,MIT、BSD 许可证就不包含专利许可,而 Apache－2.0 和 GPL 协议是包含专利许可。

另外,相较软件著作权保护作品的表达,软件专利的保护并不受程序编写语言的限制。因此,在使用开源软件时还会涉及他人专利权的侵权风险。

3. 商业秘密泄露风险。

开源软件造成的商业秘密泄露风险除了开源软件中恶意代码、病毒或其他安全漏洞引起的商业秘密泄露,还需要特别注意开源软件许可协议的强迫公开而引起的商业秘密的披露风险。

第四节　网络时代著作权的合规风险

在互联网日渐改变人们生活方式的今天,网络产业已成为我国经济增长的重要引擎,与此同时,网络产业所涉及的著作权保护问题也日益凸显。网络环境下作品表现形式、著作权权利内容、著作权侵权归责原则、著作权侵权形式等都发生了变化。互联网改变了传统的信息拥有者、传播者和使用者之间的利益格局,引发了著作权拥有者与网络技术产业之间的激烈冲突。网络环境下,网络音乐、网络视频及搜索引擎等网络产物的蓬勃发展给著作权保护带来了前所未有的挑战。由于网络发展的复杂性,所以网络环境下的著作权本身的权利内容也不明朗,这就给著作权风险带来很多的不确定性。

一、网络时代下著作权特点

互联网的发展促使网络著作权有一些新变化。

其一,作品的表现形式更加多样化,且以数字形式为主要表现形式。传统意义上的作品,多以手稿、印刷品、音像作品为主要表现方式,各作品之间的界限泾渭分明。而在网络环境下,由于数字技术的发展,作品可自由地实现数字化,信息可自由地实现多媒体化。如此一来,各类作品之间的分界线日趋模糊,作品与载体之间的联系逐渐淡化,作品受保护的标准也日益模糊化。

其二，作品的归属日益复杂化。传统意义上的作品，其创作者容易区分，作品的归属也比较明确。而在网络环境下，由于计算机创作手段的广泛应用，作品被分解、被改编、再创作、再传播现象非常普遍。如此一来，确定作品各部分的著作权归属变得困难。

其三，权利的内容日趋信息化。在传统著作权制度中，著作权的财产权利以复制权为核心展开，广泛涉及发行权、广播权、改编权等权利。但在网络时代，著作权的这些权利与传播技术的联系，得到了极大强化，大量的信息通过“信息高速公路”进行传递，著作权的行使与技术措施的运用密不可分，著作权的权利内容日趋信息化。

其四，网络信息交流与传统信息交流相比，网络信息交流从技术角度看具有数字化、多媒体、超文本特征。从传播学角度看，具有快捷性、开放性、全球性和广泛性、丰富性和无限性。

二、网络著作权合规风险的独特性

著作权具备知识产权具有的地域性、时间性和专有性等特质，但网络技术的发展和普及使得著作权的特性发生了变化。随着互联网的不断普及，近年来发生的侵犯著作权的现象逐渐增多，我国网络出现的著作权侵权案件日益增多，而且侵权方式及对象也呈多样化趋势，比较常见的侵犯著作权的方式有以下几种，企业在经营中应注意防范。

1. 将网上作品擅自下载并发布在传统媒体上。

这种行为具体是指未经网络作品权利人许可将网络作品下载并于传统媒体上传播的行为。

2. 未经作者许可，擅自将传统媒体上发表的作品在网站上传播。

即未经原文学艺术等非数字化作品的著作权人许可，将其作品数字化登载于网络上向一切网络用户公开的行为。将原来非数字化的文学艺术作品数字化，无论其采用何种手段数字化都不是创作，不具有独创性，这只是原作品的存在形式和传播方式发生了变化，并不影响原著作权人对该作品享有的权利。

1999 年王某诉北京某通讯技术有限公司著作权侵权案就属于通过网络侵犯传统媒体作品著作权的行为。在该案中，北京某通讯技术有限公司主办的

“北京在线”,未经王某等六作家的同意,将六作家享有著作权的《坚硬的稀粥》《漫长的路》等作品登载在其网站的主页上,从而被法院判决为侵权。

3. 网络链接涉及著作权问题。

链接,又称超文本链接,它是指使用超文本制作语言编辑包含标记指令的文本文件,在两个不同的文档或同一文档的不同部分建立联系,从而使访问者可以通过一个网址访问不同网址的文件,或通过一个特定的栏目访问同一站点上的其他栏目。就技术上而言,网络链接可分为“普通链接”和“深层链接”两种类型。“深层链接”被广泛运用在音乐搜索网站、视频网站或视频聚合平台、内容聚合性 App 等产业。

一些数字音乐平台设置深层链接聚集海量曲库,并对链接进行有目的的选择、整理、编排,甚至会出现特定歌曲指向单一链接且存储版权内容的情况。用户可以在点击链接后不跳转或者不实质跳转被链接网页的情况下,获得被链接版权内容。实际上,深层链接行为为作品的传播提供了渠道和便利,构成帮助侵权,如华纳唱片、正东唱片诉世纪悦博音乐案。

4. 网盘涉及著作权问题。

随着互联网技术的高度普及和发展,网盘服务提供者应运而生,为用户提供内容上传、存储、分享、下载等服务,极大地方便了用户间为个人研究或颀赏目的而使用相关作品。比如百度云网盘。不可忽视的问题是,大量的处于著作权保护期内的音乐、视频、文学等作品毫无限制地通过秒传功能被上传到网盘上,并且通过分享功能进一步造成作品的扩散,侵害著作权人的权利。

三、网络服务提供者的合规管理

网络服务提供者应建立著作权合规管理机制。首先,服务商应建立内部著作权审核机制,构筑自动审查和人工审核的双重门槛;其次,设置专门部门应对权利通知,严格审核受权利人通知的作品;最后,对新建立的商业模式,也应由专业人员进行风险评估。

【案例】全国首例NFT侵权纠纷案

漫画家马千里以“不二马”为笔名,“不二马大叔”为微博名,其创作的“我不是胖虎”(以下简称胖虎)动漫形象是广受用户欢迎,并发展出一系列联名、周边、表情包等衍生作品,“胖虎”形象具有较高知名度。

原告奇策公司成立于2020年6月,经营范围为数字文化创意内容制作服务、创意产品设计、研发等。2021年3月,奇策公司与马千里签订著作权授权许可使用合同,获得马千里创作的“我不是胖虎”系列美术作品的独占性授权,包括著作权财产权和制止侵权等权利。

被告原与宙公司成立于2021年7月,经营范围包括软件开发、技术服务、技术开发;网络技术服务等。原与宙公司负责经营Bigverse平台,该平台是一家NFT数字作品交易服务平台,用户可以在上面发布数字作品,并申请“铸造”拟发布作品的NFT。在“铸造”完成后,用户可通过平台与其他用户进行交易。“铸造”是指用户将图片等资产进行数字化,然后通过区块链技术进行标识的过程。NFT,全称为Non-Fungible Token,指非同质化代币,是用来标记特定数字内容的区块链上的元数据,NFT也是区块链技术下的一个新兴应用场景。

王某是Bigverse平台的注册用户,其上传了名为《胖虎打疫苗》的作品,并“铸造”成为NFT数字作品。2021年12月4日,其他用户向王某支付899元购买作品《胖虎打疫苗》,后于2022年3月4日因“作品涉及搬运”被退款。

奇策公司主张,王某在平台上“铸造”完成并进行交易的作品右下角带有微博水印“不二马大叔”(马千里),根据常理可以判断该作品直接复制于

"不二马大叔"的微博。在此情况下,原与宙公司作为专业平台应知作品存在侵权可能性,其本应对作者及图片来源进行进一步核实,却放任作品发布,未就作品权属来源进行任何检索,属于帮助侵权行为。基于此,奇策公司将原与宙公司诉至杭州互联网法院,并主张经济损失等共计10万元。

杭州互联网法院经审理认为,NFT数字作品的"铸造"流程存在对作品的上传行为,该行为使得"铸造者"终端设备中存储的数字作品被复制到网络服务器;在交易平台上以出售为目的呈现NFT数字作品,作品在被呈现的情况下,该展示行为使公众可以在选定的时间和地点获得作品;当NFT交易平台注册用户支付对价后,即成为平台上公开显示的该NFT数字作品的所有者。因此,NFT数字作品"铸造"、交易包含对该数字作品的复制、出售和信息网络传播三方面行为。

杭州互联网法院在一审判决中指出,一部数字作品的每一个复制件均被一串独一无二的元数据所指代,产生"唯一性""稀缺性"等效果,因此当一件数字作品复制件以NFT形式存在于交易平台上时,就被特定化为一个具体的数字商品,NFT交易实质上是数字商品所有权转移。王某未经许可通过Bigverse平台交易《胖虎打疫苗》NFT数字作品的行为,侵犯了权利作品的信息网络传播权。而该平台在NFT数字作品中直接获得经济利益,且其对平台上交易的NFT数字作品具有较强的控制能力,也具备相应的审核能力和条件,故其应对侵权行为负有较高的注意义务,不仅需要履行一般网络服务提供者的责任,还应当建立一套知识产权审查机制,对平台上交易的NFT数字作品的著作权作初步审查,审查NFT数字作品来源的合法性,确认NFT数字作品"铸造者"具有适当的权利,平台预防侵权合理措施的审查介入时间应当提前到用户"铸造"NFT数字作品之时,否则应承担相应的法律责任。

第五节 著作权许可的合规管理

根据我国《著作权法》的规定,著作权包括人身权和财产权。人身权主要包括发表权、署名权、修改权、保护作品完整权;财产权主要包括复制权、发行权、出租权、展览权、表演权、放映权、广播权、信息网络传播权、摄制权、改编权、翻译权、汇编权以及应当由著作权人享有的其他权利。著作权的邻接权，在我国《著作权法》称为“与著作权有关的权利”，通常是指出版者、表演者、录音录像制作者和广播电视组织对其出版活动、表演活动、录音录像制品和广播电视节目享有的一种类似著作权的权利。另外，《著作权法》也规定了合理使用的情形。

著作权许可，是指著作权人允许他人在一定期限、范围内以某一特定方式行使著作权。被许可的对象一般是著作财产权，少数情况下著作人格权也可以许可他人行使，如许可他人代为发表、许可他人代为修改等。根据许可类型的不同，著作权的许可可以分为专有使用许可和非专有使用许可。在合同没有约定或者约定不明的情况下，视为被许可人有权排除包括著作权人在内的任何人以同样的方式使用作品。但除非合同另有约定，被许可人不能再向外授权。与之相对的，非专有许可是指除被许可人外，著作权人仍保留着本人和授权第三人以相同方式使用作品的权利。为了介绍方便，本节只介绍著作权许可合规管理，对于著作权转让合规管理，可以参考著作权许可内容。

一、著作权许可与转让的区别

著作权转让，是指著作权人将其对作品所享有的部分或全部财产权利在著作权保护期限内转移给他人所有，应当注意的是著作人格权是不可转让的。根据新《著作权法》第 27 条的规定，转让著作财产权的应当订立书面合同，并明确约定作品的名称、转让的权利种类、地域范围、转让价款、交付的日期和方式及违约责任等内容。著作权转让后，受让方便成为被转让部分著作权的权利人，有权以自己的名义独立提起诉讼。

著作权的转让与著作权的许可使用，都是著作财产权的利用或处分，它们都可以使他人得以行使著作财产权中的一部分或者全部。但是，两者存在严格的区别：

1. 著作权转让发生了著作权主体的变更。著作权的许可使用不改变著作权的主体。

2. 在著作权转让关系中，著作权受让人已经成为被转让的著作财产权的所有人,当然有权独立提起诉讼,以自己的著作权对抗第三人的侵犯。在著作权许可关系中,被许可人一般不能独立提起侵权诉讼,往往需要依赖许可人的权利才能对抗第三人,具体权利的行使需要根据许可合同的约定或者许可人的事后授权确定。

3. 在著作权转让中,一旦受让人成为受转让的著作财产权的所有人,原著作权人就无法控制该项权利,因此,受让人当然可以将其权利进行许可或者转让。在著作权许可使用中,许可人可以规定各种条件,如使用期间、使用地区以及使用方式等。被许可人必须遵守这些规定,一旦违反,就会构成违约或者侵权。而且除非合同有明确约定,原则上被许可人不得进行分许可。

二、著作权许可合规管理

使用他人作品应当同著作权人订立许可使用合同,本法规定可以不经许可的除外。许可使用合同包括下列主要内容:(1)许可使用的权利种类;(2)许可使用的权利是专有使用权或者非专有使用权;(3)许可使用的地域范围、期间;(4)付酬标准和办法;(5)违约责任;(6)双方认为需要约定的其他内容。

(一)许可主体方面

著作权许可使用合同主体如果是自然人,因作者发表作品多不使用真实姓名,所以在审查合同主体时,需要审查作者的真实姓名与笔名、艺名、别名是否对应,固定真实姓名与笔名等的对应关系。

被许可方还应重点关注许可方的权属文件是否齐全,是否有权进行许可等。

如果许可方是原始权利人,则重点审查许可方提供的涉及著作权的底稿、原件、作品首次发表的网站平台、合法出版物、著作权登记证书等。

如果许可方的权利来源于第三方的许可,则应审查许可方获得权利的许可链是否完整,如取得权利的合同、符合行业惯例的权利人声明等,最终链接审查到原始权利人。

以权属较为复杂的影视剧为例,实务中常见的影视剧权属证明有:(1)影视剧片头片尾明确标明的权属信息,如"本剧独家信息网络传播权归属某公司";(2)片头片尾的署名,如出品单位、联合出品、摄制单位、联合摄制等;(3)拍摄许可证、发行许可证等证照可以作为著作权权属的参考。

（二）许可方式方面

根据《著作权法》的规定，著作权许可使用方式有两种：专有使用权和非专有使用权。但实务中参照商标权的许可一般有三种：独占许可使用、排他许可使用、普通许可使用。

专有使用权相当于独占许可使用，在许可使用期限内，被许可人有权排除包括许可人在内的任何人以同样的方式使用作品。非专有使用权相当于普通许可使用，在许可使用期限内，被许可人无法排除其他人获得同样的许可。排他许可使用则介于上述两种方式之间，在许可使用期限内，被许可人和许可人可以同样的方式使用作品，但其他人不可以同样的方式使用作品。

首先，关注许可方式在合同中的具体表述。因交易习惯等原因，合同条款常用"独家使用权""独家许可"等非法律概念，诉讼时法院会根据合同内容、合同目的、交易习惯等，结合相应证据认定是否属于专有使用权。因此，为避免出现争议造成不利影响，在许可方式条款中补充对该许可方式的解释说明。例如，"独家使用权。甲方授权乙方以独占方式使用作品，甲方不得再将作品许可给第三方使用或自行使用"。

其次，要关注能否转授权的约定。一般情况下，三种许可方式的被许可人均不得自行转授权给第三人，被许可人转授权必须取得许可。

（三）许可地域（范围）方面

许可使用的地域范围，是指被许可使用的著作权在地域上的效力，即著作权人许可某作品著作权的适用地区等。比如电影作品的著作权人只许可某电视台享有在某地区播放该电影的权利，在其他地区不得播放。又如某小说的著作权人只许可图书出版社在国内发行，不允许向国外发行等，这些都属于著作权许可的地域范围问题，应当在许可使用合同中作出明确的约定，以便被许可人行使其所获得的权利。但在互联网迅速发展的今天，地理层面的地域已经被互联网模糊，被许可方多为互联网平台经营者或者依托于互联网平台经营的商业主体，因此许可范围条款需重点关注被许可的互联网平台描述是否准确、明确。比如区分网站域名范围等。

【案例】超许可范围使用作品

杭州锋线文化信息咨询有限公司(以下简称锋线公司)经授权依法取得电视剧《女人的战争》(以下简称涉案电视剧)的独家信息网络传播权。微软在线网络通讯技术(上海)有限公司(以下简称微软公司)、北京搜狐互联网信息服务有限公司(以下简称搜狐公司)未经许可,通过共同合作经营的网站(网址为 msn. tv. sohu. com)提供了涉案电视剧的在线播放服务。锋线公司以微软公司、搜狐公司侵犯其信息网络传播权,诉至北京市海淀区人民法院。

法院经审理查明,锋线公司已授权搜狐公司可以在"sohu. com"网站中提供涉案作品视频点播或下载等服务,但禁止搜狐公司以"二级域名"方式与其他主体进行合作。如果搜狐公司与其他公司合作传播涉案作品,则该行为不属于授权范围。该案中,被诉行为发生在"msn. tv. sohu. com"域名下,该域名中既包括"msn",亦包括"sohu",这一外在表现形式足以说明该域名下的具体内容系由微软公司、搜狐公司共同经营,故两被告共同侵犯原告信息网络传播权。据此,海淀区人民法院判决微软公司、搜狐公司立即停止侵权,并赔偿原告经济损失 1.5 万元。

(四)许可期限条款

许可使用的期间,是指被许可使用的著作权在时间上的效力。如果受让人超越合同约定的许可期限行使权利,则为一种侵犯著作权的行为。著作权许可应当在著作权的保护期限内。

著作权许可使用合同与著作权转让合同不同,许可使用合同被许可方在许可期限到期后,应停止使用著作权。许可使用期限条款的审查,尤其要识别名为许可实为转让的表述,避免使许可人遭受难以挽回的损失。

三、著作权许可合同主要条款合规审查

(一)瑕疵担保条款

合同仅约束合同相对方,如被许可方因使用许可作品对第三方造成侵权,仍

应对第三方承担侵权责任，而且该种侵权不限于侵犯第三方著作权，可能存在对其他知识产权或其他权益的侵犯，因此在著作权许可使用合同中需要对瑕疵担保条款约定全面。

例如，被许可方在合同中可以约定："甲方保证为乙方提供的作品不违反宪法和法律，不损害公共利益，不涉及色情、暴力、反动、政治等内容，不侵犯任何第三方的合法权益（包括但不限于著作权、商标权、专利权、肖像权、名誉权等）。如甲方违反此保证导致乙方遭受损失（损失的范围包括但不限于赔偿金、律师费、诉讼费以及处理该争议必要差旅费），则上述全部损失由许可方承担。"

（二）适当修改条款

被许可方获得作品许可使用后，需要对作品进行适当修改，使其更接近使用目的，但修改不是乱改。在此情况下，适当修改条款主要关注修改的幅度、修改的程序以及修改后作品的权利归属问题。许可方（甲方）一般可以约定修改后需经甲方（许可方）书面确认同意或者备案。

（三）付酬标准条款

使用作品的付酬标准可以由当事人约定，也可以按照国务院著作权行政管理部门会同有关部门制定的付酬标准支付报酬。当事人约定不明确的，按照国务院著作权行政管理部门会同有关部门制定的付酬标准支付报酬。常见付酬方式包括"一次性付酬""固定费用＋分成""分期付款"等方式。若拟许可作品为文字作品，则可以约定"一次性付酬制""基本稿酬＋印数稿酬"等付酬方式。

（四）合同应约定行政审批义务方和时间节点

影视剧创作涉及行政审批事项较多，由此引发的纠纷也不在少数。

第五章　商业秘密合规管理

我国《民法典》第 123 条规定了商业秘密属于知识产权客体之一，权利人依法对商业秘密享有专有的权利。我国《反不正当竞争法》第 9 条第 4 款规定，商业秘密是指不为公众所知悉、具有商业价值并经权利人采取相应保密措施的技术信息、经营信息等商业信息。其中，技术信息主要包括与技术有关的结构、原料、组分、配方、材料、样品、样式、工艺、方法或其步骤、算法、数据等信息；经营信息主要是指与经营活动有关的创意、管理、销售、财务、计划、样本、招投标材料、客户信息等信息。

商业秘密作为重要知识产权类型，与企业经营发展密切关联。商业秘密保护已经成为企业经营管理的重要关卡。管理和规范商业秘密风险，已成为企业合规管理的重要板块，然而，部分企业仍存有侥幸心理，让“商业秘密”处于“裸奔”状态。

第一节　商业秘密构建的合规管理

商业秘密是企业经营管理的重要无形资产，是企业生产发展不可忽视的重要存在，是创新主体的“安身立命之本”。但是很多企业商业秘密保护意识并不强烈。那么企业如何界定自己的商业秘密范围？确定之后如何采取相应的保密措施？如果识别不当或者采取保密措施不当，都可能会让企业本可以形成的商业秘密，失之交臂。从商业秘密的定义可知，商业秘密的识别与认定主要应从其三大特性予以考量，即价值性、秘密性、保密性。

一、商业秘密范围的界定

商业秘密区别于商标、专利等知识产权的特殊性在于，它既没有注册证书，也没有登记证书，它由企业自己来设权，因此，企业应针对商业秘密的构建，形成合规管理制度，保障企业经营竞争力。企业首先应确定哪些内容可以纳入商业秘密的保护范围，形成相应的合规管理制度。

（一）企业商业秘密保护的范围

商业秘密包括但不限于特定的、完整的、部分的、个别的未披露的信息，以及涉及商业秘密的草稿、样品、模型等。

1. 技术信息，包括但不限于各类产品（包括半成品）的设计、试验结果和试验记录、工艺流程、配方、制作方法、样品（包括模型）、技术数据等。技术信息可以是有特定的完整的技术内容，也可以是某一产品、工艺、材料等技术或产品中的部分技术要素。

2. 经营信息，是指技术信息以外的，能够给权利人带来竞争优势的，用于经营的信息，包括未公开的进货渠道、货源情报、管理诀窍、产销策略、供求状况、产品价格、推销计划、产品市场占有状况、产品市场的区域分布、销售网络、顾客名单、市场调研报告、投标中的方法及标书内容、标底等信息。此外，企业的合同格式、经营计划表、价格协议细节、广告方案、特殊训练方法等也都是企业的经营信息。

（二）商业秘密的秘密性

不为公众所知悉，也即秘密性判定，一般指该信息须同时满足以下两个条件：不为其所属领域相关人员众所周知以及普遍知悉、容易获得。但是，如果该信息是所属领域相关人员普遍知悉或者容易获得的，就不属于商业秘密。如在北京零极中盛科技有限公司与周某侵害技术秘密纠纷案中，最高人民法院认为，不特定公众可以与法院现场勘验相同的方式拆解观察零极公司产品，对无法直接观察的元器件参数、元器件间的连接关系，可以使用数字电桥、数显卡尺、万用表测量获得。涉案技术信息系通过去除覆胶、拆解，使用常规仪器测量可以获得的技术信息，为其所属领域的相关人员容易获得，因此不属于商业秘密的保护范围。

（三）商业秘密的价值性

价值性一般是指有关信息具有现实的或者潜在的商业价值，能为权利人带来经济利益或竞争优势。商业秘密具有的商业价值并不限于其已经实际产生的价值，还包括其可能带来的价值。同时，商业秘密的价值既包括使用该商业秘密给其带来的价值增长，也包括使用该商业秘密为其避免的价值减损或者成本付出。该商业价值可以是对于权利人而言，也可以是仅针对被诉侵权人而言。后者如权利人的失败研发记录，虽然对权利人无商业价值，但可以大大减少竞争对手的试错成本。在司法实践中，对该价值性要件的争议不大，绝大部分的技术信息及经营信息无须权利人刻意举证，一般都会被法院认定具有商业价值。

二、商业秘密的载体

商业秘密本质上属于信息，需要记录在一定的载体上，如图纸、光盘。信息与载体不同，载体是携带和传播信息的媒介，是用于记录、传输、积累和保存信息的实体，包括能源介质的无形载体和实物介质的有形载体。同一个信息载体上可能承载着不同的信息，同一个信息也可能通过不同的载体来保存和传播。

1. 商业秘密载体关系到商业秘密形成时间的判断。

商业秘密载体关系到商业秘密形成时间的判断。对于重要的商业秘密，企业应将原始载体予以固定和封存，避免对信息再次修改而导致商业秘密的形成时间后延。商业秘密形成时间，对于将来的维权非常重要。

2. 商业秘密载体关系保密措施是否得当的判断。

商业秘密存储与传递均需要依托于特定载体，因此商业秘密载体的管理与保密性要件直接相关。企业要确定商业秘密的范围，同时也要确认相应的载体，然后才能对载体采取合理适当的保密措施。但企业使用和保存的信息及载体范围是非常广的，尤其是不同的企业所涉及的信息类型也不同，企业对确认商业秘密载体往往无从下手。

商业秘密载体的接触范围涉及知悉商业秘密的人员范围。如果企业对接触商业秘密载体的人员范围未作限制，或未对接触商业秘密载体的人员约定保密义务或提出保密要求，则该载体承载的信息将存在被认定为未采取合理保密措施，进而被认定为不构成商业秘密的高度风险。

从便于企业管理和利于商业秘密保护的角度来说，企业应定期梳理涉密信息，以其性质最相适应的载体，按不同涉密等级予以存储和管理；定期审查涉密载体的保密状态及接触范围，筛选已过期或损害的涉密载体；收回或销毁离职员工持有的涉密载体等。

三、保密措施

保密性，是指权利人针对技术及经营信息采取了严密的保密措施。企业对于生产经营过程中产生的各类技术及经营信息，及时识别商业秘密，施以合理且适当的管理举措与保护措施。保密措施的方式是多种多样的，例如，制定保密规则，向员工提出保密要求，与员工签订保密协议，对涉密信息载体采取加锁等防范措施，对于涉密信息采用密码或者代码、限定知悉范围、控制接触人群等。

虽然对于保密措施的认定，司法实务层面呈从严到宽的趋势与倾向，但是企业商业秘密合规管理中，采取的保密措施不能脱离技术秘密的载体。

商业秘密权利人所采取的保密措施，不是抽象的、宽泛的，而应当是具体的、特定的、与载体相对应的措施。

【案例】败诉源起保密措施不当

济南思克测试技术有限公司（以下简称思克公司）与济南兰光机电技术有限公司（以下简称兰光公司）侵害商业秘密纠纷一案，思克公司主张保护的商业秘密是其产品 GTR－7001 气体透过率测试仪所承载的技术（包含 6 个秘密点）。思克公司诉称兰光公司利用另案诉讼的证据保全措施拆解了思克公司的 GTR－7001 气体透过率测试仪，从而非法获取了思克公司的商业秘密。

思克公司为证明其主张，提出其所采取的对内“保密措施”有，与员工签订包含保密条款的《劳动合同》和《企业与员工保密协议》，制定并施行《公司保密管理制度》，对研发厂房、车间、机器等加设门锁，限制来访者进出、参观等。对外“保密措施”有，与客户公司签订的《设备购销合同》中约定，“GTR－7001 气体透过率测试仪产品的转让不意味着客户公司取得该产品的任何知识产权,且客户公司需承担确保该产品技术机密信息安全以及不得将技术机密信息提供给任何第三方的合同义务”。另外,思克公司在其 GTR－7001 气体透过率测试仪的特定位置贴有标签,标签载明的“危险! 私拆担保无效!”“SYSTESTER 思克品质保证撕毁无效”等内容。

人民法院经过审理后认为,涉案商业秘密载体为 GTR－7001 气体透过率测试仪,因该产品一旦售出进入市场流通,就在物理上脱离思克公司的控制,故区别于可始终处于商业秘密权利人控制之下的技术图纸、配方文档等内部性载体。签订的《设备购销合同》仅具有约束合同相对人的效力,不具有约束不特定第三人的效力。《设备购销合同》并未限制客户公司对所购买的产品进行处分、转让,故不特定第三人可通过市场流通取得该产品,且不受思克公司与客户公司签订的《设备购销合同》的约束。思克公司在其 GTR－7001 气体透过率测试仪上贴附的标签,从其载明的文字内容来看属于安全性提示以及产品维修担保提示,不构成以保密为目的的保密防范措施。所以,思克公司所主张采取的对外“保密措施”不属于《反不正当竞争法》规定的“相应保密措施”。最终导致思克公司败诉。

四、构建商业秘密的合规管理

企业如何划定商业秘密并进行有效保护?以下我们将从落实保密主体、确定保密机构、建立保密制度、开展定密工作、完善保密措施等方面分别阐述。

第一,落实保密主体。审查商业秘密是属于谁的,即采取保密措施的主体应当是合法拥有该项商业秘密的企业,也就是商业秘密的权利人。现实中,有许多单位的商业秘密不是以本单位的名义采取保密措施,而是由个人或者课题组、车间、班组进行保护。这对于企业是不利的,实务中常出现掌握核心技术或经营信息的员工“跳槽”带走企业商业秘密的情形,而企业因不符合保密要求而在诉讼中处于不利地位。

第二,确定保密机构。企业是否明确了商业秘密保护的职能部门,该部门工作是否有成效。对于企业商业秘密的管理,应理顺体制,加强力量,主要通过行政系统来贯彻,加强对商业秘密管理工作的行政约束力,是否有专业人员参加,以避免不懂业务,非故意泄密。

第三，建立保密制度。审查企业对于商业秘密是否已经制定了必要的保密制度。首先，企业建立健全、有效的保密制度，力求把保密法规具体化；其次，企业构建企业保密工作新机制，在考核奖惩机制上，把保密工作与经济收入挂钩，把管业务与抓保密统一起来，改进保密硬件建设，利用保密技术，使保密工作由虚变实。

第四，开展定密工作。审查商业秘密是否规范了定密工作，即企业是否划分了商业秘密范围、密级和保密期限，对技术信息和经营信息等商业信息划分保密范围，要区分密与非密的界限，核心秘密与一般秘密的界限。商业秘密范围划分方法尚无统一标准，而且由于各企业的商业秘密信息不同、环境不同、保护要求不同，也无法建立统一的识别方法和标准。一般来说，企业可采用列举式、概括式和强制式三种方法，划分出本企业的商业秘密范围。

1. 列举式方法。

列举式方法，就是将企业内符合商业秘密构成要件的信息全部列举出来。实践中，一般由企业内负责商业秘密保护的部门会同各业务部门，对企业的业务流程、岗位职责划分进行深入调查研究，对各类信息产生的形态及其价值和保密要求进行细致分析，形成本企业的商业秘密信息范围清单或商业秘密事项目录。

采取列举式方法，企业各业务部门只需按照目录或清单，对号入座即可完成商业秘密事项的确定和定级工作，适用于组织机构复杂、业务流程相对稳定的大型企业。但是，由于列举式方法需要提前统一编制商业秘密事项清单，前期工作量大、涉及部门多，需要企业最高管理层统筹协调安排。

2. 概括式方法。

概括式方法，就是将企业的商业秘密信息概括性地划分为几个大类，然后规定一个相对科学的商业秘密信息识别和确定标准，企业各个部门依照统一的标准，界定具体的商业秘密事项。

概括式方法不需要编制繁杂的商业秘密清单，各部门只需按照标准自行判定是否属于商业秘密。这种确定商业秘密的方法简便快捷，但由于各部门对标准理解和把握的差异，可能会出现对商业秘密确认不完整、不统一等种种问题。因此，这种确认方法仅适用于规模小、商业秘密资产变化较快的企业。

3. 强制式方法。

强制式方法，就是强制性地把某些信息规定为商业秘密，并统一规定其密级。强制方法仅限于在一定时间内对特殊项目的管理,如项目研发、样品制造、招投标活动、市场推广、商务谈判等。强制式方法把特定范围内的信息规定为商业秘密,甚至把一些不属于商业秘密的信息也提升到最高保护等级,企业在条件具备时应及时解除强制状态,防止保护过度导致的成本浪费。

第五,完善保密措施。采取商业秘密载体相对应得保密措施。商业秘密是一种无形财产,权利人通过保密措施主张权利,通过保密措施进行合理技术垄断。但这种技术垄断与专利不同,不能对抗他人依靠自己的力量开发或以合法途径获得同样的技术。

第二节　商业秘密许可的合规管理

商业秘密的许可使用是商业秘密权利人在一定条件下将其所拥有的商业秘密许可他人使用并得到一定收益。商业秘密的许可使用实质上是权利人在保留该商业秘密的所有权的前提下,向他人转让该商业秘密的使用权的行为。对于权利人而言,以让渡商业秘密的一定限度内的使用权来换取一定的报酬,而对受让人(被许可人)而言,则是以支付一定的报酬来换取在约定的范围内使用该商业秘密的权利。被许可人因使用该商业秘密所得收益归被许可人所有。

一、商业秘密许可类型

商业秘密的许可使用分为以下几种类型:

1. 独占许可。被许可方在约定的期限内,在约定范围内有生产和销售的独占使用权,这种独占权甚至可以约定排斥许可方使用。在这种情形下,许可方仅保留商业秘密的所有权和收益权,自己不能进行生产和销售,也不能许可他人使用。

2. 排他许可。被许可方在约定期限内约定,除了许可方还可以使用商业秘密外,许可方不能再许可第三方使用。

3. 普通许可。被许可方不仅限于一家,在约定范围内可能许可数家或更多家使用其商业秘密。

4. 交叉许可。合同双方相互允许对方以一定条件使用自己的商业秘密,双方受益。

5. 分许可。被许可方除自己可以实施秘密外,还拥有在约定范围内,对第三人有再许可的权利。

6. 混合许可。既包括技术秘密许可,又包括专利许可。这是国际技术转让中常见的情况,因为权利对于某项技术采取了专利保护和商业秘密保护结合的方式。

二、商业秘密使用许可的合规管理

商业秘密使用许可合同不仅存在普通合同的一些基本风险,由于其特殊性,还存在一些特有的风险。

(一)许可主体的合规风险

主体风险是指许可人的主体资格存在瑕疵,从而可能导致许可合同存在无法履行或合同无效的风险,例如,许可主体根本不是商业秘密的权利人或者仅是共有权利的一部分人。而对于被许可人而言,如果并不知晓许可人并非技术的合法权利人而与之签订合同并实施了该技术,则不仅面临着合同无法履行的风险,而且前期的资金、人力等投入均面临损失风险。

因此,在签订技术许可合同之前,被许可人应当进行详尽的尽职调查,以确定许可人确为该技术的合法权利人。例如,可以要求许可人提供技术的开发手册、实验数据等原始资料。同时在许可合同可以约定许可人应当保证自己是所提供的技术的合法拥有者,保证提供的商业秘密不具有权利上的瑕疵,否则应承担法律责任,如应当返还部分或者全部使用费,并应当承担违约责任。

(二)许可客体风险

许可客体风险主要是指被许可的技术存在瑕疵而导致的风险,具体包括以下三点。

1. 许可的技术不成熟。

被许可的技术,特别是较为先进的技术,由于在产业中实施的时间较短,因此有可能出现技术不稳定,成品率低,或者在技术实施时可能会出现安全隐患、环境污染等问题,导致无法实现预定的目标。对于这样的技术,并非不能许可,而是应当在许可合同中就上述情况给予明确的约定。例如,约定许可人对被许可人给予适当的技术指导;约定双方可以就技术存在的问题进行进一步的研发;适当降低技术许可费用;明确问题出现时的责任承担等。

许可合同可以约定许可人应当按照约定提供技术资料,进行技术指导,保证技术的实用性、可靠性,按约定的方式实施技术达到约定的技术指标。

2. 许可的技术侵犯他人权利。

被许可的技术侵犯他人权利包括被许可的技术侵犯他人的知识产权。例如,被许可的技术必须依赖在先的基础专利才能实施,当被许可人实施该被许可的技术时,若不获得基础专利的专利权人的许可,则会侵犯基础专利的专利权。

为避免上述风险,可以对该技术进行检索和分析,以确定该技术是否存在侵权风险,以及是否存在依赖在先基础专利才能实施的情况。或者,可以在合同中拟定知识产权担保条款,例如,如果受让人按照约定使用技术秘密侵害他人合法权益的,由许可人承担责任,以明确问题出现时的责任承担。

3. 许可的商业秘密已经公开。

因为商业秘密因其秘密性而具有价值,一旦被泄露,所有人都可以使用,就失去了其该有的经济价值。商业秘密的公开,除了许可双方的原因之外,也有可能是第三方所导致。对于第三方公开导致商业秘密丧失,也应约定双方权利义务终止的清算条款。

从许可双方来说,为避免上述风险,应约定商业秘密使用许可合同的许可人的保密义务,当然也应约定被许可人的保密义务。另外,技术秘密许可合同的许可人仅仅是将技术秘密许可给被许可人在一定的期限内使用,被许可人仅享有使用权,并没有所有权,因此许可人有权对其技术秘密进行处分,包括申请专利。而专利的灵魂是用公开换保护。申请专利的公开不同于上文中的泄露公开。申请专利意味着商业秘密要被公开,这与保密义务是相冲突的。根据《民法典》的规定,除当事人另有约定除外,保密义务不限制许可人申请专利。

在商业秘密使用许可合同中,可以对许可人申请专利的权利做明确限制,以防技术秘密公开影响商业利益和技术垄断优势。一方面,被许可人可以要求在合同中约定:在该技术秘密许可期间许可人不得申请专利;另一方面,被许可人可以同意许可人在技术秘密许可期间申请专利,但是约定,许可人申请专利后该技术秘密使用许可合同自动转变为独占专利许可合同或者排他性专利许可合同,以此来保障被许可人的技术垄断优势。

（三）许可人的合规风险与管理

商业秘密许可这一法律行为，从许可方本身也可能存在一些风险，如被许可方以许可为名套取技术等。另外，通常而言，被许可人可能拥有更好和更方便的销售渠道，被许可人掌握该技术之后，有可能对实施该技术的周边技术进行改进，从而变为许可人在技术上的竞争对手。下面从权利人角度，针对可能存在的合规风险，提出相应的风险管理建议。

1. 改良技术的归属。

许可人将技术许可给被许可人之后，被许可人必然对该技术进行研究，从而掌握该项技术。被许可人掌握该技术之后，有可能对该技术本身进行改进，也有可能对实施该技术的周边技术进行改进，所以，应在技术许可人和被许可人可以在许可合同中规定改良技术的归属。

2. 技术秘密泄露不能单靠约定。

技术许可行为中，很多情况下都涉及技术秘密的许可。因此，如何确保技术秘密不被泄露，成为许可方一直关注的问题。虽然双方签订明确、翔实的保密协议，或者设置秘密泄露的对价条款。一旦秘密泄露，被许可人将面临巨额赔偿，从而加强被许可人对于技术秘密的保密强度。但是实践显然不能完全依赖于协议，为防止商业秘密的泄露，权利人可以在协议之外，采取一些手段，以达到防止商业秘密泄露的目的。

（1）严格限定技术秘密的知悉范围，并进行分级管理。

只对必须知悉的相关人员告知技术秘密的内容，因此在许可合同或保密协议中约定能够知晓该秘密的具体人员，以便加强这些人员的保密责任。此外，根据秘密的级别，设定分级管理。级别越高的秘密，知晓的人越少，以便尽可能防止最关键的秘密泄露。还可以对接触秘密的人员进行登记，如接触人员信息、接触时间等。

（2）对记载技术秘密的载体严格管控。

除了要保存好物理资料外，更需注意的是电子资料，需要防止电子侵入这种隐蔽的侵权方式。因此，对于物理资料，需要加锁、存在保险箱，对于电子资料，需要设置安全密码。

（3）放缓交付。

在技术许可的洽谈阶段，尽量不将技术秘密交付给被许可人。或部分交付，形成秘密中另有秘密。

(4)秘密分拆。

将一项技术秘密所涉及的技术拆分为若干个单元,分别进行管理,并且限定知晓各单元的人员互不相同,从而尽可能防止秘密被全部泄露。

(5)区域限制。

对于技术秘密的资料存放地点、实施地点、研究讨论地点进行严格管制。即,技术秘密的资料不能带出指定存放地点。对技术秘密涉及的技术实施地点实施封闭。不能在指定地点之外讨论该技术秘密。

(6)秘密混淆。

将多项技术均定义为技术秘密并对其实施保密措施,而实际上这些技术中只有一项或几项是技术秘密。从而使想要不法获取技术秘密的人无法知晓真正的技术秘密,增加违法难度。

(7)对秘密设置标记。

对秘密设置仅许可人知晓的标记。在实施技术秘密所涉及的技术的过程中,在原料、工艺等中特意设置标记,从而使由该技术获得的产品中存在特定标记。一旦技术秘密泄露,在取证过程中,可以根据该标记确定其是否实施了该技术。

(8)将技术秘密进行半成品化或成套设备化。

不将技术秘密涉及的技术告知被许可人,而是将该技术固定和隐藏在半成品或成套设备中。这样一来,被许可人很难确切知晓技术秘密中的具体技术,从而减少技术秘密泄露的可能性。

三、特许经营中商业秘密的合规管理

在特许经营活动中,特许人将自己所拥有的知识产权如商标、商号、产品、专利和专有技术、经营模式及其他营业标志授予被特许人,同时有权收取被特许人一定费用。因此,在特许经营活动中,必然伴随着商业秘密的授权和使用。商业秘密在特许经营法律关系中具有特殊地位,因为,被特许人在特许经营活动中,必然会知悉并使用特许人的商业秘密,特许人有义务将相关商业秘密交予被特许人使用,此时商业秘密的权利人将会无限扩大自身风险。另外,在特许经营法律关系中的商业秘密的客体形态呈现多元化的特点，在商品型的商业特许经营模式中，秘密配方和加工方法等是商业秘密的最主要表现形式；在经营模式型的商业特许经营模式中，商业秘密是除了产品的配方和加工方法外，还表现为营销计划、经销策略、商业数据和服务方式。

被特许人在商业特许经营关系中既享有使用商业秘密的权利，同时又有履行保护商业秘密的义务。以下我们将从特许经营关系的开始阶段、冷静阶段、存续阶段以及结束后阶段来介绍特许经营中商业秘密的合规管理。

1. 特许经营活动开始阶段，核心工作是披露和保密。在特许经营关系中特许人和被特许人之间往往存在信息不对称的情况，鉴于合同及相关营销计划、经营策略、商业数据及服务方式等都是由特许人自行制定的，潜在被特许人对于特许人的实际情况并不了解，在特许经营关系中处于一种弱势地位。因此，在商业特许经营关系中，被特许人在特许经营关系开始之前有权要求特许人进行初始信息披露。初始信息披露制度是指特许人按照法规或者政府规章，向特定潜在的被特许人事前提供相关特许经营合同、特许经营资源信息以及其他相关的重要信息等。我国对于特许人向潜在被特许人履行的初始信息披露义务属于法定义务，而不是约定义务。根据《商业特许经营管理条例》第 22 条要求，特许人必须向被特许人真实披露包括特许人经营状况、知识产权、服务条件、特许经营费用、指导和督导办法、现有被特许人数量和经营情况以及近 2 年财务报表和 5 年内特许经营相关诉讼和仲裁情况等 12 项内容。当出现特许人不真实、不充分和不准确履行该义务的情形，特许人对此就应当承担法律责任。

与此同时，为了防止被特许人的侵权行为，《商业特许经营信息披露管理办法》第 7 条第 1 款要求特许人向被特许人披露信息前，有权要求被特许人签署保密协议。也就是说被特许人须在签署保密协议的前提下，才可以获得特许人的相关商业秘密信息。即使最终双方未形成特许经营关系，潜在被特许人也必须对特许人的商业秘密予以保护，不得告之他人其商业秘密，也不得擅自使用特许人的商业秘密。

2. 特许经营活动冷静期的保密措施。《商业特许经营管理条例》第 12 条规定，特许人和被特许人应当在特许经营合同中约定，被特许人在特许经营合同订立后一定期限内，可以单方解除合同。这就是通常所说的“冷静期”。但是条例中对于“冷静期”的时间长短并没有特别指定，所以为了保护自己的利益，特许人往往会将“冷静期”定得比较短，因此被特许人要利用好这段时间，对于是否存续特许经营关系有明确的考量。在此期间，被特许人可以享有单方面解除合同的权利。双方合作是不稳定状态，所以，企业应加强商业秘密的保密措施。

3. 特许经营活动存续阶段，就是商业秘密使用问题。在特许经营关系存续阶段，保密协议仍旧是商业秘密保护的重要基础。特许经营存续阶段主要存在如下形式的商业秘密类型：(1)特许经营手册；(2)商业计划和战略信息；(3)产品资源、配方及菜单；(4)客户和供应商资料；(5)计算机软件和专有技术等。特许人必须按照合同义务，对于这些商业秘密予以信息披露、培训指导。被特许人在此期间有权使用商业秘密。

依照《民法典》和《保密协议》相关要求，被特许人在特许经营关系存续阶段必须履行法定义务，不得擅自将其知晓的特许人商业秘密泄露给第三方或向公众公开或擅自许可他人使用。特许人在合同存续阶段往往还会通过竞业禁止条款来限定被特许人在加盟店以外的场所从事相同或相似的经营业务。特许人为了维护商誉，会对被特许人进行的经营活动进行监督，被特许人也要以积极的态度面对特许人的监督行为，保护并利用好特许人的商业秘密。

4. 特许经营活动结束后的商业秘密管理工作。特许经营合同的转让、终止或解除即意味着特许人和被特许人之间已经不存在特许经营法律关系了。此时，被特许人对于特许经营中涉及的商业秘密就不再享有使用的权利，被特许人必须履行其后合同义务，包括安全处理特许人连锁店铺的物品、宣传品和各种设备，对于各种操作手册要妥善处理和承担保密义务。

(1)返还、销毁义务。

第一，在特许经营关系终止时，被特许人有义务返还特许经营手册、特许经营商业计划、特许经营产品制作程序、配方及菜单、客户和供应商资料等以书面形式为载体的商业秘密。第二，在特许经营关系终止时，被特许人有义务删除特许经营活动中的计算机软件系统商业工具。

(2)竞业禁止限制。

特许人为了保护自己的合法权益，往往会和被特许人签订竞业禁止条款，被特许人在特许经营合同终止之后的一定时期和地域范围内不得从事相同或类似的经营业务。

第三节　商业秘密保护的合规管理

我国企业的商业秘密保护意识不强，许多企业不重视保护自己的商业秘密，没有将商业秘密作为一种财产权的意识，因此对于商业秘密保护力度不够。在激烈的市场竞争中，保密工作的重要性更加突出，技术、经营秘密等商业信息能否保住，将直接关系到企业的生存和兴衰。商业秘密一旦被透露将永远失去，就像瓷器，被打破后将意味着永远失去，不能重新修复，所以建立完善的商业秘密保护制度，严格保护商业秘密显得特别重要。

也有许多企业从经济发展中逐步感到，商业秘密就是财富，他们重视企业商业秘密的保护，且制度严格，措施严密，但是企业在构建了商业秘密之后，那么如何进行保护呢？这就需要企业对商业秘密进行相应的合规管理。商业秘密保护的合规管理，很多管理的内容与构建时相差无几，因为商业秘密的构建过程也是保护的过程，保护过程也是构建的过程，相辅相成。下面介绍的内容，可能与构建的部分内容有所重复，但是，介绍的重点是在企业已经构建商业秘密之后，对商业秘密如何保护的合规管理。严格来说，主要是介绍保密措施的合规管理问题。当然，商业秘密保护合规管理，除了对企业自身的商业秘密进行合规管理，也包括防止对他人商业秘密侵犯的合规管理，特别是劳动用工等方面的防范，否则会给企业的发展带来灭顶之灾。

一、企业在商业秘密保护存在的问题

商业秘密已然成为现代企业的核心竞争力，但是商业秘密的保护又面临诸多困境。如果企业自身的商业秘密保护意识和能力薄弱，更会让商业秘密的保护雪上加霜。目前我国企业在商业秘密的保护上主要存在以下几个方面的问题：

1. 商业秘密保护意识淡薄。

企业对商业秘密保护范围没有明确的认识，谈不上商业秘密保护意识和保护能力。很多企业员工入职时没有保密教育，工作中没有保密培训，离职时没有

保密警示,以至于员工对日常工作接触的是不是商业秘密都不清楚。对外方面,对商业秘密载体缺乏系统有效的保护。

2. 商业秘密管理组织缺位。

虽然多数企业都有机构或人员负责商业秘密管理,但设立专门管理机构的并不多,多数是由法务人员和普通员工兼职,且管理多流于形式。有的根本没有配备管理人员,处于放任状态。

3. 商业秘密管理制度不健全。

许多企业没有制定系统的商业秘密保护管理制度,而是散见于不同的管理文本中。部分企业甚至从未与员工签订过保密协议,或者在劳动合同中规定保密条款,保密宣传教育的力度不够,员工根本不知悉。保护措施不力、管理松懈。

4. 商业秘密保护手段失当。

有的企业对商业秘密的范围认识不全面,认为商业秘密局限于技术秘密,不包括经营信息。有的对商业秘密的构成要件不清楚,在宣传公告中没有事先的保密审查,直接导致技术信息丧失秘密性。另外,"使用公开"仅涉及产品的尺寸、结构、材料、部件的简单组合等内容,进入市场后相关公众通过观察产品即可直接获得。"使用公开"会导致保密信息"丧失非公知性"。

通过反向工程获取商业秘密不属于"以不正当手段获取商业秘密"。不同于一般性的保密措施,此处强调权利人实施的具体针对反向工程的防护措施,该种措施应当能够达到防范本领域常见反向工程的能力。如保密信息属于某机械的内部结构,权利人虽将该结构封包焊死,但如本领域技术人员使用红外透视设备即可轻松观察获得,则应当认为权利人未采取合理的防止反向工程的措施。技术在不断发展,反向工程的能力相应增强,因此权利人的防护措施也应与时俱进。如果无视技术发展采用简易的保密措施,致使易于为反向工程破解,显然应当构成"使用公开"。

5. 新技术带来的新问题越来越突出。

在信息化办公水平提高的同时,新技术带来的商业秘密泄密问题也越来越多,电子化泄密成为商业秘密泄露的重要方式。在各种泄密方式中,电子邮箱发送、U 盘拷贝、微信群等成为新的泄密途径。

6. 缺乏商业秘密风险合规管理。

企业对于他人的商业秘密的防范意识严重不够,缺乏合规管理措施。员工利用职务之便在工作中获取企业的商业秘密，离职时携带企业商业秘密跳槽、利用企业的商业秘密开展同业竞争的案例时有发生，已构成侵犯企业商业秘密的典型形式。

【案例】两次 IPO 生波折源起“商业秘密”

汉弘集团全称为深圳汉弘数字印刷集团股份有限公司，是一家以数字喷墨打印技术为核心，集研发、生产、销售、售后服务于一体的工业数字印刷综合解决方案提供商，曾在 2020 年申报 IPO 上市，但因为知识产权纠纷等原因，主动撤回了 IPO。2021 年 10 月，汉弘集团“卷土重来”，开始向创业板发起冲锋，并于 2021 年 10 月在深圳证监局重新开始上市辅导备案。而汉弘集团旗下深圳市汉拓数码有限公司（以下简称汉拓数码）核心技术员工构成侵犯商业秘密罪，或再一次对汉弘集团的 IPO 造成冲击。

汉弘集团旗下的汉拓数码成立于 2010 年 5 月，注册资本 100 万元，是一家专注于工业级数码打印设备研发与制造的高新技术企业。2010 年 7 月初，在第十二届（广州）国际建筑装饰博览会上，深圳市润天智数字设备股份有限公司（以下简称润天智）发现汉拓数码的产品“弘图 HT2512UV 数码打印喷绘机”与润天智的产品“PP2512UV”平板喷绘机在功能、结构、软件界面各方面几乎完全一致。而此时，汉拓数码成立时间仅 2 个月。

在汉拓数码推出“弘图 HT2512UV 数码打印喷绘机”的前一年，也就是 2009 年 11 月，润天智的核心技术员工赵某发离职，加入了汉拓数码。随后，2010 年 1 月，润天智另一名技术人员李某刚也提出了离职申请，加入了汉拓数码。

赵某发、李某刚在润天智任职期间，曾参与润天智主力产品 PP2512UV、PQ512 等型号平板喷绘机的研发工作，接触并掌握润天智的核心商业秘密。赵某发、李某刚从润天智离职后，共同加入深圳市汉拓数码有限公司，将其掌握的商业秘密披露、提供给汉拓数码。汉拓数码将润天智公司商业秘密运用在其 HT2512UV 平板喷绘机上，长期生产、销售侵权产品并获取巨额利益。2011 年 5 月 10 日，润天智向深圳市公安局举报赵某发、李某刚等人侵犯商业秘密的犯罪事实。

2021年11月18日，深圳市龙岗区人民法院作出(2020)粤0307刑初3076号刑事判决，判决被告人赵某发、李某刚犯侵犯商业秘密罪，判处有期徒刑3年，并处罚金人民币500万元。

二、保密措施的合规管理

企业应根据经营规模，设置商业秘密合规管理部门或者岗位统一管理商业秘密。商业秘密合规管理部门或岗位应当吸纳法律、研发、生产、销售、财务、人事等部门的相关人员。商业秘密合规管理部门或岗位负责组织开展商业秘密的评定、确定和调整商业秘密的范围、制定和更新商业秘密保密制度、开展商业秘密日常管理、组织保密教育培训和保密检查、查处泄密事件等工作。如果企业规模有限或能力有限，也可考虑指定专门人员负责商业秘密合规管理工作。

用制度保护商业秘密，是法律认可的保护商业秘密的重要措施，也是现代企业管理的重要内容。首先要明确商业秘密保护体系的总的设计思路，一般根据"业务谁主管、保密谁负责"的思路设计企业商业秘密保护体系；其次针对人、物及技术制定专门的管理制度。保密措施基本要求企业实施的保密措施应当是明确的、明示的，并能够具体确定企业所拥有的技术秘密的范围、种类、保密期限、保密方法以及泄密责任。

实施保密措施应当以留痕为原则，即企业员工接触涉密信息应当留有痕迹，具体包括涉密纸质材料的存放，应设置于专门场所并登记进出人员信息；涉密电子资料应保存于公司系统中，并设置高级秘钥、记录登录历史。

商业秘密保密措施的合规管理应该全面考虑对内和对外两个角度，对内建立完善的保密制度。对外完善合作保密条约，确保商业秘密不通过第三方途径泄露。

(一)商业秘密对内保密措施合规管理

内部管控的重点为人员、载体、设备和区域四个方面：

1. 人员管控。

人员管控需要重点关注入职、在职和离职三个环节：

(1)入职。

对于新入职的员工，除审查其与前用人单位的劳动关系解除情况外，还应审查其是否掌握或接触前用人单位的商业秘密,要求可能接触到前用人单位商业秘密的员工作出不侵权承诺。另外,可以根据商业秘密清单确定拟招聘人员是否属于涉密岗位,如属涉密岗位应对涉密人员进行保密事项提醒,告知其有保护企业商业秘密的义务,并提醒其应保护其前雇主的商业秘密。建议对涉及重要商业秘密人员,要求其作出知悉承诺或签署保密承诺书。企业还应与新入职员工签署保密协议,约定保密范围、双方的权利义务、违约责任等。此外,还应对新入职员工进行保密培训,以确保其理解企业商业秘密管理相关规定,理解其岗位的接触权限、保密责任,建立保密意识。

(2)在职。

企业应制定保密制度并交付给每个员工并组织培训活动,保留交付和培训的记录作为证据。除了日常商业秘密管理培训,重点在于岗位发生调整后,应督促岗位变动员工做好保密材料交接工作,对员工重新划分接触范围与层级,及时做好涉密接触权限的调整,并做好脱密期管理工作。

(3)离职。

企业应对离职员工进行脱密处理。在离职环节,企业应妥善办理员工离职手续,包括:①指定专人做好资料文件、图纸及设施设备的交接工作,签署交接清单,明示离职员工不得复制、拷贝、毁损,对电脑等设备进行清查,对涉密载体及复制品、相关物品进行盘点,要求声明不再拥有任何与商业秘密相关的载体;②离职面谈,告知员工负有的保密义务,以及其他约定或法定的注意事项,需确认是否已签署保密协议,如未签署需补签,评估是否需要履行竞业限制协议或与其重新签署竞业限制协议;③对邮箱、研发系统、办公系统账号进行清查关停,回收并注销离职员工所有的域名、应用系统、网络系统、门禁系统账号或访问权限,及时通知与离职员工有关的供应商、客户、合作单位等;④核心员工离职前对其电脑等设备进行审查,核查商业秘密是否被前员工删除、销毁及是否有对外泄露、发送商业秘密的痕迹;⑤普通员工离职前核查其是否可能参与核心员工主导的泄密事件。

2. 涉密载体的管理。

商业秘密的载体,是指以文字、数据、符号、图形、图像、声音等方式记载商业秘密的纸介质、磁介质(包括计算机硬盘、软盘、U 盘、移动硬盘、磁带、录像带等)和光盘等各类物品,也就是商业秘密的表现形式。对于涉密载体的管理,企业应根据涉密载体的性质、功能、作用等制定涉密载体管理制度。制度内容应包含涉密载体的保护要求,建立涉密载体台账,由专人负责管理,实施涉密载体的制作、收发、传递、使用、复制、保存、维修、销毁的全生命周期管理。对于商业秘密载体的管理保护措施,大致可分为以下五个方面:

(1)完成定密工作,确定了商业秘密的范围、内容、知悉人员等事宜后,必须对商业秘密的载体加以标识,以起到告知、警示的作用。

(2)按照商业秘密的作用、密级、接触人员的范围等不同标准,将商业秘密载体交给不同的管理人员。相关管理人员填写《商业秘密信息表》《商业秘密载体移交记录》等表格、文件。

(3)管理人员须将载体存放在安全保密的场所,如设置专门放置商业秘密文件、资料的保险柜等。对于储存有商业秘密文档、数据的计算机,应采取不联网、设开机密码、文档密码等措施加以保密。

(4)商业秘密载体的使用可分为查阅、复制和借阅三种。分别应经批准、登记方可进行。

(5)商业秘密载体管理员应经常对相关载体、设备进行清点、整理和维护、销毁。

3.设备及信息系统管理。

对于涉密计算机,企业可采取的管理措施包括:指定专员管理涉密计算机,处理硬件配置及维修报废等事宜,禁止员工私自处理涉密计算机硬件配置;对操作系统及办公软件等设置专用登录账号及密码;禁用或限用涉密计算机及外接设备的移动数据传输功能和音视频采集功能等。

对于智能手机,企业可采取的管理措施包括:涉密区域内应当禁止录音录像和设置热点,或视情况禁用个人智能手机;对于存有商业秘密信息的设备及软件等,应当禁止个人智能手机接入;禁止个人智能手机接入企业涉密网络等。

对于账号及权限,企业可采取的管理措施包括:指定专员管理涉密信息系统的访问权限;当出现权限到期、人员离职或项目变更等情形时,应及时回收或变更相应权限;保留权限管理的记录日志,定期检查用户访问权限,检查权限管理是否存在漏洞等。

对于软件,企业可采取的管理措施包括:统一安装并管理办公软件;使用具有关键字过滤、外发邮件审批等保密功能的企业邮箱;使用并定期检查加密软件，排查软件漏洞；禁用或限用外部即时通讯工具、网络硬盘等通过网络对外传输文件的软件等。

4. 涉密区域管理。

确定涉密部门或区域。企业应根据商业秘密信息产生、使用和保管的实际情况，确定涉密的核心部门或者区域。如采取涉密区域、内部办公区域、外部接待区域三级分区，并采取物理隔离措施，非经审批不应允许外部人员进入内部办公区域或涉密区域。在企业内部通报分区，并采取必要的监控、限制访问措施，如接入涉密网络、电子监控报警、使用人员身份识别系统等。

（二）商业秘密对外保密措施的合规管理

外部管控的重点为对外信息发布、商务活动、技术合作等环节。建立信息对外发布的管理制度，明确信息对外发布的保密审查程序、责任部门及责任人。

1. 商务活动管理。

一方面，在商业交流活动中，应当尽量避免外来人员访问涉密区域、接触涉密载体。因商业利益的必要而需要披露涉密信息或允许外来人员访问涉密区域时，应当在披露前要求外来人员签署保密承诺、留存访问记录。另一方面，在磋商阶段及合作期间均应与合作商签署保密协议，以“列举＋兜底”的方式约定保密信息内容。保密期限可根据具体情况约定为合作期间及合作结束后一定期限内，或约定为直至相关信息进入公知领域。

2. 公关管理。

企业在接待来宾时，首先应对外部人员进行身份标识。一般而言，外部人员不得访问涉密区域，如存在访问涉密区域的特殊情形，应经审批并进行登记，并告知禁止录音录像，并安排专人全程陪同。企业应明示来访人员，勿进入标注有特别警示标记的区域或者接触标注有密级的文件，必要时要求来访者签订保密协议。

企业在参加技术交流会、成果论证会、技术鉴定会时，应当避免展示核心技术资料，确有必要展示的，应当将有关材料标注密级，指定特定的会议人员接收和返还，并和与会人员、鉴定人员签订保密协议。另外，企业应当核查研发人员发表专业性文章、出版著作以及相关讲演等的实质性内容，尤其限制涉及核心技术的研发思路和具体描述。

企业在参加各类展览会、成果展示会时，应当避免披露涉及商业秘密的信息或者可能泄露商业秘密的资讯、信息、资料、图片以及易于直观目测、分析的设施、设备等。

3. 追踪商业秘密的外部流通。

企业在对外开展采购、销售、委托制造、技术合作等业务活动中,应注意将涉密信息予以加码处理或采取签订书面保密协议的方式降低泄密风险,并在业务开展过程中注意泄密信息的使用、流转情况。在对外开展技术合作开发或委托技术开发过程中,应与对方签订保密协议,明确商业秘密的归属、商业秘密争议处理方式及责任承担等内容。

商业秘密合规管理是企业合规管理体系中的重要组成部分,完备的商业秘密保护体系可为企业知识产权保驾护航,稳定获取经济利益。一旦企业商业秘密遭到泄露或侵犯,除通过本书所述保密措施及合规管理手段积极收集证据外,还可以请求法院采取保全措施,及时止损;必要时也可以寻求刑事救济,通过配合公安机关调查,最大限度维护自身权益。

三、商业秘密保护的其他措施

保密措施是保持、维护商业秘密的秘密性手段,也是诉讼中权利人得以主张商业秘密法律保护的前提。如果权利人自己都怠于保护自己的商业秘密,则法律更无对其予以救济的必要,因此每个企业均应重视商业秘密保密制度的制定和执行。因商业秘密具有易扩散、易转移,以及一经公开永久丧失等特点,因此,企业还可以考虑以下方式,对商业秘密进行保护。

1. 商业秘密保护与专利保护相结合。

专利申请获得授权以公开技术信息为前提条件,而作为商业秘密保护的技术信息则要求具有不为公众所知悉的秘密性特征。商业秘密保护和专利保护都是企业保护自己知识产权的方式和手段,企业可以根据具体保护的内容,选择不同的方式。相对而言,专利保护是用公示权利的方式,被侵权时维权手法比较简单,容易操作,缺点是容易被侵权。商业秘密是不公开的,不容易被侵权,但是缺点是,发生侵权的情况比较难以证明,操作难度较大,很多情况下要借助刑事案件的侦查手段来取证才能获得法律支持。

多数企业会同时采取专利保护与商业秘密保护相结合的方式,具体有以下方式供参考：

（1）先以商业秘密保护，后申请专利保护。

对于尚未成熟的技术，企业可以先以商业秘密的形式暂时加以保护，等到时机成熟或认为有必要时才转而申请专利保护。另外，企业通过对使用时间的固定，即使他人申请了专利，也可以作为先用权抗辩的重要证据。

（2）以商业秘密为主，专利保护为辅的保护。

技术成果所有人可以就发明创造的大部分内容选择商业秘密保护，仅就配套技术的某一个环节或某个配件申请专利。商业秘密一旦泄露，他人仍不能完全应用此技术生产出成套完整的产品，或仍需与商业秘密的所有者签订专利许可合同，才有可能生产出配套产品。

（3）以专利保护为重心的商业秘密保护。

在满足申请专利的基本条件情况下，在专利申请中故意隐藏或修改核心技术参数。这些故意隐藏或修改的核心技术参数作为企业的商业秘密。

（4）以商业秘密为重心的专利保护。

对一项技术成果的大部分内容申请专利保护，仅就其中最为核心的某一部分以商业秘密保存下来。通常是将最不易破密或最难得知的技术、方法或数据作为商业秘密，而且这一商业秘密往往是必不可少的，或一旦少了它就达不到最佳效果。

2. 保密制度与技术措施控制结合。

例如，加强对企业电脑、内部局域网中商业秘密的管理，如给电脑加密、拆除电脑的 USB 接口、涉密计算机不联网等措施，防止文件、资料被非法复制、窃取。研究人员开发的成果并不在本地的计算机上。任何从该服务器发出的信息都是有备份的。

3. 产品开发中软硬件结合方式。

对于易被竞争者以反向工程解构的产品，在设计上要增加反解密措施，防止产品中的商业秘密被轻易地发现。例如，华为 70% 的成果都是软件，但华为依靠专用设备，将软件跟硬件捆绑，提高了侵权门槛。

4. 分项目、分地域进行研发过程控制。

对于研发项目进行拆解，分成不同项目或由不同地域的多个团队进行研发，然后由另外团队进行组合。

5. 特殊记载措施。

有些高技术公司的机要文件采用特殊用纸及墨水,使秘密文件无法用一般影印机复印。有些企业甚至用自创的特定语言密码记载文件内容,来避免其商业秘密被窃。

6. 对商业秘密的载体加以隐藏。

企业通过如将产品的配方以颜色、代号等进行标记,使侵权者即使获取了载体,依然无法了解产品的成分。此外,还可以使用虚实结合、真假难辨、声东击西等策略进行商业秘密的自我保护。

7. 商业秘密与商标相结合的方式。

如果商业秘密被公开或者其他竞争者依法获得同样的商业秘密,对企业来说,无疑是致命的打击。企业可以考虑将商业秘密与商标相结合的方式,即便商业秘密失去了竞争力,企业通过对商业秘密一段时间的垄断,同时又使用商标作为保护手段,商标也形成了一定的竞争力,这种组合方式,可以继续维护企业的核心竞争力的地位不被动摇。

【案例】可口可乐的商业秘密与商标组合保护

可口可乐(Coca-Cola,Coke)是全球最大的饮料厂商之一。1886 年可口可乐在美国乔治亚州亚特兰大市诞生。可口可乐公司(Coca-Cola)的真实配方是一个受到严格保护的商业秘密。这种饮料的生产过程中使用了一种叫作“Merhanz -7”的特殊物质。这种物质是一种能让人产生兴奋感和愉悦感的化学物质。这也正是可口可乐成功之道之一。我们都知道这种饮料是苏打水、烧糖、磷酸、咖啡因,其中 1% 的成分神秘兮兮地称为“Merhandiz -7”,只有少数雇员知道它的化学成分。

可口可乐最关键的配方没有申请发明专利,而是采用了一种特殊的知识产权——商业秘密的形式进行保护,而商业秘密的保护没有期限。可口可乐的配方被保存在亚特兰大一家银行的保险库里。它由三种关键成分组成,这三种关键成分分别由公司的 3 个高级职员掌握,三人的身份被绝对保密。为了保护可口可乐的秘方,可口可乐公司还专门建立了一座保险库,将配方放入其中。这座保险库同时需要这 3 个人的指纹才能打开,缺一不可!

可口可乐在世界各地都有生产和销售，在中国也有自己的生产基地，但有一点，可口可乐最重要的原浆都是在美国国内生产出来的，然后再运到世界各地的工厂进行稀释装瓶，以保证配方的绝对安全。

可口可乐的配方一旦公布，很容易模仿，也不需要复杂的设备就能实现，侵权门槛很低，所以公司选择了保密配方，这是比较适合这种产品特点的保护方式。

有研究机构曾经将可口可乐和百事可乐放在无商标的瓶子里，进行盲测试验。结果消费者的识别率不足10%。虽然秘密配方中那出名的几种味道，曾经是吸引顾客的重要原因，但秘密配方之说在实质上的确没有多大的意义。成功的真正秘诀在于这个产品“可口可乐”商标。可口可乐公司经过非常成功的运营，以良好的商业信誉和商品质量赢得了世界知名的商标品牌，而且商标专用权的保护可以申请续期。可口可乐公司就是充分利用知识产权制度这把保护伞，使其商业秘密和商标品牌成为公司的巨大无形资产，从而支撑着可口可乐100多年长盛不衰。

8. 匿名采购。

生产制造企业生产产品要依赖各种原材料、零部件等，因此要与外界的原料、零件供应企业发生经常性的业务联系。企业的采购者有可能被供货企业有目的地诱导出各种原料的用途、数量、产品供应对象等商业秘密。为了弥补这一漏洞，有些企业或其职工在采购重要物资时，经常以假名或匿名从事交易行为，以避免采购者受到人情或者其他不利因素的干扰，避免外部供应企业知悉商业秘密所有人及其如何使用此类物资等企业秘密。

四、商业秘密合规管理的相关协议

商业秘密管理制度以一系列商业秘密制度性文件及相关协议为载体。企业须结合特定情形与商业秘密所涉主体签订相关协议，包括与员工签订保密协议及竞业限制协议、与其他企业或组织签订商务合作保密协议、签订技术秘密合同等。在实际侵权诉讼案件中，这些协议可有效地对抗被诉侵权人可能主张的反向工程抗辩理由。

(一)保密协议

企业签订的保密协议主要分为与员工签订的保密协议及与其他企业、组织签订的商务合作保密协议。

与员工签订的保密协议。企业可以在劳动合同中约定保守商业秘密和与知识产权相关的保密事项,也可以单独与员工签订保密合同。保密协议的签订对象以接触商业秘密的人员为主,一般为正式聘用的员工,也包括特邀的技术人员、技术顾问、离职或退休人员以及为特定技术项目的研发的合作人员等。

与其他企业或组织签订的商务合作保密协议。企业作为商业秘密权利人或合法持有人在市场交易或者经营过程中,与任何交易人之间应当签订保密协议,包括供应商、经销商;会计师事务所、律师事务所等可能接触商业秘密的中介服务提供者以及技术鉴定、评估、评审等机构均负有保密义务。保密义务不确定、不明确时,也应当签订《商业秘密保密协议》或《尽职调查保密协议书》。

(二)竞业限制协议

竞业限制,是指企业与知悉商业秘密实质性内容的员工签订协议,约定员工在离开本单位后一定期限内不得再生产同类产品或者经营同类业务,在有竞争关系或者其他利害关系的单位从事与原单位任职相同或者类似的工作,或者自行生产、经营与原单位有竞争关系的同类产品或者业务,企业以向员工支付一定数额的补偿金为代价,限制员工的就业范围,以防止原单位商业秘密泄露的一种预防措施。

竞业限制协议的签订对象包括与企业签署了劳动合同的,知悉或接触商业秘密的高级管理人员、高级技术人员或其他负有保密义务的员工。竞业限制协议可以在签订劳动合同时签订,也可以在员工任职期间、离职或退休时签订。

(三)技术秘密合同

企业签订的技术秘密合同可以分为技术开发合同、技术转让合同和技术许可合同。企业利用商业秘密提供技术服务或技术咨询的,参照技术服务合同和技术咨询合同的规定。对于技术秘密合同,企业应当注意在合同中增加保密条款或另行签订保密协议。

第六章　重点环节知识产权合规管理

企业在促进创新,加强知识产权保护的同时,预防不侵犯他人知识产权,亦是知识产权合规管理的重要内容。所以,知识产权的合规管理,不仅局限于知识产权的获取、运用和维护等的合规管理,也包括如何防范侵犯他人的知识产权风险的合规管理。本章以企业重点环节介绍企业知识产权合规管理问题,但是立脚点转变到非知识产权权利人角度,具体阐述非知识产权的权利人如何合进行规管理,预防侵犯他人知识产权风险。但是,这不表示企业在这些环节不需要重视自身知识产权的合规管理。因为本书已经从知识产权客体的角度介绍了各知识产权的合规管理,所以在本章中就不重复介绍了。

第一节　企业设立环节的知识产权合规管理

设立登记是指将企业设立的相关事项,提交企业的登记注册机关,由企业的登记注册机关依法审查、核准后,颁发营业执照的过程。

一、企业名称的知识产权合规管理

企业名称主要由四部分构成,具体是行政区划 + 字号 + 行业特点 + 组织形式。随着经济发展,企业名称登记"预先核准"已难以适应营商环境的需要。根据 2021 年 3 月 1 日起施行的《企业名称登记管理规定》,企业名称登记由预先核准变更为自主申报,申请人通过名称申报系统等,提交有关信息和材料,查询、对比、筛选拟定的名称,选取符合规定的名称,并承诺承担因名称近似而导致的法律责任。

(一)将他人注册商标作为企业字号的风险

实践中,企业名称的登记机构在各地的工商行政主管部门,而商标的注册机构是国家知识产权局商标局，二者由不同的部门来办理，因此企业名称与他人注册商标名称相同或近似的事情时有发生。

不正当地将他人具有较高知名度的在先注册商标作为字号注册登记为企业名称，即使规范使用仍足以产生市场混淆的，会按照不正当竞争处理。如果是不规范使用企业名称，在相同或者类似商品上突出使用与他人注册商标相同或相近的企业的字号，容易使相关公众产生误认的，属于给他人注册商标专用权造成其他损害的行为，会按照侵犯商标专用权行为处理。

为避免企业名称与他人注册商标专用权冲突，应当事先进行商标查询，慎将他人注册商标作为企业的字号使用。同时，为有效保护企业名称中的字号不被他人注册为商标，企业名称注册后及时在相应类别中将字号申请商标注册。

【案例】“饿了么”起诉“饿了吗”

原告拉扎斯网络科技（上海）有限公司经核准注册第10709381号“饿了么”系列商标，涵盖的商品与服务类别包括第9类、第35类、第42类、第43类等。被告饿了吗餐饮管理（北京）有限公司成立于2016年12月23日。原告认为其在“饿了么”系列商标已获核准注册，且上述“饿了么”系列商标经过多年的使用和宣传，已经在餐饮服务领域获得了较高知名度和影响力。被告将与“饿了么”商标高度近似的“饿了吗”作为字号进行了企业名称登记，具有攀附商誉的主观恶意，被告的企业名称已经造成了相关公众的混淆，其行为构成不正当竞争，故提出被告变更企业名称，变更后的企业名称字号不得与“饿了么”相同或近似的诉讼请求。

法院经审理后认为，“饿了么”系列商标注册在先，而被告的字号“饿了吗”与原告注册商标相比，字形、读音和含义均极为相近，应当认定为近似标识。被告将与原告注册商标极为近似的“饿了吗”作为其字号登记注册企业名称，具有明显的主观恶意，客观上容易产生市场混淆，构成不正当竞争。理由：虽然涉案商标核定使用的商品或服务并不与餐饮直接相关，但是饿了么外卖订餐平台与餐饮行业密切相关，原告及其关联公司与全国范围内众多的餐饮公司均有合作，涉案商标通过原告及其关联公司持续多年的广泛使用和宣传，至被告成立之时，已经在餐饮相关行业具有较高的市场知名度。被告的法定代表人单某军同时注册了大量公司，其中不乏使用了其他知名标识的情况，但其未就该行为作出合理解释。被告注册行为具有明显的攀附他人知名商标的意图。被告将“饿了吗”作为其字号登记注册的行为违反了《反不正当竞争法》的规定，构成不正当竞争，且无论被告是否规范使用其企业字号均难以避免相关公众造成混淆误认，故判决被告饿了吗餐饮管理（北京）有限公司变更其企业名称，变更后的企业名称中不得含有与“饿了么”相同或者近似的文字。

（二）使用关联企业注册商标作为企业字号的风险

关联方企业是指在资金、经营、购销等方面，存在直接或者间接的拥有或者控制关系、直接或者间接的同被第三方所拥有或者控制、其他在利益上具有相关联的关系和在利益上具有相关联的其他关系。在实际存在关联公司时，资产不分你我，可是一旦股权发生变化等情况，脱离关联关系，曾经的关联公司之间类似的纠纷也不罕见。因此在设立关联企业时，也应注意后期的知识产权合规问题，避免纠纷。

【案例】关联公司商标与字号的隐患

郑州百文股份有限公司的前身是一家郑州国有百货文化用品批发站，被誉为中国“国企改革一面红旗”。从2000年起，三联集团对原郑州百文股份有限公司进行重组。2003年1月三联集团与郑州百文股份有限公司签订了《商标许可使用合同》，合同约定三联集团公司许可郑州百文股份有限公司在家电零售领域无偿使用“三联”服务商标，无偿许可使用期限为合同生效之日起至商标有效注册期满止（包括续展的期限）；三联集团公司同时承诺不再以任何形式在家电零售领域使用或许可他人使用“三联”商标。双方在合同第6条中还特别约定，如果三联集团公司拟放弃“三联”服务商标的所有权，应事先通知郑州百文股份有限公司，并在郑州百文股份有限公司同意的情况下，无偿将“三联”服务商标转让给郑州百文股份有限公司。2003年8月，郑州百文股份有限公司顺理成章地企业名称变更为三联商社股份有限公司（以下简称三联商社）。

好景不长。2008 年 2 月 14 日三联集团持有三联商社的 2700 万限售流通股的股权经执行程序拍卖。国美电器摇身一变,成为实际控股的大股东。同年,三联集团就将“三联”商标转让给山东三联家电有限公司,并在三联商社西门店北邻,新开了一家“三联家电”卖场。三联商社旋即提起诉讼,要求三联集团履行《商标许可使用合同》,应由三联商社无偿获得“三联”商标。

三联集团在诉讼中提出了《商标许可使用合同》暗含的“机关”——“鉴于”条款:“(鉴于)二、许可人(三联集团)是被许可人(三联商社)的第一大股东,积极支持被许可人的发展。”于是,合同中一向不受待见的鉴于条款,此时竟然发挥了力挽狂澜、扭转乾坤的作用。2011 年 6 月济南市中级人民法院根据“鉴于”条款,三联商标无偿转让给三联商社的前提和基础,应当是基于三联集团对三联商社的控股关系。当三联集团丧失三联商社的第一大股东地位后,商标无偿转让的前提和基础自然已不复存在,故判决驳回原告三联商社的所有诉讼请求。2011 年 12 月,山东省高级人民法院判决维持原判。

至此,三联商社与“三联”商标擦肩而过。不过,三联商社随后公告称:该案的判决结果并不影响原《商标许可使用合同》的有效性,法律上不影响公司继续使用“三联”服务商标;“三联”商标纠纷对公司名称“三联商社股份有限公司”的现时使用以及用公司商号“三联商社”进行开设新店以及其他商业行为不构成影响。

二、知识产权出资的合规风险

当前科技、知识、信息成为生产的第一要素,这些生产要素在法律层面的变现形式是知识产权。知识产权在公司资产中占据的比例逐渐增大。但是知识产权的无形性决定其作为出资手段比一般的实体物更具复杂性,《公司法》仅回答了知识产权是否可以出资的问题,但是缺乏相关的配套制度。出于对接受知识产权出资的公司安全运行的考虑,必须有一套科学合理、严密安全、切实可行的机制来保障知识产权资本的运行,对公司可能因接受知识产权投资而产生的风险进行防范。

我国《公司法》第 27 条第 1 款规定:“股东可以用货币出资,也可以用实物、知识产权、土地使用权等可以用货币估价并可以依法转让的非货币财产作价出资”。知识产权出资是指知识产权所有人将能依法转让的知识产权专有权或者使用权作价,投入目标公司以获得股东资格的一种出资方式。企业的注册资本金可以 100% 用知识产权出资。

知识产权具有无形财产的特殊性,以知识产权出资时、出资后总是伴随着风险,非常容易发生纠纷。

知识产权出资除了对出资方存在隐患风险,对目标公司也可能影响其股权稳定性、股东利益,甚至影响科创企业的后续融资,因此无论是知识产权出资方、目标公司还是其他股东,对知识产权出资整个过程要进行合规风险管理,避免潜在纠纷。

1. 知识产权出资的权利瑕疵风险。

知识产权出资时,必须确保出资人拥有完全、合法、有效的相关知识产权权利,产权关系明晰。如果职务技术成果、软件职务作品等存在权属争议,将从根本上影响出资的成立。知识产权本身已无效、被撤销或到期终止,此等知识产权不应用于出资。另外,存在争议的知识产权不宜作为出资,即是否存在第三人基于各种原因正在请求宣告该知识产权无效、指控知识产权权利人侵犯其在先权利、请求确认该项知识产权权属等情况。需要强调一点,如果投资人作为商标注册人在同一种商品上注册的近似的商标,或者在类似商品上注册的相同或者近似的商标,应当一并转让目标公司,避免后期的混淆纠纷。

超过保护期后,专利技术就进入公共领域,不能独占其利。因此,作为非技术出资一方应调查专利权的剩余有效期,同时专利剩余的有效期限越短,专利的商业价值也就越低。专利应调查是否为从属专利问题。专利权是否被质押。如果专利已被质押,一旦专利权人无法清偿债务,债权人有权以该专利折价或者以拍卖、变卖该专利的价款优先受偿。因此,建议接受专利入股的企业应调查清楚是否存在专利质押的情况。有的所谓“组合专利”,看似存在几个不同的专利,但实际上是同一个技术方案的专利,只是使用了不同的名称,或者只是在专利申请文件表达上的差异而已,而专利权出资一方很可能把这些“名为数个、实为一个”的专利权作为资产投资到公司,以达到增加投资额的目的。

企业可考虑在投资协议或合同中写明,投资方保证,所投入的知识产权是其合法所有,与之相关的各项财产权利是完全的、充分的且没有任何瑕疵,并约定相应的法律责任。

2. 知识产权出资范围不清的风险。

根据法律规定,广义范围内的知识产权均可以作为出资的形式,商标、专利、著作权、商业秘密(非专有技术)等都是可以作为的出资方式。

虽然可出资的知识产权种类众多,也面临具体出资形式选择的法律风险。因为知识产权种类不同,价值也可能不同,市场应用价值就可能存在区别。

更需要注意的是,在交易中,知识产权出资人不能简单笼统地将出资入股的知识产权称为“以××技术出资”,要精确地确定出资入股的技术包括哪些内容,需要在合同中清晰、明确地界定交易标的内涵和外延。

3. 知识产权出资价值评估中的风险。

在出资时,选择有资质的专业评估公司对知识产权进行评估是非常重要的环节。没有经过评估的知识产权很可能会被认定为出资瑕疵,导致出资人被要求承担补足出资,被公司的债权人追究补充赔偿责任等风险。对知识产权进行专业的评估作价,评估过程中要结合实地考察,是否合理的评估假设、对经营条件和生产能力充分了解,对营业收入成本和净利润合理预测等因素对该知识产权的市场潜力、权利稳定等各方面进行综合评估。

知识产权的评估价值关系到其市场应用及盈利价值,同时也关系到股权比例或控制权强度,所以依据客观、真实、全面的评估资料,选择科学合理的评估方法和专业评估机构是企业在技术出资过程中必须考虑的问题。

4. 知识产权出资的交付风险。

股东给目标公司交付出资的知识产权过程中,涉及法律交付和事实交付两个方面。如果双方交付没有约定,后续可能因为知识产权出资不实瑕疵引起法律纠纷。

法律交付,是指完成公司法规定的“依法转让”的财产权转移手续,由知识产权出资人与其他股东及公司之间签订出资协议、知识产权使用许可协议,及时办理相关专利、商标、著作权许可登记备案等手续,完成法律交付。

事实交付,是指除了出资方的法律交付之外,出资方对知识产权技术资料方案应用等进行实际交付的行为。对于某些专业性、技术性强的专有技术或专利,目标公司在仅获得相关技术资料的情况下,并不能直接将其投入使用,出资方应给目标公司提供相关指导培训，使目标企业完全掌握实施相关技术知识产权研发制造产品或者提供科技服务，此时出资方的出资义务才算全面履行完毕。所以，在签署专有技术或专利权出资协议时，一定要在协议中明确专利权名称、专利号、专利附带技术资料，约定办理转让登记等手续的时间以及移交专利权权属有关的各种文档、资料、指导培训的时间，同时设置相应的违约责任条款。

5. 出资后的有关知识产权的风险。

在签订公司章程或投资协议时，双方应明确约定，知识产权归公司所有及各方具有知识产权保密义务和泄密处罚条款。但是有些专利技术，一般都是需要专利加商业秘密或者技术诀窍一起转移才能实施的，因此与专利权出资人签订竞业禁止协议、与掌握这些技术秘密的技术人员签订内部保密协议，可以有效避免因技术人员辞职、跳槽等导致的商业秘密外泄。另外，在投资协议中，也可以就技术改进的权利归属或者企业是否有权使用问题，进行明确约定。

第二节 劳动用工的知识产权合规管理

人才在某种程度上影响着企业的市场竞争优势，比如掌握高科技人才、掌握企业客户名单的销售型人才等，对企业保有竞争优势存在重要的影响。企业在劳动用工上，会存在知识产权的合规风险。入职阶段和离职阶段是员工涉知识产权纠纷的高发阶段，常常会引起诉讼或者仲裁，一旦知识产权纠纷爆发，必然牵扯人力、物力、财力用于纠纷应对。加强入职审查以及离职交接合规管理确有必要。将知识产权合规管理融入企业管理中，科学严谨的入职、离职的知识产权合规管理，有利于防控风险、规避纠纷。本节部分内容与第五章商业秘密合规管理的内容有所交叉，所以，本节在涉及商业秘密内容时，进行了简化。

一、员工入职前知识产权合规管理

员工入职是人力资源招聘工作中极为重要的环节，企业在用工过程中很多知识产权风险其实在员工入职伊始就已埋下种子。为了规避知识产权侵权纠纷，企业在人员入职过程中，应重点关注和排查以下合规风险：

1. 新入职的员工在从原单位离职后 1 年内，如果将与原工作有关的发明创造在本单位申请专利保护，则可能会引发知识产权权属纠纷。在聘用研发人员时要做好背景调查，对新入职研发人员在上一家单位工作不满 1 年的，还要继续跟踪其入职前 1 年内工作的其他几家单位。

2. 新入职人员可能受到与原单位签订的商业秘密、竞业限制或其他知识产权条款的限制。企业应当制作规范的《入职员工知识产权背景调查表》（见表 6－1），调查新入职员工的教育背景、工作经验，尤其是以往获得的有关知识产权的工作成就，与前雇主之间的知识产权等情况，对于研究开发等与知识产权关系密切的岗位，应当要求新入职员工签署《知识产权声明》。

表 6－1　入职员工知识产权背景调查表

<table>
<tr><td>姓名</td><td colspan="2"></td><td>身份证号码</td><td></td></tr>
<tr><td>入职岗位</td><td colspan="2"></td><td>研究方向</td><td></td></tr>
<tr><td rowspan="3">入职前情况</td><td>企业名称</td><td>工作时间</td><td>从事岗位</td><td>知识产权情况</td></tr>
<tr><td></td><td></td><td></td><td></td></tr>
<tr><td></td><td></td><td></td><td></td></tr>
<tr><td>知识产权
背景情况</td><td colspan="4">入职员工请列明已申请或完成的相关专利、著作权、商业秘密以及知悉、参与等知识产权情况，并简要说明：</td></tr>
<tr><td>其他需要
说明事项</td><td colspan="4"></td></tr>
<tr><td colspan="5">本公司保留必要时向员工进一步获取更多信息的权利。员工有义务配合本次调查且保证以下资料的真实性。

本人签名：
日期：</td></tr>
</table>

二、员工履职过程中的知识产权合规管理

为了鼓励技术创新，推动企业发展，企业可以建立知识产权激励机制，明确知识产权创造、保护和运用的奖励和报酬，明确员工造成知识产权损失的责任，奖惩并施，营造企业尊重知识产权、尊重创新的文化氛围。除此之外，企业也应加强员工履职过程中的知识产权合规管理。

1. 履职管理。

公司作为用人方，做好相应的知识产权合规工作，才可以提前预防相应的风险，或是避免踩踏法律的红线。例如，企业应定期对在职涉密人员进行保密教育，明确更新涉密信息的范围及接触此范围涉密信息的审批程序。定期要求涉密人员进行保密自查，特别是对于员工可能涉及前用工单位的商业秘密时。

2. 对外宣传的规范。

在对外宣传中，有些企业为了表明自己在某个领域的重视和投入，会重点强调从哪里挖到了哪些技术专家或技术团队，实际这些宣传口径都有相应的法律风险。一般来说，现在大多数企业都会和核心技术人员签署竞业限制协议，即使在其离职时没有启动竞业限制，如果存在企业中有使用原单位商业秘密的行为，则很容易引发风险。

3. 加强研发记录档案保管。

要求员工注意在日常工作中制作、存留相关项目的方案构想、实验数据、设计图纸等资料文件，产生纠纷时可以作为参考证明等。进一步地，无论是离职员工的新单位还是原单位，都应当做好研发记录的档案保管，以便在发生争议时，能更好地举证于己有利的相关技术来源。另外，研发记录也可以在企业申请专利时，作为理解发明创造的参考材料，让专利代理人员能够充分理解发明创造，为提高专利申请文件撰写质量添砖加瓦。

4. 完善员工手册和规章制度。

完善的员工手册和规章制度，涉及知识产权的奖惩机制、保密制度、竞业禁止制度、密源管理制度、研发制度、成果转化制度、披露制度、合理使用制度。知识产权属于新兴领域，立法难免疏漏，司法难免滞后，在这种情况下，企业先行先试，将保护知识产权从员工的职业道德上升到制度层面，细化员工手册中企业与

员工在知识产权保护方面的权利和义务。提高员工手册和规章制度对知识产权的适用范围和约束力,必将有利于企业在经营管理中有规章可依,也能弥补法律的空白,促进企业法治文化形成。

5. 合规培训材料的留存。

企业除了需要有知识产权合规相关的规章制度,来约束、规范员工的日常行为,同时,反复的培训和宣传也非常重要。一方面,通过宣传,企业不仅可以培养员工的知识产权合规意识;另一方面,企业也可以通过培训宣传的过程,达成制度公示、签收等,以避免在后续的争议中,员工主张制度没有进行民主公示程序,没有约束力的问题。

6. 跟踪知识产权审查。

在本单位开展工作时,可能侵犯原单位的经营信息和技术信息等商业秘密。落实到实践中可进一步细化知识产权审查工作。比如对新入职员工提出的新技术,结合该员工的入职时间,审查是否在入职后不久即发现了重大技术突破;比如个人能力、前任雇主的技术发展状况,审查是否属于其前雇主业内知名的独有技术范畴;新技术的具体细节,综合评估该技术是否确系新员工原创,是否涉嫌侵犯前雇主商业秘密。

7. 谨慎申请。

专利申请关注入职1年内其完成的研发成果是否属于其在原单位的职务发明。根据《专利法实施细则》第12条第1款第3项的规定,员工在劳动、人事关系终止后1年内作出的,与其在原单位承担的本职工作或者原单位分配的任务有关的发明创造,属于原单位的职务发明创造。即如果员工在新入职公司1年内申请的专利,与其在原单位承担的本职工作或任务有关,则按照法律法规,该专利的专利权应该归原单位所有。双方很容易因此产生专利权属的纠纷。企业值得注意的是,即便不将新入职不到1年的员工列为专利发明人,会增大原单位的维权难度,但并不能从实体上解决专利权的归属问题,司法实践中仍会从实体上审理谁是真正的专利发明人。

三、员工离职的知识产权合规管理

企业无法限制员工不离职,但是员工离职确是企业知识产权尤其是商业秘密流失的主要渠道。为了保护企业知识产权不被侵犯，员工离职时，企业应当开展以下工作：第一，涉密或相关知识产权业务交接，离职时，员工交接资料包括但不限于纸质资料、电子载体、原件和复制件。但凡涉及技术成果，哪怕半成品等知识产权载体全部要与企业完成交接，签署《工作交接表》，确保离职员工未曾携带企业重要信息离开。并制作《离职人员谈话记录表》，提醒离职人员相关知识产权保护的义务。第二，对离职人员进行知识产权评价，对于核心岗位人员或因离职可能造成知识产权流失的员工，应当签署《离职知识产权协议》或启动执行《竞业限制协议》。

有些工作可能在入职时已经开展，但是，企业为了稳妥起见，可以就同一性质的工作，有针对性地开展合规管理工作。

第一，离职管理。

与离职员工进行离职面谈，告知员工负有的保密义务，以及其他知识产权约定或法定的注意事项。

企业与员工签订相应的保密协议，明确保密范围和保密责任、保密期限、违反保密义务的违约责任。同时，如果企业与高级管理人员、核心技术骨干可以另行签订竞业限制协议。竞业限制协议中，可以明确单位在履行支付竞业限制补偿金义务的同时，有权要求离职员工履行报备新入职状况、提供与新单位的社保缴纳记录等手续，通过离职员工的报备备案，有利于防范知识产权外泄至竞争企业、关联行业。

第二，知识产权交接。

要求离职员工办理工作中知识产权相关工作的交接手续，留下交接痕迹，确定离职员工参与的知识产权的相关工作范围。特别是要注意要求员工退还涉密信息、交接涉密信息，返还或按要求销毁涉密载体。

确定脱密期员工范围，适用脱密期的员工为接触商业秘密，并掌握商业秘密核心信息的高级技术人员、高级管理人员和相关劳动者。签订脱密约定，确定脱密期权利义务及违约责任。企业设置脱密期期限，一般根据保密事项的性质、接触的程度等因素综合考虑确定。

第三，持续监控。

员工离职之后，不是企业所有知识产权合规管理工作就已经结束。企业应当继续监控，了解离职员工以及新入职企业动态，特别是员工离职 1 年内的发明创造以及新入职企业技术方面的重点突破,避免出现侵犯自己知识产权的风险。需要提醒企业的是,很多发明人试图规避职务发明的规定,通过以自己亲属、同学或者利用他人注册新公司名义进行申请专利。

【案例】离职后职务发明创造归属纠纷

泛普公司是一家从事纳米触控膜的研发、生产与销售的高新技术企业。罗某廷原系泛普公司员工,2013 年 1 月 14 日从泛普公司处离职后设立触动公司。时隔半年,触动公司向国家知识产权局申请了名称为“一种投射式电容触控屏制作工艺”的发明专利,罗某廷为发明人。泛普公司认为,上述专利申请应为罗某廷的职务发明。故诉至法院请求判令上述发明的专利申请权归泛普公司所有。触动公司、罗某廷辩称:罗某廷在泛普公司任职从事计算机系统集成、计算机软件研发工作及公司 IT 建设和维护,和诉争专利申请没有任何关系,泛普公司也从未分配给罗某廷与涉案专利相关的其他任务;罗某廷从未参与过泛普公司触控核心技术工作;涉案专利系罗某廷从泛普公司处离职后经过自己的学习、研究后作出的发明创造,与泛普公司无关。

一审法院查明事实:2011 年 10 月 24 日,罗某廷与泛普公司签订劳动合同,约定罗某廷进入泛普公司工作,期限自 2011 年 10 月 24 日至 2013 年 10 月 23 日,该合同中在罗某廷所从事工作一栏为空白。2012 年 7 月 10 日,泛普公司以其法定代表人刘某江及罗某廷为共同发明人,向国家知识产权局提出过一项名称为“一种纳米触控膜的生产方法”的发明专利申请。2013 年 8 月 23 日,泛普公司以填写错误为由,申请将该专利申请的发明人变更为刘某江一人。2013 年 1 月 14 日,罗某廷向泛普公司递交员工离职申请书,其在申请书中填写的工作部门为研发部,职务为研发总监,根据泛普公司向苏州工业园区劳动和社会保障局提交备案的用人单位办理退工手续备案表中载明,罗某廷的工作岗位亦为研发总监。其后,罗某廷于同年 6 月 27 日投资设立被告触动公司,7 月 18 日,触动公司以罗某廷为发明人向国家知识产权局提出一项名称为“一种投射式电容触控屏制作工艺”的发明专利申请,申请号 201310301987. 6,该发明专利申请已于 2013 年 12 月 11

日经申请公开。

苏州市中级人民法院认为：一方面，泛普公司经营范围既包括纳米材料、薄膜生产工艺的研发，也包括计算机软件及集成系统研发等，故担任研发总监一职显然不能直接证明诉争专利申请技术方案即罗某廷在泛普公司所承担的本职工作内容；另一方面，泛普公司始终未能从提出构思、进行研究开发及实验验证等方面来举证证明泛普公司与诉争专利申请技术方案之间存在关联且罗某廷在泛普公司期间亦直接从事或参与了前述技术方案的构思和创造，故泛普公司仅以罗某廷原系其研发总监为由即要求认定诉争专利申请属职务发明的主张缺乏事实和法律依据。故现有证据不能证明诉争专利申请系罗某廷自泛普公司离职1年内作出的、与其在泛普公司承担的本职工作或泛普公司分配的任务有关的发明创造，据此，一审驳回泛普公司的诉讼请求。

一审判决后，泛普公司向江苏省高级人民法院提起上诉，并提交了与诉争专利申请有关的技术开发合同、相关证人证言以及罗某廷本人的学习和工作简历等新证据。

二审法院另查明：

2011年12月28日，泛普公司（委托方）与中科院苏州纳米所（受托方）签订一份项目名称为"纳米导电油墨的功能化及改性研发"的技术开发合同，委托方联系人为罗某廷，受托方联系人为张某，合同第1条有关研发项目要求约定：项目开发中根据导电油墨相关前沿技术文献和专利调研分析工作，以及对工艺问题进行分析，提出改进和优化方案。第3条有关项目研究进度约定：(1)2011年12月~2012年6月，完成相关文献调研，为实验提供相关理论指导；(2)2012年6月~2012年12月，完成导电油墨的设计和制备。2012年12月30日，中科院苏州纳米所出具《纳米导电油墨研发项目结题报告》，报告人处落款签名为"张某"。在上述结题报告的第四部分"结束语及建议"中记载："同时建议随着3D打印技术的发展，在制备超细导线的研发方向上，还可以采取使用金属粉末直接成型工艺，采用静电吸附和3D打印排布金属粉末并采用激光烧结的方式进行精细加工成型。"

泛普公司二审申请中科院苏州纳米所工作人员张某出庭作证。张某的证言：其是"纳米导电油墨的功能化及改性研发"项目的负责人，罗某廷是泛普公司的研发总监,是该项目的泛普公司的联系人。在项目研发过程中,罗某廷进行了测试,拿过触控屏样品进行分析,也给项目课题组打过电话,发过邮件。其是课题组组长,主要是课题组的工作人员与罗某廷对接的。罗某廷向其咨询过有关导电屏的电磁屏蔽方面的问题,也用过所里的电容测试仪进行导电屏的测试。其在与刘某江就上述项目的技术问题进行讨论时,罗某廷有时也在场。上述项目的结题报告是课题组成员撰写的,最后一部分提出建议是因为肉眼能够看到触控屏中的金属线条,因此建议直接用3D 打印的方法提高分辨率,用激光烧结线条宽度还会再缩小一点。上述建议的方法从目前来看还是比较先进的,用金属粉末直接3D 打印到触摸屏上还是有很大挑战,技术含量很高,所以我们在结题报告中提了建议。到了2012 年七八月,研究的内容基本完成了。

泛普公司二审申请南京邮电大学魏某教授出庭作证。魏某教授的证言:其专业方向是信息材料与纳米技术。2011 年其到苏州挂职,第一站就到泛普公司,因发现该公司生产触控膜用的是纳米材料,后又多次到泛普公司调研,对该公司的技术比较了解。其作为江苏省科技厅的评审专家,多次评审过泛普公司的技术研发项目。之前触控屏的基底材料采用的是玻璃,而泛普公司做的是以 PET 为基材的柔性触控膜,技术要求更高了。因为PET 材料不能承受高温,只能在低温的条件下去做,这就更难了。因此把纳米材料打印到 PET 膜上有许多技术难题要克服,具有很高的技术门槛。诉争专利申请的技术与泛普公司在先申请的"一种纳米触控膜的生产方法"发明专利的技术在原理、目的上是一样的,技术细节上有差异。

罗某廷的本科阶段专业为电子科学与技术,硕士阶段专业为电路与系统。罗某廷在二审庭审中陈述:其在进入泛普公司之前,在摩托罗拉公司做软件工程师,没有从事与诉争专利申请技术研发有关的工作。涉案专利的研发不需要有做触控膜的相关背景知识,其就是把热门 3D 打印技术作了一些拼凑结合并申请了诉争专利。

江苏省高级人民法院认为:

首先,在涉及职务发明认定过程中,判断发明创造与发明人在原单位工作内容之间是否具有关联性时,除了可依据发明人在原单位所从事的本职工作、单位给其分配的任务等证据进行正向判断之外,还可以从发明人在进入原单位工作前所具有的专业知识背景与其所作出的发明创造之间的匹配程度进行反向审查。如果发明人在进入原单位时所具备的学历背景、工作经历，与其所作出的发明创造的技术内容和创新高度并不相符，且发明创造与原单位的研发内容或方向具有相当程度的相关性，则可认定该发明创造与发明人在原单位工作内容之间具有关联性，除非发明人能够就此提出相反证据予以推翻。

其次，从罗某廷的专业知识背景来看，其在进入泛普公司之前，既不具有与金属纳米材料科学和技术有关的学历，又无从事与纳米触控膜制造工艺研发相关的工作经历。而根据诉争专利申请的内容及二审中两位出庭作证的技术专家的证言，诉争专利申请所涉技术领域并非普通技术领域，而是属于前瞻性的金属纳米材料应用技术领域。如果如罗某廷所辩称，其在泛普公司从事的仅是计算机系统集成、计算机软件研发及公司 IT 建设和维护工作，与涉案专利申请没有任何关系，那么其从泛普公司离职后，在无专业基础知识背景的情况下，仅凭个人之力在半年内就研发出诉争专利申请的技术成果，这明显有违该领域的科研规律，而其就诉争专利申请给出的解释“涉案专利的研发不需要有做触控膜的相关背景知识，就是把热门 3D 打印技术作了一些拼凑结合并申请了诉争专利”亦不能令公众所信服。

最后，从罗某廷在泛普公司从事的工作内容来看，根据“纳米导电油墨的功能化及改性研发”技术开发合同中记载的内容，罗某廷是该项目泛普公司方面的联系人，而根据该项目的研发负责人张某的证言，在项目研发过程中，罗某廷在项目进程中也到张某处进行过测试和样品分析，因此，罗某廷作为泛普公司方面的项目联系人，其工作范围不仅限于沟通、协调等事务性工作，还具体参与了项目研发有关的技术性工作。该项目结题报告中提到的“在制备超细导线的研发方向上，还可以采取使用金属粉末直接成型工艺，采用静电吸附和 3D 打印排布金属粉末并采用激光烧结的方式进行精细加工成型”，实际上已经包含了诉争专利权利申请的主要发明点。因此，现有证据亦能直接证实诉争专利申请与罗某廷在泛普公司承担的本职工作直接相关。

综上，诉争专利申请与罗某廷在泛普公司承担的本职工作直接相关，且是罗某廷在从泛普公司离职后 1 年之内作出的，故属于《专利法》规定的职务发明。诉争专利申请的专利申请权属于泛普公司，专利申请被批准后，泛普公司为专利权人。

二审判决：撤销一审判决，改判涉案发明专利申请权归泛普公司所有。

四、与知识产权相关协议的合规管理

劳动合同（或劳务合同）是员工与用人单位之间签署的，用以明确双方法律关系的法律文件。但是涉及与知识产权相关的主要有《保密协议》、《竞业限制协议》以及《知识产权归属协议》三份协议。对于此三份协议，各家企业操作方式不太相同，有的企业是单独协议与员工签订，有的企业是作为劳动合同的条款或者劳动合同的补充协议方式，与员工签订。

1. 保密协议。

对于掌握企业商业秘密的岗位人员，企业应当订立商业秘密保密条款，或签署商业秘密保密协议，来约定员工的保密义务，保护本单位的技术秘密和经营秘密。另外，在给新员工办理入职手续时，企业应该注意完善员工入职流程，书面签署、确认各种文件，并进行可能的侵权风险提示，请员工签署承诺书，承诺其不会将任何涉及第三方的商业秘密带入企业。

2. 竞业限制协议。

如果企业认为有必要，还可以通过签订竞业限制条款或竞业限制协议，限制掌握重要信息的人员在离职后一定时间内，不得到有竞争关系的企业任职。在给新员工办理入职手续时，企业可以让员工确认，其不会违反对原单位的任何竞业限制义务。

3. 知识产权归属协议。

不签署或签署不完善的《知识产权归属协议》会导致企业的重大知识产权或商业利益受损且得不到救济。知识产权归属协议应当约定员工在任职期间或结束任职后的一定时间内，其所发明创造、创作的与职务相关联的科学技术、文学艺术等领域的智慧成果，相关知识产权的归属。《知识产权归属协议》主要解决员工、提供劳务者工作成果的知识产权归属以及与知识产权相关的行为规范问题。核心条款：先前成果条款、工作成果归属条款、非工作成果的归属条款、雇佣结束后作出成果归属条款、署名权条款、后续改进许可及成果权属、放弃优先权条款、报酬及奖励条款、知识产权登记义务条款、不侵权条款、职务成果报告义务、对新雇主的通知义务、违约金及违约责任条款。

对于非工作成果的归属问题，员工在业余时间所创作的非职务作品，原则上应属个人成果。但如果该成果与职务成果有关系或形成竞争关系，或利用了职务成果，此类非工作成果会对企业的利益造成损害，也形成了员工与企业的利益冲突。因此，有必要特殊约定此类成果的知识产权归属进行约定，实现二者利益的一致。

特别提醒：对于集团公司，往往存在员工在多个关联公司先后任职的情况，或者签订合同、缴纳社保与实际工作单位不一致，所以企业一定要约定知识产权归属以及保密的范围事项。在此情形下，如果发生前述类型的专利权属纠纷，则可以离职员工离职前所在单位的名义发起诉讼。保险起见，各关联公司还可以出具声明，将涉案专利权的权属约定为归离职员工离职前所在企业享有，从而使该企业具有充分的诉权。

关于知识产权有关条款的约定，企业不应仅限于劳动者，还可扩展至劳务提供者、被派遣劳动者以及个人身份提供技术服务等可能参与企业知识产权客体创作的人员。

第三节　研发环节知识产权合规管理

创新是企业安身立命、持续发展的基础。研发是企业运用科学技术知识，进行创造性活动或者对现有技术继续改正，是为了创造或改进产品或服务而进行的系统性活动。对于企业而言，研发主要包括新产品开发、产品升级改造、工艺方法及装备设计等。

研发活动风险包括：研发立项论证时未对现有技术进行详细检索，导致重复开发、自主开发成果不能使用的风险；研发成果涉嫌侵权。

在立项之前，进行知识产权信息收集分析评估，可以避免重复研发、避免知识产权侵权。如果前期未进行知识产权信息收集分析评估，后期也有必要进行知识产权信息收集分析评估。在研发阶段，立即修改调整研发方案；在生产阶段，停止生产，修改设计新的方案；在销售阶段，停止销售，必要时，召回并销毁侵权产品或者与权利人沟通缴纳许可费用，同时设计新的产品方案。

自主知识产权生产的产品，也有较大概率构成侵权。企业千万不要认为自主研发，并获得了专利证书，就万事大吉，不会构成专利侵权，如实施从属专利，仍然会构成对基础专利的侵权。企业研发环节的知识产权合规管理，对于涉及专利或商业秘密的合规管理，参考本书专利合规管理和商业秘密合规管理部分。本节主要从预防侵犯他人知识产权角度介绍研发环节的知识产权合规管理，也就是企业创新成果不能落入他人知识产权保护范围，避免新产品投入市场造成侵权，从而引起诉讼风险。企业在研发活动中，不要一说创新，就只想到自己应如何申请知识产权。对于避免侵犯他人的知识产权的合规管理手段，就是采取简单的管理方式，不碰他人知识产权。但是，实际生产活动中，防不胜防。以专利为例，如果企业能很好地运用专利知识，懂得怎样合法地仿造，以避免侵权性的仿造，也是知识产权合规管理的一种重要途径。合理合法地利用别人的专利技术往往是技术赶超的捷径。所以，企业只要真正学会并善于灵活运用专利知识，仍有许多机会可以进行仿造，而且还不侵犯他人专利权。对于商业秘密，企业也可以采取"反向工程"的方式。本节就以合理仿造的角度阐述企业如何在研发过程中，利用合理仿造的方式，规避知识产权风险。

一、充分利用专利地域性

专利权具有地域性。一个国家的专利局依照本国的专利法所授予的专利权，只在本国法律管辖范围内有效，在其他国家或地区是无效的。取得专利权的发明创造，只能在授予该专利权的国家得到承认，受到该国的法律保护，其他国家没有任何保护的义务。与此相应，专利权的地域性还意味着，由于专利权人取得的专利权在其他国家并未得到承认和保护，因而在其他国家某个单位或个人如果利用了这项专利，则不需要征得该专利权人的同意，也不需要向其支付专利使用费，更不存在什么侵权问题。

一项发明创造，只能在其取得专利的国家得到法律保护。这个局限性就是专利的弱点，就是其他企业的可乘之机。只要跳出专利的保护圈，就能为自己的发展找到出路。上海一家企业准备开发某产品推向东南亚市场，可一查专利检索，某跨国公司已申请同类产品的600多项专利。企业陷入两难境地，放弃就等于丧失市场，另起炉灶则投入太大，受益前途未卜。企业经过仔细查阅，发现这些专利授权集中在欧美少数国家，而在企业主攻的东南亚市场没有相关专利保护。于是企业产品大胆出口东南亚，取得了“兵不血刃”的效果。

二、充分利用未被授权的专利申请

专利申请经过审查程序，就进入授权阶段。然而，并非所有的专利申请都能授权为专利。一般来说，专利申请经过审查程序，可能有四种不同的结局：申请被主动撤回、申请被视为撤回、申请被驳回和申请被授予专利权。另外，发明专利申请经过专利局初步审查、实质审查均未发现驳回理由的，实用新型或外观设计专利申请经初步审查没有发现驳回理由的，专利局将通知申请人办理登记手续。申请人应按期办理登记手续，期满未办理登记手续的，视为放弃取得专利权的权利。

专利申请虽然最终没有被授权，但不一定代表该专利申请的没有技术含量和市场价值。实际上，我们可以随手起用它，而不用支付昂贵的专利转让费，更不涉及任何法律责任。

利用未被授权的专利申请时，也应注意，是否存在其他专利对未被授权专利申请的技术方案或外观进行保护。

三、企业可以使用失效专利

在专利界有这样的说法：“失效专利技术是一座待人开发的金山。”专利虽然失效了，但从技术角度上讲，仍然具有一定的含金量和应用价值，它是广大科技工作者辛勤劳动和智慧的结晶。在技术创新活动中，失效专利是一种亟待开发的重要信息资源。然而，人们对此普遍存在认识上的误区，认为失效专利既然已经失效，就没有什么使用价值，因而就将其“搁置一旁”，让其“自生自灭”，造成了严重的资源浪费。为此，提高对失效专利作为一种重要的信息资源认识，搞清其形成的原因和应用价值，明确其开发利用的途径和方法就显得很有必要。例如，顺德市某企业，通过检索找到几份废气处理技术的失效专利，充分加以开发利用，解决了本厂生产的木材干燥炉的废气处理问题，提高了产品档次。再如,某印染厂经专利代理师指点,大胆使用了一项“失效专利”技术,取得了很好的经济效益。

对于众多创新能力弱的企业而言,使用失效专利技术风险小、效益高,是一种既简便又经济的技术创新途径。因为专利失效并不等于技术过期或市场过期,失效的外观设计专利改善产品外观、提高产品附加值有立竿见影之效。即使超过保护期限看似“寿终正寝”的发明专利,也应具体分析,由于我国技术水平与发达国家相比有差距,一些发达国家逾期的失效专利,可能正是我国适用的技术。所以,很多企业从失效专利中淘金,一方面可以充分利用失效的专利无须支付许可费用,另一方面可以避免研发的重复性。

未被授权的专利申请与失效专利的区别在于,前者根本就没有获得授权,而后者是曾获得授权,但因各种原因失效。

使用失效专利应注意的问题:

一般而言,失效专利的“原专利权”已不受法律保护,因此使用时不会有侵权的麻烦。但需要注意的是,该“原专利”所涉及的技术,完全有可能是其他有效专利权的限制或保护内容。出现这种情况有两种可能:一种可能是,失效专利之所以失效是原发明人在对该技术进行了进一步的改进后,申请了一项新的专利而故意放弃了原专利。也就是说,从表面上看是专利失效了,但事实上原发明人早已通过新专利保护核心技术。另一种可能是,在使用者看上该项失效专利前,已经有人捷足先登,改进了失效专利,并将其核心技术申请了新专利。一旦使用者使用了该专利技术,就可能正好落入别人申请的新专利的保护范围。因此,使用者在使用失效专利前,应先检索一下该专利的法律状态。同时应在有效专利库里检索同类或相近专利,看看在有法律效力的专利范畴内,有没有受保护的“重叠技术”,或者失效专利是否通过其他知识产权方式进行了保护,如失效的外观设计专利,通过著作权进行保护等。

四、充分利用知识产权保护方式的差异

很多企业注重知识产权的保护,将所生产的产品申请商标、申请专利,但由于很多企业对于各种知识保护形式的差异,不能很清楚地把握,导致自己花巨资投入开发的新产品被人轻易地模仿。那么,作为仿造者,恰恰利用了他人的保护

方式的缺陷，趁虚而入。众所周知，知识产权种类繁多，保护的侧重点和力度各有不同。企业可以根据保护对象的特点选择不同的知识产权类型及其组合加以保护。企业从研发的角度，可以利用这种保护差异，“仿造”他人知识产权未覆盖的范围，而不构成侵权。

【案例】洞洞鞋

洞洞鞋也就是卡骆驰（CROCS）鞋。卡骆驰（Crocs）是美国的鞋业公司，创立于2002年。到2006年的夏天，公司在美国纳斯达克上市，主要生产与企业同名的CROCS运动休闲凉鞋。

2002年卡骆驰公司的三位创始人注意到加拿大Foamcreations公司生产的特殊材料木底鞋具有良好的防滑性能，穿着也十分舒适。他们在原基础上作出一定修改后设计出一种本来为划船运动准备的鞋子。这种鞋子外形和拖鞋十分类似。洞洞鞋的特点在于宽大的鞋身，鞋面上有很多透气的洞洞，同时还有一条用以防滑，可以转动的带子，这也就有了洞洞鞋的叫法。在2002年的劳德岱尔船划运动展上，CROCS受到极大关注，2004年CROCS又买下持有专利的加拿大公司并将该材料命名为Crostile塑料。这种材料是内含封闭式气泡的塑料，能够在体温作用下自动变形以适应脚部形状。

作为功能性的休闲鞋，它凭借已经获得专利权的Croslite材料制造，随体温的变化而变化且柔软舒适贴合脚部曲线，自2002年推出后，“洞洞鞋”受到不少名人青睐，会让每个穿过它的人都欲罢不能，连美国前总统老布什都来捧场。

由于设计、外型和舒适度备受欢迎，与此同时，几乎在一夜之间，中国夜市的地摊上、小商品市场、街头小店中，山寨版“洞洞鞋”以燎原之势在各大城市“遍地开花”，而价格低者只要 20 元，比起专柜 200 多元一双的原版洞洞鞋来说，前者以低价吸引了更多消费者。也使得正版卡骆弛（Crocs）遭遇“叫好不叫座”的尴尬。是什么原因让卡路驰失去了自己的市场份额？关键问题不是出现在产品设计上，而是因为保护知识产权的选择上出现了问题。由于“洞洞鞋”外观并没有申请专利，只要仿造者不使用鳄鱼头商标以及不使用具有专利权的 Croslite 材料制造，就不会引起“麻烦”。卡骆弛没有为它的鞋子申请外观设计专利，其他厂家生产同样外形的鞋子就不属于侵犯卡骆驰专利权。

虽然卡骆驰已开始动手通过商品特有装潢途径进行打假，但从法律上来看，其打假还有点“哑巴吃黄连”的意味。

五、充分发挥专利规避设计

专利规避设计，是指为规避专利保护范围来修改现有结构设计。在设计思路上重于如何利用不同之构造来达成相同之功能，避免触犯他人权利。学习规避设计方法之前必须了解什么是“侵权”，为什么会“侵权”，怎样才能不“侵权”。当然，专利权本身并不能规避的，规避设计是设计人员通过对专利本身的深入分析，理解他人专利的保护范围，改变自己产品设计，使自己的产品能避免落入他人专利权范围内的方法。专利规避是一种常见的避开他人专利的策略，是以专利侵权的判定原则，如全面覆盖原则、等同原则、禁止反悔原则、捐献原则等为基础，通过分析已有的专利技术文献，对欲采用的技术与已有专利技术进行全面分析比对，使欲采用的技术与已有专利技术存在实质性差异，从而使欲采用的技术不会落入已有专利的保护范围，以此最终达到避开专利侵权的目的。介绍规避设计，实际上也是让我们研发人员清楚，自己的研发设计，也要避免被他人所规避。

发明或者实用新型专利权的保护范围以其权利要求的内容为准，说明书及附图可以用于解释权利要求的内容。外观设计专利权的保护范围以表示在图片或照片中的该产品的外观设计为准，简要说明可以用于解释图片或照片所表示的该产品的外观设计。专利规避设计的目的是绕开某项专利的保护范围以避免落入该专利的保护范围。规避设计主要是根据专利的权利要求书分析专利的必要技术特征，对其进行删减和替代，如减少至少一个技术特征或使用替代技术特征实质性不同于权利要求中的技术特征。

面对竞争对手专利壁垒时，找出其在保护内容等方面的漏洞，平移或改造相关方案，实现不侵权的技术“借用”。乍一听，此举似乎不怎么正大光明，但是合理利用游戏规则，进行专利的规避设计，正是我国企业普遍缺失的知识产权竞争手段。专利规避设计是企业专利策略的一部分，是企业既利用他人专利又规避他人专利的一种手段，就目前国内企业而言，是一种积极可行的专利策略。

成功的专利规避设计，必须以充分了解国内外专利信息情报为基础，应确认待规避的专利是否已经失效，如果仍有效，保护期限还有多长。待规避的专利马上快到期了，就没有必要花费精力进行规避设计，说不定规避设计的产品还没有出来，待规避的专利就已经到期了。国内企业目前还大多缺乏这样的意识和能力，社会上也缺乏能够给企业帮助的知识产权中介机构，两者都亟待加强。

在核实专利有效的前提下，专利规避设计大体步骤如下：

第一步，需要对已有专利技术进行分析，明确已有专利技术的保护范围。搞清所要规避的专利保护范围的大小。找出其保护范围最宽的权项进行分析，确认该权利要求字面的真实含义，以及其等同物的范围。这就需要对专利权利要求书、说明书、附图等文件进行详细阅读，并结合说明书和相关审查过程中的往来文件，了解相关的技术内容。

第二步，经过这样的分析理解之后，可以整理出所要规避的专利最宽权利要求包含的几个必要技术特征，这样就提供了一个比对基准，并以此基准进行规避设计。值得提及的是，这种技术特征的比对不仅是字面上的，还应考虑其等同物，当然，这也是比对的难点所在。

第三步，利用侵权判定原则中提到的“全面覆盖原则”“等同原则”检验将来的规避设计是否满足底限要求，若规避设计方案不包括整理出来的所有必要技术特征，专利侵权判定中不会被判为侵权，就可以认为是满足了这一底限。

企业在规避设计中，应注意以下几个问题：

首先，应该明确的是，规避设计并不是设计中的灵丹妙药，采用规避设计本身就意味着对手在该项技术领域先有专利，而我国企业在专利战略上已经处于不利态势，因此注重自主知识产权的创造和累积，才是知识产权策略中的根本，才可以在市场竞争中占据有利局面。而且，随着业界对专利权重视程度的提高，各种保护策略的运用日臻成熟,各国行政机关和法院对知识产权的保护也日益加强,规避设计的空间和成功的可能性也将越来越小。

其次,规避设计不同程度地借鉴了所要规避的专利技术,从这个角度而言,规避设计节约了成本和时间。但另一方面,先一步研究者的专利技术往往是专利权人经过研究比较得出的最优方案,而规避设计则通常是牺牲设计成本或性能指标的产物,就这个角度而言,规避设计是不经济的。所以,应考虑到规避设计的复杂程度和成本,并判断进行规避设计的必要性,避免前期无谓的研发和生产投入。

再次,如果待规避的专利存在不当授权的情况,完全可以通过无效宣告程序,宣告其专利权无效,这有可能大大降低规避设计的技术难度和成本投入。

最后,在实践中,规避设计往往是针对一个专利进行的,但是,我们应注意在专利规避设计中,不能规避了一个专利而进入了另一个专利的保护范围。

另外,发明或者实用新型专利权的保护范围以其权利要求的内容为准,所以,我们在规避设计时,参考的对象是专利权的权利要求,而不是竞争对手的产品,因为,竞争对手所生产的产品并一定就是专利权的权利要求所限定的技术方案。外观设计专利侵权判断,是建立在与外观设计专利产品"相同或者相近种类产品"上,采用与授权外观设计相同或者近似的外观设计,如"轿车"外观设计专利,与"玩具汽车"就不属于相同或相近种类的产品。

【案例】自然换热通风风眼

一种自然换热通风风眼,它适用于一般民用建筑物,如各种集体宿舍、病房以及旅馆等住房的通风。本实用新型利用霍布森(Hobson)效应,用粗糙通道与光滑通道的套接,达到自然抽风换气。同时,粗糙通道与光滑通道是用高导热材料制造的内筒分隔,排出建筑物外的混浊空气可通过内筒筒壁与吸入建筑物内的新鲜空气进行热交换,使建筑物内气温不致大幅下降,起到换热通风的作用。本实用新型结构简单,不需耗费能源。

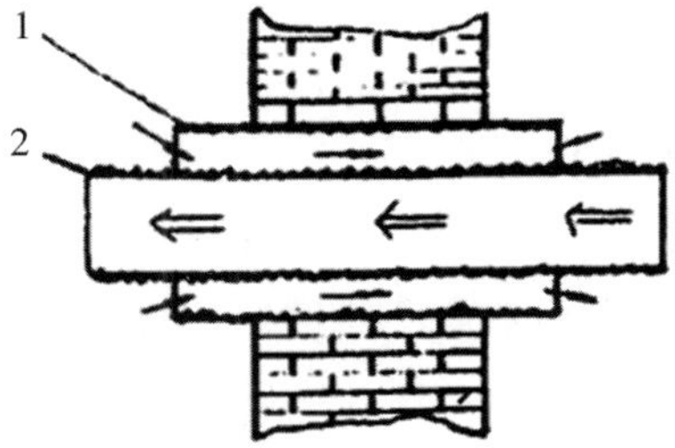

本实用新型权利要求:一种自然换热通风风眼,它有一个可装于建筑物门、窗或墙壁之上使建筑物内与建筑物外相通的通气孔1,其特征:在通气孔1内有内筒2,内筒2把通气通道分隔成内外通道,内筒2由高导热材料制成,内筒2的一面为光滑表面,另一面为粗糙表面,内筒2两端长于通气孔1。

被指控侵权产品的是“轻型免能换气器”,该产品的主要结构包括:一个开有气孔的盒形塑料外壳和一个铜制薄壁内筒,内筒的内外表面分别焊接凹凸不平的褶皱状薄铜片,内筒的内表面形成千个通气通道,内筒的外表面与塑料外壳的内表面形成另一个通气通道,两个通气通道呈竖直方向布置,分别用于排放室内空气和吸收室外空气。

【处理意见】

某省知识产权局认为,根据权利要求的内容,“一种自然换热通风风眼”专利保护的技术方案包括通气孔、内筒,内筒把通气通道分隔成内外通道,其一面为光滑表面,另一面为粗糙表面,且两端长于通气孔。申请人在专利说明书中,对“内筒的一面为光滑表面,另一面为粗糙表面”的作用进行了详细说明,即为了形成一个光滑通道和一个粗糙通道,只有通过光滑通道与粗糙通道的套接才能达到该专利的目的。因此,“内筒的一面为光滑表面,另一面为粗糙表面”是该专利的必要技术特征,缺少此技术特征的其他技术方案,将不受该专利权的保护。

而“轻型免能换气器”产品,其内筒的内外表面分别焊接凹凸不平的褶皱状薄铜片,其内筒内、外表面的粗糙程度不存在实质上的差异,由此形成的两通气通道也不存在粗糙通道与光滑通道之分。因此该产品不具备“内筒的一面为光滑表面,另一面为粗糙表面”的结构特征,其所用技术方案与专利保护的技术主案有实质区别。综上所述,“轻型免能换气器”没有落入专利权的保护范围。

六、研发中“捐献原则”的利用

在专利侵权判定中，对于仅在说明书或者附图中描述而在权利要求中未记载的技术方案，权利人在侵犯专利权纠纷案件中将其纳入专利权保护范围的，人民法院不予支持。也就是说，仅在说明书或者附图中描述而未被概括到权利要求中的技术方案，应视为专利权人放弃了该技术方案。专利权人在说明书中公开却没有请求保护的那个技术方案被认为捐献给了公众，这就是所谓的“捐献原则”。

设立捐献原则的目的是防止专利权人“两头获利”，即不允许专利权人为了获得授权，在申请时采用范围较窄的权利要求，而在之后的侵权诉讼中，又以说明书中披露的其他等同方案为由，试图通过适用等同原则，扩大专利权的保护范围。因此，捐献原则是对等同原则的一种限制，体现了专利制度平衡专利权人和社会公众利益的价值取向，在对专利权人利益保护的同时，也要维护权利要求的公示作用。最高人民法院在(2021)最高法知民终1576号案件中认定：涉案专利说明书008段、0052段(实施例1)记载，本实用新型提供的轴承在内圈、外圈或者内、外圈上设置定位件，权利要求1仅限定了定位件安装于内圈的情形，并未要求保护定位件安装于外圈的情形，故应视为对“定位件安装于外圈的情形”的放弃。专利的权利要求具有公示性，专利权人申请专利时在权利要求中采用下位概念，而在侵权诉讼中又依据说明书及附图对其进行扩张解释的做法会造成专利权人与社会公众利益的失衡，人民法院不予支持。

七、研发中“禁止反悔原则”的利用

专利授权及无效程序中，专利申请人或者专利权人为了得到专利权或者维持专利权的效力，通常会尽量与现有技术划清界线，从而不得不限制专利权的保护范围或者对本专利与现有技术的内容作出澄清，甚至不得不放弃某些内容。为了防止专利权人出尔反尔，在专利侵权诉讼中作出与专利授权或者无效宣告程序中不一致的解释，就需要设立相应的“禁止反悔原则”制度。所谓“禁止反悔原则”是指在专利授权或者无效宣告程序中，专利申请人、专利权人对权利要求、说明书的修改或意见陈述而放弃的技术方案，应禁止将已被限制排除或者已经放弃的内容重新纳入专利保护范围。

禁止反悔原则的本质，即要求专利权人对权利要求的解释应该一致，专利权人不能为了获得专利，在专利授权或无效宣告过程中对权利要求作出狭义的或较窄的解释，而在以后的专利侵权诉讼中，为了使权利要求能够覆盖被控侵权物，又对权利要求作出广义的、较宽的解释。最高人民法院在(2020)最高法知民终1245号案件中认定：众森公司在专利无效审查程序中已明确将涉案专利权利要求1中的上固定仓清堵刀和下固定仓清堵刀限定为“独立的两把刀”，并将其区别于轴向上一把刀贯穿上下固定仓的情况。该意见也被无效宣告审查决定所采纳。因此，应当认定众森公司已经放弃将“一把刀”的技术方案纳入涉案专利权的保护范围。现众森公司在本案侵权纠纷中又主张将其作为等同的技术特征纳入专利权保护范围，违反了禁止反悔原则，法院不予支持。

禁止反悔原则是民事活动中的诚实信用原则在专利侵权判定中的具体应用，在保护权利人的利益及维护社会公众的利益之间起到很好的平衡作用。由此，企业可以充分利用专利申请人或专利权人所放弃的技术方案，而不构成侵权。

八、通过反向工程自行研发

通过自行开发研制或者反向工程等方式获得的商业秘密，不认定为侵犯商业秘密行为。反向工程是指通过技术手段对从公开渠道取得的产品进行拆卸、测绘、分析等而获得该产品的有关技术信息。但是对于反向工程，企业也需要注意以下问题：

1. 企业以不正当手段知悉了他人的商业秘密之后，又以反向工程为由主张获取行为合法的，是得不到法律支持的。

2. 如果反向工程破解的对象是机械结构或化学物质，在破解对象来源合法的前提下，权利人无法主张商业秘密被侵犯来对该知识产权的进行垄断。然而，当破解对象是软件时，著作权人不以侵犯商业秘密的为由，转而以“复制”或“避开技术措施”为由主张其著作权被侵犯。

第四节 采购环节的知识产权合规管理

随着合作地域范围及合作领域的不断拓展,供应链系统的规模逐渐扩大,这在一定程度上增加了供应链受到来自内部、外部等众多因素影响的概率,也增大了供应链中知识产权合规风险。企业为保证生产及经营活动正常开展,在一定条件下从供应市场获取产品或服务作为企业所需资源。采购是供应链中最重要的一个环节。据统计,生产型企业至少需要用其销售额的50%购买原材料和零部件,而在中国的工业企业,各种材料的采购成本高达企业销售成本的70%。从企业成本角度来说,采购绝对是企业成本管理中"最有价值"的部分。而采购环节中,对供应商提供的产品、技术未进行知识产权评价,可能造成的对第三方知识产权的侵权。委托他人制造时,未明确规定研发得到的知识产权的归属、使用及保密,从而引起的知识产权纠纷。对于上游或下游单位未明确规定知识产权归属以及保密责任,造成企业知识产权流失的风险。因此,采购环节也是企业知识产权风险的"重灾区"。

一、采购货物的知识产权合规管理

在采购活动中,遇到供应商未经许可,擅自他人知识产权,因知识产权引发的侵权诉讼时,侵权产品的采购商或销售商通常会成为被告。所以,企业在采购活动中要注意防止侵犯他人知识产权的情况发生,尽可能在采购前排除相关知识产权风险。

(一)采购活动中的审查知识产权事项

1. 供应商提供权属证明。

企业在采购涉及知识产权的产品时,要求供应商应提供知识产权信息并填写《供应商知识产权声明》。企业应定期对供应商知识产权履约情况进行评估和更新,更新提供知识产权证明文件。这样,即使供应商的产品存在侵权风险,由于采购方已经注意到合理的注意义务,并且产品来源合法,所以只需要停止侵权行为,而不需要承担损害赔偿责任。

另外，即使供应商提供了知识产权证明文件，企业也不能想当然地认为肯定不会侵犯他人知识产权。例如，发明专利获得了授权，也有可能是在他人在先专利技术基础上的改进专利，实施改进的专利也构成专利侵权。

对于采购方来说，在已尽合理注意义务的情况下，虽只承担停止侵权责任，也会造成较大的影响，例如，供应商提供的产品零部件构成侵权，采购方用该零部件组装生产的整机就得停止销售，并且更换侵权零配件，这对于采购方来讲，停止销售更换零件的成本就非常大。所以，企业应根据采购产品的情况，进行区别对待。如果是一般的普通产品采购，企业可以要求供应方提供知识产权权属证明文件，承诺承担全部侵权责任，保存相关购买凭证。如果是购买作为自身产品的部件，更换成本较高的原材料时，一定要供应商提供或者自行委托专业第三方出具的不侵权专利分析报告，从而最大限度地规避知识产权侵权风险。

2. 要求供应商做好保密管理。

供应商在依采购方要求生产和供应相关产品和元器件的过程中，不可避免地会获得采购方的保密信息，如采购方的客户信息、财务信息、商务条件等。在这方面，要求供应商做好买方信息、进货渠道、进价策略等信息资料的管理和保密工作。要审查供应商的规章制度是否有清晰的保密规定、是否有明确的惩戒措施、相关合同中是否包含了保密条款、是否明确界定了违约责任、实际执行中是否存在疏漏、出现泄密事件时如何补救等。企业要确保供应商在使用保密信息时遵循两个基本原则——“同等”和“经许可”。“同等”是指供应商应至少以保护自身保密信息的程度来保护采购方的保密信息。“经许可”是指所有对采购方保密信息的使用均应事先获得采购方的许可。

（二）采购合同中知识产权条款

采购合同中的知识产权条款中主要会涉及：

1. 要求供应商提供相关有效知识产权权属文件，并约定供应商不会侵犯任何第三方任何知识产权。

2. 要求供应商保证，在合同标的交付时，其对合同标的享有完整、合法的权利，且合同标的上不存在任何担保、瑕疵或其他权利争议。

3. 约定若买方占有、使用或以任何其他方式处置合同标的而导致侵犯任何第三方任何权利或当任何合同标的存在任何其他权利争议时，供应商须就此承担全部责任，并须赔偿买方因此遭受的一切损失。

4. 要求供应商确认,合同价款中已包括供应商提供的合同标的涉及的全部相关知识产权使用费及其他费用。

(三)保存好采购证据材料

采购方在合法购买产品或零部件后,即使供应商的产品存在侵权风险,由于采购方已经注意到合理的注意义务,并且产品来源合法,所以只需要停止侵权行为,而不需要承担损害赔偿责任。如何证明合法采购,就需要保存好相应的进货渠道的证据,如购货合同、支付凭证、发票等证据。

但在实践中,很多企业虽然保留了采购证据材料,但是合法来源证据无法证明清晰的来源主体,证据链不完整。例如,微信聊天记录的双方当事人身份无法核实,微信聊天记录的内容没有指向被诉侵权产品的交易详情及交易凭证。

二、委托加工的知识产权合规管理

随着我国市场经济的发展和社会分工的深入,越来越多的企业选择了"轻资产"的发展模式。委托加工越来越成为企业生产制造产品的主要方式,即只做研发、设计、销售的环节,而将生产环节外包委托给外部合作工厂进行加工制造。企业只需做好高端品牌、研发科技专利,就可利用外包工厂贴牌生产、委托加工(OEM),将产品投放市场。企业以研发、销售等高利润环节的很少运营成本获得整个链条的大部分收益,还可对加工厂严格要求产品制造的标准、质量和时间。这种委托加工的方式可以极大地减轻委托方企业的负担,使高端品牌持有者和科技专利持有者从烦琐的生产事务中解脱出来,不用买地建厂、购置设备,不用维持大批量员工和支付高额水电费、租金、税费等,专注于技术、服务与品牌推广。

(一)委托方的知识产权合规风险与管理

在委托加工中,许多委托方企业享受着诸多外包生产的益处,但是由于自身缺乏法律意识和知识产权保护意识,往往忽视了己方知识产权的保护以及对加工方的约束,造成现实中很多加工方侵犯和窃取委托企业的商标、专利等知识产权,低廉的"山寨"产品充斥着市场、挤占了委托方的市场份额,造成委托方巨大的商业损失。

1. 委托方的合规风险。

对于委托企业而言，委托加工的知识产权法律风险主要就是委托方在研发出产品之后未及时注册商标、申请专利，或者在委托加工时未对加工方加以防备、约束和管理，从而导致加工方侵犯和“窃取”己方知识产权。实践中，加工方比较常见的方式有，未获得许可而进行滥用委托方商标、利用委托方专利技术制造销售侵权产品、私造产品并冠以委托方商标或者是制造并销售类似于委托方产品的结构或外观的高仿产品等。

2. 委托方的合规管理。

（1）委托方应当尽量及时注册商标，申请专利保护。特别是要约定对于委托加工过程中衍生的知识产权的归属。

（2）签订《保密协议》。

企业除了要对自己的员工，包括研发设计团队和供应链管理团队，签订《保密协议》，更应与供应商签订保密协议，设定严格的知识产权保密条款。

（3）加强监督。

要加强对加工方产品生产销售的监督，可以考虑“钓鱼”式监督。

（二）受托方的知识产权合规风险与管理

在社会化大生产、大协作的趋势下，委托加工生产模式越来越获得制造业领域的青睐，由此产生的涉及贴牌受托方的知识产权侵权问题也逐渐受到关注。

1. 受托方的合规风险。

在委托加工模式下，相关产品可能被认定侵犯他人的专利、商标等知识产权侵权。这种情况下，受托方应当承担何种法律责任，取决于如何界定受托方的主体身份，即受托方是制造商还是销售商。如果受托方提供证据证明该产品的生产过程未体现其意志，且受托方已经尽到合理注意义务，则被认定为制造商的可能性会降低，甚至不会被认定为制造商，则受托方仅需承担销售商责任，且可以援引合法来源抗辩。

2. 受托方的合规管理。

（1）确认知识产权权属状况。若委托方是商标的所有权人，应要求其提供商标注册证，检查受托加工的产品是否属于商标核准使用的商品项目，并通过国家知识产权局商标查询系统核实注册商标的情况。在与供应商的相关合同中约定权利瑕疵担保责任，为贴牌方、供应商内部的责任分担确定依据。若委托方并非商标的所有权人,应注意确认委托方是否为合法的授权使用商标的使用权人,要求委托方提供商标许可文件,核查其有无权利对商标实施再许可,特别注意商标许可的期限范围、地域范围、产品等细节,并通过国家知识产权局商标查询系统核实注册商标的许可情况。

(2)尽量不披露加工方的信息。在知识产权权属不清的情况下,若无必要,应尽量避免在产品、说明书上体现贴牌生产方信息,特别应避免将贴牌方标示为生产制造商,且建议在委托加工合同中对产品、说明书中信息披露形式明确约定。

(3)保留好合同。受托企业应和委托方签订委托加工合同,在委托加工合同中明确约定,委托方应具备合法使用和授权他人使用商标标识的权利,确保加工产品使用的商标标识不侵害任何第三方的知识产权,否则由此产生的相关责任均由委托方承担。

(4)保留好交易记录、付款记录及相关单据。

第五节　生产环节的知识产权合规管理

随着知识产权保护的意识逐渐加强,企业在生产环节过程中稍不留意就容易造成知识产权侵权或者被侵权。企业在生产环节中比较常见的知识产权风险在于侵权风险,如施工企业根据建设方提供的施工图纸进行施工或者转包第三方施工,而施工图中技术方案落入他人的专利保护范围,那么施工单位是否构成侵权主体?另外,企业按照国家标准、行业标准实施技术方案进行生产,但是在国家标准、行业标准中涉及他人的专利技术方案,那么企业应如何避免合规风险?所以,企业在生产经营中,生产环节不应忽视知识产权的合规管理。

一、生产设备的知识产权合规风险与管理

生产设备是指企业生产过程中为生产工人操纵的,直接改变原材料属性、性能、形态或增强外观价值所必需的劳动资料或器物,如机床、反应器、印染机等。生产设备的质量及其技术先进程度,直接影响产品的质量、精度、产量和生产效

率。生产设备作为固定资产,在生产过程中的价值消耗逐渐转移到其产品中,但是企业的生产设备也会涉及知识产权合规风险。

对于生产设备知识产权合规风险,我们以办公软件为例。办公软件常见有,桌面办公类软件主要包括文字编辑、表格制作、电子邮件处理、防病毒等方面的软件,比如 MS Office、IBM Notes、McAfee、OutLook 等;企业管理类软件主要包括支撑公司运营管理的 IT 应用系统,比如 ERP、采购系统、考勤管理系统、人事管理系统等;其他工具类软件主要包括研发工具软件和生产外购软件,比如仿真软件 Ansoft、电路设计软件 Cadence、Mentor 以及用于生产和研发的嵌入式系统软件 pSOS、VxWorks、PNE 等。

很多企业在创业初期,办公设备中盗版软件的使用相对比较常见,如电脑中安装的 Adobe 公司的 AutoCAD 绘图软件。该软件广泛应用在机械、建筑等各个领域,该软件使用时如果办公电脑处于联网状态,不排除 Adobe 公司能够监测到。所以,企业应采取措施,避免或降低生产、办公设备及软件侵犯他人知识产权的风险。具体可分解为以下合规管理思路:

1. 培训教育。

企业应当将知识产权保护有关的法律法规纳入员工培训课程范围,针对软件有关的法律知识进行普及、教育,提高员工的知识产权保护法律意识。企业要求员工尊重他人计算机软件成果,未经许可不得下载、安装、使用他人软件。如有必要使用相关软件应当征求企业意见,由企业采购后进行使用。

2. 定期监控。

定期监控企业可能涉及他人知识产权的状况,分析可能发生的纠纷及其对企业的损害程度,提出防范预案。在实际中,有些员工安装盗版软件,但是公司并不知情,当被列为被告后才知道侵权行为的发生,这种情况就会让公司非常被动,举证也比较困难。企业应安排专人定期对企业员工的电脑等办公设备进行检查,避免上述情况的发生。定期对企业所有的电脑进行检查,排查企业未购买的,且非免费的计算机软件,对发现的软件进行彻底删除卸载,并对文件目录等相关文件全部删除。

软件开发企业应当将软件保护条款写入员工劳动合同或者让员工签署软件不侵权声明承诺,进一步强化员工软件合规意识。员工私有电脑下载娱乐等自用的软件可以排除企业侵权。

3. 建立防范制度。

公司的主营产品,无论是从产品本身,还是产品的制造工艺、制造设备等,均需定期监控,尤其是监控竞争对手的知识产权情况,作为同行业的竞争对手,其产品的更新换代对公司的长期发展及生存都是重大威胁,如果防范不到位,侵犯了竞争对手的产品、专利、商标、著作权等知识产权,那么企业被起诉的情况的概率是非常高的,所以要制定相关防范制度,从资产的采购、使用管理等角度提出防范举措,避免侵犯他人的知识产权。

二、生产工艺的知识产权合规风险

生产工艺是指生产中利用生产工具和设备,对各种原料、材料、半成品进行加工或处理,最后使之成为成品的工作、方法和技术。生产工艺是人们在劳动中积累起来并经总结的操作技术经验,也是生产工人和有关工程技术人员应遵守的技术规程。好的生产工艺是生产低成本、高质量产品的前提和保证。对于生产工艺的知识产权保护方式,有商业秘密和专利等方式。

【案例】生产工艺中的知识产权

东南大学于2004年12月23日向国家知识产权局申请名称为“双向搅拌桩的成桩操作方法”的发明专利,并于2006年9月13日公告获得授权,专利号为ZL200410065862.9,2009年5月8日变更专利权人为南京路鼎搅拌桩特种技术有限公司。该专利权利要求书记载其权利要求1为:一种双向搅拌桩的成桩操作方法,其特征在于操作方法:a:整平场地;b:双向搅拌桩机定位:起重机悬吊搅拌机到指定桩位并对中;c:搅拌下沉:启动双向搅拌桩机,使双向搅拌桩机钻杆沿导向架向下切土,开启送浆泵,向土体喷水泥浆,双向搅拌桩机钻杆上分别正、反向旋转的叶片同时旋转搅拌水泥土;d:双向搅拌桩机钻杆持续下沉并搅拌水泥土,直到设计深度;e:搅拌提升的同时,双向搅拌桩机钻杆上正反向旋转的叶片继续搅拌水泥土;f:提升、搅拌到地表或设计标高以上50cm,完成双向搅拌水泥土搅拌桩的施工。

原告南京路鼎搅拌桩特种技术有限公司认为被告中铁三局集团有限公

司未经原告许可,在“宁波市轨道交通朱塘村停车场”的施工现场使用原告的专利方法进行施工,侵犯了原告的专利权,向人民法院提起诉讼。

人民法院经审理后认为,涉案专利为方法专利,因该工程在证据保全时已结束,故能反映工程施工方法的证据为工程设计施工图纸。被告辩称涉案地基工程未必采取的是工程设计施工图纸所示的施工方法,但其未提供相关依据,且作为重大工程的施工单位应严格按工程设计图纸开展施工,即使存在变更,也应有相关单位认可的变更材料,故被告该辩称不予采信。本案应以工程设计施工图纸所示的地基工程施工方法作为被控侵权方法予以比对。经比对,图纸所示的“钉形双向水泥土搅拌成桩操作方法”设计说明记载“钉形水泥双向搅拌桩是指在水泥土搅拌成桩过程中,由动力系统分别带动安装在同心钻杆上的内、外两组搅拌叶片同时正、反向旋转搅拌,通过搅拌叶片的伸缩使桩身上部截面扩大而形成的类似钉子形状的水泥土搅拌桩”,并记载了钉形水泥土双向搅拌桩的包括搅拌机就位、喷浆下沉、提升搅拌等施工工艺流程及示意图。该涉案工程施工方法与涉案专利技术特征并无实质性区别,属于相同,落入涉案专利权的保护范围。被告作为工程施工单位未经专利权人许可使用专利方法的行为,依法构成侵权,因此,法院判决被告中铁三局集团有限公司赔偿原告南京路鼎搅拌桩特种技术有限公司经济损失。

第六节　营销环节的知识产权合规管理

营销,是指企业发现或发掘准消费者需求,让消费者了解产品进而购买产品的过程。企业的宣传是企业与消费者之间的沟通桥梁,良好的宣传策略会帮助企业迅速地扩大影响力,提高知名度和销售竞争力,进而帮助企业在商业竞争中更快地占据有利的竞争地位。因此,企业宣传已经成为商业竞争中重要的竞争策略和手段。在产品销售活动期间涉及的产品商标、广告语营销方案等均可能引发侵犯他人知识产权的风险。企业对知识产权没有建立有效的预警和防范机制进行有效管理,是企业知识产权风险的主要成因。随着网络媒体快速发展,企业的宣传手段、宣传策略和宣传形式越来越多样化,企业宣传不仅包括电视广告、互联网广告和企业网页,还包括产品的包装装潢、门头装潢、展柜装潢、对外公告声明、交易文件和企业的宣传资料。商品经营者或者服务提供者通过一定的媒介直接或者间接地介绍商品或者服务的行为都属于商业宣传活动,直接宣传是指宣传商品或者服务的本身,间接宣传包括企业的文化、理念、信誉或者技术实力。

无论何种宣传形式或者宣传手段,企业宣传都应当符合法律规定,特别是随着宣传方式的多样化和多元化,企业更应该注重宣传过程中的知识产权合规风险,避免商业宣传给企业带来知识产权风险。

一、产品包装的知识产权合规管理

商品包装本意是为了保护或储存商品,而在运输、销售过程中所采取的装饰,商品包装越漂亮越显眼,越会引起人们的注意,也会起到推广的效果。市场上的商品琳琅满目,商品包装更是丰富多彩,商品包装中一般包括文字的字体、图案等涉及《著作权法》的相关内容。商品包装中常有对商品的文字表述,比如食品包装中通常有保质期的表述,药品包装中常有服用频率的表述。为了介绍商品或吸引消费者的注意,有的商家还会在包装上印制相应的图案。不仅包装上的文字字体、图案、商标等会引起侵权纠纷,包装的整体风格、样式也有可能引起侵权纠纷。

(一)包装、装潢的知识产权合规风险

我国《反不正当竞争法》第6条第1项规定,经营者不得擅自使用与他人有一定影响的商品名称、包装、装潢等相同或者近似的标识,引人误认为是他人商品或者与他人存在特定联系。

《反不正当竞争法》所保护的有一定影响的商品名称、包装、装潢,是指能够区别商品来源的盛装或者保护商品的容器等包装,以及在商品或者其包装上附加的文字、图案、色彩及其排列组合所构成的装潢。对他人能够区别商品来源的有一定影响的商品特有的包装、装潢,进行足以引起市场混淆、误认的模仿,属于不正当竞争行为。

【案例】FERRERO ROCHER 费列罗知名商品特有装潢案

费列罗公司于1946年在意大利成立,1982年其生产的费列罗巧克力投放市场,曾在亚洲多个国家和地区的电视、报纸、杂志发布广告。在我国台湾和香港地区,费列罗巧克力取名“金莎”巧克力,并分别于1990年6月和1993年在我国台湾和香港地区注册“金莎”商标。

1984年2月,费列罗巧克力通过中国粮油食品进出口总公司采取寄售方式进入了国内市场,主要在免税店和机场商店等当时政策所允许的场所销售,并延续到1993年前。1986年10月,费列罗公司在中国注册了“FERRERO ROCHER”和图形(椭圆花边图案)以及其组合的系列商标,并在中国境内销售的巧克力商品上使用。费列罗巧克力使用的包装、装潢的主要特征:(1)每一粒球状巧克力用金色纸质包装;(2)在金色球状包装上配以印有“FERRERO ROCHER”商标的椭圆形金边标签作为装潢;(3)每一粒金球状巧克力均有咖啡色纸质底托作为装潢;(4)若干形状的塑料透明包装,以呈现金球状内包装;(5)塑料透明包装上使用椭圆形金边图案作为装潢,椭圆形内配有产品图案和商标,并由商标处延伸出红金颜色的绶带状图案。费列罗巧克力产品的8粒装、16粒装、24粒装以及30粒装。立体包装于1984年在世界知识产权组织申请为立体商标。

费列罗公司自1993年开始,以广东、上海、北京地区为核心逐步加大费列罗巧克力在国内的报纸、期刊和室外广告的宣传力度,相继在一些大中城市设立专柜进行销售,并通过赞助一些商业和体育活动,提高其产品的知名度。2000年6月,其“FERRERO ROCHER”商标被国家工商行政管理部门列入全国重点商标保护名录。我国广东、河北等地工商行政管理部门曾多次查处仿冒费列罗巧克力包装、装潢的行为。

蒙特莎公司是1991年12月张家港市乳品一厂与比利时费塔代尔有限公司合资成立的生产、销售各种花色巧克力的中外合资企业。张家港市乳品一厂自1990年开始生产金莎巧克力,并于1990年4月23日申请注册“金莎”文字商标,1991年4月经国家工商行政管理局商标局核准注册。2002年,张家港市乳品一厂向蒙特莎公司转让“金莎”商标,于2002年11月25日提出申请,并于2004年4月21日经国家工商管理总局商标局核准转让。由此蒙特莎公司开始生产、销售金莎巧克力。蒙特莎公司生产、销售金莎巧克力产品，其除将“金莎”更换为“金莎 TRESOR DORE”组合商标外，仍延续使用张家港市乳品一厂金莎巧克力产品使用的包装、装潢。被控侵权的金莎 TRESOR DORE 巧克力包装、装潢：每粒金莎 TRESOR DORE 巧克力呈球状并均由金色锡纸包装；在每粒金球状包装顶部均配以印有“金莎 TRESOR DORE”商标的椭圆形金边标签；每粒金球状巧克力均配有底面平滑无褶皱、侧面带波浪褶皱的呈碗状的咖啡色纸质底托；外包装为透明塑料纸或塑料盒；外包装正中处使用椭圆金边图案，内配产品图案及金莎 TRESOR DORE 商标，并由此延伸出红金色绶带。以上特征与费列罗公司起诉中请求保护的包装、装潢在整体印象和主要部分上近似。

法院认为，蒙特莎公司在其生产的金莎 TRESOR DORE 巧克力商品上，擅自使用与费列罗公司的费列罗巧克力特有的包装、装潢相近似的包装、装潢，足以引起相关公众对商品来源的混淆、误认，构成不正当竞争。法院判令蒙特莎公司立即停止在金莎 TRESOR DORE 系列巧克力商品上使用与费列罗系列巧克力商品特有的包装、装潢相近似的包装、装潢的不正当竞争行为。

FERRERO ROCHER 包装	金莎 TRESOR DORE 包装

（二）包装上印制内容的知识产权合规风险

在产品或者产品的包装上标注专利标识是最常见的引发假冒专利行为的情形。企业为了表明产品的技术先进程度，往往会在产品的外包装上标注为专利产品；但是，标注为专利产品时需要特别注意宣传过程中专利标注的风险。包装中涉及专利产品或者专利方法的，应当标明专利号和专利种类。未取得专利权的，不得在包装中谎称取得专利权。专利过了保护期限、专利被宣告无效、专利权人未缴纳年费或主动放弃专利权，导致专利失去保护、专利经审查未获得授权，都容易被企业当成专利，而标注在包装上，构成假冒专利。

除了假冒专利问题，企业在设计产品包装时，企业的设计部门或者广告公司可能会借鉴他人的图片素材，并将他人的图片素材直接或者间接地应用在产品包装上而造成侵权。例如，某食品制造商在其生产的巧克力脆筒外包装上采用了美术作品《小希与阿树甜蜜系列》类似图案，虽然图案有细微的差别，但被控侵权产品的包装与美术作品并无实质性差异，因而最终被认定构成实质性相似而侵害了原告的著作权。

商品包装知识产权纠纷频发，企业应重视与包装内容相关的著作权、商标权、反不正当竞争等法律风险，避免因商品包装问题产生不必要的法律纠纷。企业在选择包装时，要注意和他人的包装予以区分，避免混淆。

（三）包装应注意外观设计专利的检索

很多企业为保护自己的知识产权，对于自身产品包装，按照我国《专利法》的要求，申请外观设计专利。所以，其他企业在设计、使用产品包装时，应注意检索外观设计专利，避免包装侵犯他人外观设计专利。

二、广告宣传中知识产权合规风险

现在的广告可以说是无所不在，形式多种多样。广告的投放渠道主要有互联网、户外、报纸、杂志、电视、广播。无论是走在路上看到公交站的站牌广告，还是打开网页弹出来的广告都在潜移默化地影响着用户。通过企业微信公众号、微博和企业网页等渠道来进行宣传已经是企业的重要宣传方式，为了增加宣传效果，企业往往会转载一些他人的文章或者文字作品，但是，未经他人许可的文章转载往往会涉及侵权著作权的情形。企业的宣传作为商业竞争中重要的竞争策略和手段，企业的商业宣传已经渗透企业的方方面面，但是，企业在进行商业宣传的过程中,务必注意商业宣传过程中的知识产权风险性合规问题。企业应当制定严格的宣传制度和审核规定,而且企业的知识产权负责人应当对微信公众号、企业网站等宣传资料的内容进行充分的审核和评估。

(一)宣传过程中的商业秘密合规风险

为了达到更好的产品推广效果,企业在网页或者宣传册上往往会把自身完成的研发成果进行宣传,给企业带来不必要的知识产权风险。

1. 避免企业宣传过程泄露研发成果。

为避免企业因宣传过程中的知识产权不合规,企业应加强知识产权合规管理。为减少企业知识产权的合规风险,在宣传研发成果的过程中,需要审核相关的技术成果信息是否属于商业秘密保护的内容,避免商业秘密信息的泄露。如果相关的技术成果需要以专利的形式进行保护,则审核相关的技术成果是否已经申请了专利,避免企业自身的商业宣传导致专利内容被公开,丧失新颖性,进而影响专利的申请保护。

2. 避免企业宣传过程泄露商业信息。

企业在宣传过程中往往会在网页、宣传册或者宣传片等宣传载体上宣传企业的商业合作信息、生产制造信息、签约信息或者上下游供应商等商业信息,在上述商业信息宣传的过程中,需要特别注意相关的商业信息是否应当被公开,以及公开的信息会不会导致企业的商业信息泄露。

(二)竞价排名的知识产权合规风险

竞价排名最早起源于1996年美国搜索服务商“Open Tex”发明的一种叫作“优先排序”的营销方式,即利用关键词将广告主的网页与搜索结果相链接。在我国,中文搜索引擎商百度于2001年推出了该模式,成为百度推广,实践中也称为“竞价排名”。

竞价排名是互联网服务商提供的一种付费推广服务。相对于自然搜索,竞价排名加入了人工影响因素。关于竞价排名服务的法律性质,早期在我国曾存在不同的认定,随着2018年《电子商务法》的颁布,该法第40条明确表示,对于竞价排名的商品或者服务,应当显著标明“广告”,这意味着我国已经从立法层面上对竞价排名的法律性质定性为“广告”。

竞价排名模式与传统自然排名的网络搜索服务不同。在自然排名搜索服务下，搜索引擎服务商事先设定了逻辑运算规则，在用户输入关键词后，根据与用户输入的关键词关联性最强、匹配最高的顺序排列显示搜索结果。而在竞价排名模式中，市场经营者在百度网站的竞价排名栏目注册账号后，通过选定关联到其网站的竞价排名关键词来达到影响搜索关键词与该网站网页的技术相关度之目的，从而使该网站网页在搜索结果中排序优先。竞价排名服务已成为为数众多的市场经营者宣传推广自己的网站、商品、服务以获得更多商业机会的重要途径。但是，与之相应的是，有一些企业为了提高推广效果，经常会选定一些与他人商标词相同或者相似的关键词，这些词通常是在相关的网络用户中使用频率较高的词，或者是行业中比较知名的或得到消费者认可的品牌名称，从而引发越来越多的商标侵权纠纷。

【案例】国内首例因竞价排名业务引起的商标侵权纠纷

2008 年的“绿岛风”案是国内第一例因竞价排名业务引起的商标侵权纠纷。该案中，台山港益电器有限公司和广州市第三电器厂主营业务均为生产风幕机，两家公司具有市场竞争关系，且台山港益电器有限公司是“绿岛风”商标的所有人。

台山港益电器有限公司在谷歌搜索引擎中以关键词“绿岛风”搜索时，发现搜索结果右栏赞助商链接第一项搜索结果为“绿岛风——第三电器厂”及其链接。点击该链接则会进入第三电器厂的网站。但是，在第三电厂的页面上并未显示“绿岛风”字样。随后，台山港益电器有限公司将谷歌和广州市第三电器厂告上了法院。

一审中，广州市白云区人民法院认为第三电器厂构成对港益公司的商标侵权，但以谷歌不具备编辑控制能力、没有义务监控信息合法性和诉讼时该公司及时停止了关键词广告服务为由判决谷歌免责。广州市中级人民法院二审维持了第三电器厂侵权的判决，但该法院认为原审法院对谷歌作出责任认定时适用法律不当，判决谷歌与广州第三电器厂共同赔偿经济损失5万元。

（三）选择他人商标作为关键词推广的合规风险

在互联网飞速发展的背景下，商标价值日益显现，商标使用的表现形式更加多元化，不少企业会选择将知名度较高的商标作为搜索关键词对其商品或服务进行宣传，只要相关用户搜索该关键词，就会直接跳转至该企业官网，从而增加竞争优势。但实践中，将他人注册商标用作搜索关键词，从而抢占市场份额的情况时有发生，该行为是否构成商标侵权？是否构成不正当竞争？这种流量劫持方式，分为显性使用关键词和隐性使用关键词。

显性使用关键词，是指直接在百度搜索页面上显示竞争对手的商标字号，却指向竞价排名人的网站。

隐性使用关键词，是指在百度竞价排名软件后台设置竞争对手的商标字号，百度搜索页面上不显示竞争对手的商标字号，但用户点击后会指向竞价排名人的网站。

大量的审判案件表明，法院目前对通过显性使用关键词进行竞价排名，一般认定构成不正当竞争。对隐形使用关键词，原则上不认为构成不正当竞争，理由是，在搜索引擎后台将他人商业标识设置为关键词的行为未破坏该商业标识的识别性，不会导致相关公众的混淆，故不属于《反不正当竞争法》规定的商业混淆等类型化不正当竞争行为。该种使用方式未对经营者利益、消费者利益和公共利益造成实质性损害，未违反诚实信用原则和商业道德，亦不应适用《反不正当竞争法》原则性条款予以规制。

（四）比较广告的知识产权合规风险

对比性广告是指商家通过将自身商品与同业竞争者的商品相比较，从而凸显自身商品的优势并影响消费者购物决策的广告形式。随着市场竞争越发激烈，各式商品层出不穷，对比性广告作为高效宣传手段之一，受到众多商家的青睐。然而,对比性广告使商家获得更多的交易机会和市场份额的同时,也可能令商家陷入“虚假宣传”“商业诋毁”等不正当竞争的境地。

【案例】楼盘广告通过“LV”提升自身知名度

法国路易威登公司是“LV”商标的注册人,在全世界范围内享有很高的知名度。

2004 年 7 月至 10 月上海国际丽都置业公司在上海延安中路陕西路路口处的大楼上竖立一块高 300 米、宽 60 米的广告牌,进行楼盘宣传,以近 1/3的比例和夺目的橙色突出模特和模特手中拎一只印有“LV”字母的提包。路易威登公司得知此广告后,认为被告利用“LV”商标及商品的知名度,借以提升房地产项目的知名度,已侵犯其商标权,构成不正当竞争,遂诉至法院。

法院经审理后认为,本案中由于被告公司是房地产开发公司,其在广告中使用“LV”商标的行为不构成商标性使用,这也不会使消费者对楼盘的开发者等产生混淆,因此不构成商标侵权。但是法院认为,原告通过长期经营才获得今天的声誉,原告的商标和商品也因此才成为时尚、高档的象征。被告在明知“LV”手提包有较高知名度的情况下,在巨幅广告中以近 1/3 的比例和夺目的橙色突出模特和模特手中的“LV”包,以此吸引受众的视线,并进而通过“LV”手提包的知名度来提升其广告楼盘的品味,意在宣传出入其楼盘的都是手拎“LV”包的时尚、高贵人士,该楼盘同样时尚、高档。被告将宣传行为建立在原告商品之上,系故意利用原告资源,不正当地获取利益,损害了原告的合法权利,打破了诚实信用、平等公平的竞争秩序,该行为构成不正当竞争。

三、企业网站知识产权合规风险

企业网站无论设计还是网站内容多半是相互抄袭复制。企业没有足够重视自己网站的合规风险。尤其是在"山寨"成风的当下，这并不奇怪也不鲜见，在做网站行业更是司空见惯。如果是委托他人设计网页或者管理网站，一定要约定著作权的归属以及侵权的法律责任承担。企业在网站建设的时候，一定要选择有设计能力的企业，在确保网站制作质量的同时，也可以规避网站制作侵权风险。

（一）网站域名的知识产权合规风险

很多企业认为域名只是一个代码，没有任何商业价值，无须特别保护。然而，在电子商务条件下，企业如果注册一个与某个驰名商标相同的域名，将让客户很容易记住，进而增加交易机会。所以，与商标、商号具有关联关系的域名具有广告、商标的效果。域名有混淆他人商标的服务与商品的可能，所以，企业应注意域名的注册、使用、转让等事务中的风险防范。

在域名领域，企业主要防范以下两方面的风险：

（1）与企业名称、商标相关的域名被他人抢注的风险。

与企业名称、商标相关的域名被他人抢注，企业直接面临的后果就是，要么花费巨资购买该域名，要么改变自身的商号、商标等。两者都会带来经济利益的损害。企业斥巨资从域名抢注者手中换回与其商标相同的域名的案例不少。例如，世界著名电脑制造商康柏，1998 年用 5000 万美元换取康柏的英文域名。

（2）企业注册的域名与他人在先权利冲突而带来的风险。

企业在申请域名时，应当注意避免与他人在先权利冲突而带来的潜在法律风险，尤其是与他人商标权的冲突。

（二）网站版式设计的合规风险

网页如果在内容的选择和编排上体现出独创性，可以作为汇编作品进行保护，如果抄袭、剽窃他人网页设计，可能就侵犯他人著作权。

（三）网站程序著作权的合规风险

很多企业并没有网站开发能力，采取的做法却是从网站上下载一个开源网站管理系统套用到自己的网站上，应注意侵犯他人著作权。如果委托第三方设计开发网站程序，应约定著作权的归属，避免后期涉及著作权归属纠纷。

（四）网站内容的合规风险

严格意义上来说网站内容侵权多半并非企业本意，一方面，很多网站制作素材来自互联网，即便想支付版费，也不知道怎么处理。另一方面，在做网站的时候，很多企业都会提供一部分自己文案和图片内容，其余都是网上搜索的文案和图片内容，尤其是那些自己没有工厂没有设备的贸易企业更是如此。还有的企业网站为了烘托气氛，会使用背景音乐。如果未经许可，企业网站使用背景音乐，也是构成侵权行为。

第七节　企业并购中的知识产权合规管理

企业并购（Mergers and Acquisitions, M&A）包括兼并和收购两层含义、两种方式。国际上习惯将兼并和收购合在一起使用，统称为 M&A，在我国称为并购。企业之间的兼并与收购行为，是企业在平等自愿、等价有偿基础上，以一定的经济方式取得其他法人产权的行为，是企业进行资本运作和经营的一种主要形式。企业并购主要包括公司合并、资产收购、股权收购三种形式。并购是现代企业实施扩张战略最为常见的方式之一，是企业经营发展中的重大事项。通过并购，企业可以扩大生产经营规模，调整经营战略。在知识经济时代，企业之间的竞争是知识产权的竞争，因此知识产权在企业并购的运作中处于相当关键的地位。

当前，全球范围内的企业竞争日益激烈，企业并购正逐渐成为一种热潮，越来越多的参与并购的企业尤其是高新技术企业都逐渐认识到，专利等知识产权在并购中扮演着越来越重要的角色。在新一轮全球并购中，专利等知识产权已成为企业并购的潜在动力，有时甚至成为决定并购成败的重要因素。微软和英特尔公司亦是通过频繁的收购，将许许多多的公司纳入自己的旗下。这些企业并购的目的既在于扩大自身的市场份额，拓展企业经营领域和范围，更在于看重了被收购方的各种知识产权。我国的企业在并购中也开始注重知识产权，轰动一时的联想收购 IBM 笔记本，联想支付的价款，其中很大一部分是为 4000 多个专利买单。

随着知识产权的相关交易在公司并购中的比重越来越大,甚至成为一些企业收购的核心目标,有关知识产权法律风险的意识和评估越发重要,其对于商业目标实现的战略意义也越发凸显,所以,要加强合规管理。如果不重视知识产权,则目标公司潜在的知识产权风险可能会成为并购的直接障碍,甚至会导致并购方不得不更改并购项目。

一、核查目标公司知识产权有效性

核查目标公司拥有的知识产权类型及数量,包括目标公司所有的或正在使用的专利权、商业秘密、商标专用权、著作权、植物新品种、集成电路布图设计、域名等,确认这些知识产权的名称、类型、权利所有人、法律状态、权利期限、同族专利、近似商标等基本信息。

就专利而言,根据《专利法实施细则》的相关规定,期满未缴纳年费的,专利权自应当缴纳年费期满之日起终止。因此,除了核查目标公司的专利权属证书外,还应当关注专利年费的实际缴纳情况,防止目标公司因未缴纳年费,而导致专利权在事实上的终止。

二、核查目标公司知识产权权属

在股权并购交易中,知识产权的资产价值,往往取决于知识产权的类型及范围,包括知识产权的有效期长短、是否受其他协议的限制等,而知识产权尽职调查的结果也往往会直接影响对交易价格、交易结构的评估,甚至影响交易的成败。因此对于知识产权部分要全面审查,不仅要审查目标公司的每一个专利、商标、版权、域名等知识产权的真正权利人,还要审查其拥有的知识产权来源等情况,以进一步确定知识产权的权属。

知识产权的登记注册可以作为权利人判断的依据之一,但在一些特殊情况下,即使登记在公司名下的知识产权,其真正权利人也可能不是公司。可能实际上企业已经通过合同进行了转让但并未变更登记,可能是合作发明创造而公司无法单独行使权力进行转让,也可能是通过第三人转让获得,而转让时即已对再转让设置限制条件。不同的形式对知识产权归属可能存在不同的约定,比如是否约定目标公司股权变更则相关知识产权的许可将被收回等类似条款,这些限制性约定对于交易中的知识产权资产审核界定影响甚重,在尽职调查的过程中,应当作为重点进行核查。

企业并购如果涉及知识产权的权属转移,为了识别权属瑕疵风险,通常需要全面审查目标公司签署的与知识产权相关的合同,包括许可协议、销售合同、供货订单、代理协议、员工职务发明协议等。

一般来说,目标企业使用的知识产权可能存在三种所有权形式:企业所有的知识产权、与他人共有的知识产权以及第三方所有的知识产权。在后两种情况下,知识产权的权属瑕疵风险较大,应予以注意。

三、厘清目标公司知识产权的具体来源

厘清目标公司知识产权的来源是属于自主研发还是外部受让而来。如果是公司自主研发,应当确认是否属于职务技术成果,该职务技术成果权属是否明晰,目标公司与发明人、设计人之间的奖励、报酬是否支付完毕。如果存在多个共有人合作开发时,并购方还应考虑,各共有人是否均同意对外转让。

如果目标公司的知识产权是从外部受让而来,根据《专利法》的相关规定,转让专利申请权或者专利权,当事人应当向国家知识产权局登记并公告,转让自登记之日起生效。因此,专利转让行为的生效时间是知识产权登记机关登记之日起,并不是转让双方签订转让合同之时,此时,并购方除了审查专利转让合同之外,还应当审查目标公司的专利转让是否已到国家知识产权局登记公告。

而对于受让的商标,《商标法》除了规定转让人和受让人应当共同向商标局提出申请,由商标局予以公告外,还规定转让方在转让注册商标时,应当将同一种商品上注册的近似商标,或者在类似商品上注册的相同或者近似的商标一并

转让。因此,对于目标公司受让的注册商标,并购方除了审查是否经商标局核准公告外,还应审查目标公司是否将近似商标一并受让。

四、审查目标公司知识产权是否存在权利瑕疵

目标公司知识产权本身是否存在权利瑕疵,就是审查知识产权有无对外抵押、担保情形,根据《专利法》《商标法》的规定,对于以专利、商标对外质抵押融资的,均应当由出质人和质权人共同到知识产权局和商标局办理质押登记。

需要核查目标公司是否存在以商标、专利等作价入股的情形,即知识产权出资入股。如果目标公司存在知识产权入股的情形,根据《公司法》的相关规定,应当审查相关知识产权是否已经实际过户到目标公司名下,是否已经办理完毕工商登记手续。

需要审查目标公司正在使用的知识产权是否依赖于关联方企业,导致目标公司知识产权权利不充分、不明确,存在相关的法律风险,从而影响企业未来经营的稳定性。例如,目标公司如果存在被许可使用的专利权,应审查目标公司被许可实施的方式,属于独占许可、普通许可还是排他许可,以及被许可实施的年限等,以判断目标公司该项技术是否存在依赖关系,从而导致权利瑕疵。例如,2014 年北斗星通拟以交易总金额为 16.1 亿元收购华信天线和佳利电子一案,就因华信天线存在潜在的知识产权法律纠纷风险,可能会影响企业的未来经营,导致收购预案直接被否。

五、知识产权时间性风险

知识产权具有严格的权利保护期限。超出这一界限,法律对于相应的知识产权不再给予垄断性保护。

在公司并购过程中,应当确定所要收购的知识产权是否在法律保护的有限期限内以及其有效期限至何时为止,是否可以续展以及如何续展,是否存在障碍和续展的费用等。转让方是否按时缴付了专利的年费,专利是否仍然有效,商标

是否还在保护期内。以上直接决定了该项知识产权保护的范围和强度,并且会对收购价格的形成产生影响。

六、知识产权被替代风险

对于收购以专利投资入股的目标公司,特别需要注意目标公司原股东故意隐瞒更新的技术,将低端的技术入股,而保留高端的技术。在目标公司被收购后,高端的技术仍然保留在原有股东手中。所收购的企业,可能会变得一文不值。例如,投资者收购一家目标公司后,发现目标公司的原股东另起炉灶,而且技术上更先进。发生争议时,就投资者购买的目标公司拥有到底是1.0版还是2.0版的产权,以及另起炉灶更新换代后的技术是否对目标公司构成侵权,争议颇大。因此,相关收购合同里比较明确的约定,对界定责任非常关键。

七、排查目标公司知识产权潜在的风险

在并购前,应评估目标公司近5年内作为原告或被告参与的、已结案的或正在审理的诉讼案件情况,包括调查案件性质、诉讼法律关系和结案情况,以了解目标公司知识产权经营管理的状况和基础。

如果目标公司知识产权的所有权或/和有效性被第三方提出法律质疑,收购方应当分析其中的争议焦点和可能的结果,尤其是目标公司可能要承担的责任大小、其对目标公司知识产权的影响以及对收购方购买、运营所涉知识产权会造成何种影响。

对于目标公司涉及的国际专利诉讼,应当对原告的具体诉讼目的进行分析,是为了确定权属,或是迫使目标公司与之商谈许可事宜,或是通过诉讼获得高额赔偿等,从而进一步评估并购中的知识产权法律风险的强弱。

此外,收购方还应当调查和评估目标公司正在申请、审查过程中的知识产权状况。例如,驰名商标的申请与认定情况,发明专利的申请与审查情况等。通过调查官方的审查意见、目标公司的答辩意见和利益相关人的质疑意见,查明可能

存在的知识产权争议风险。

有时还会研究发明专利的实际保护范围。对于重要的专利,还要对其被宣告无效的可能性作出评估。仅仅由于专利的权利要求书写得不完备,而令收购企业放弃收购的事例并不多见。权利要求书不完备会使专利保护范围过窄,令竞争者容易绕过这项专利。

八、目标公司知识产权的价值评估

目前的评估方式仅是对知识产权进行财务上的评估,没有考虑法律上的各种因素,得到的价值是对以前的判断。并购企业,在考虑知识产权因素时,是为了未来长期的使用,当然不能仅仅依据过去某个静态的评估价值。知识产权的价值是动态的,波动的幅度非常大,而且在法律上具有非常大的不确定性,对于商标而言,其价值很可能在顷刻之间从数亿跌落到零,甚至是负数。比如“三鹿”这个曾经价值近 150 亿元的商标,因“三聚氰胺事件”跌落神坛,三鹿集团也因此破产。

目前的评估主要由会计师事务所来完成,而对专利的评估需要很深的技术背景和专利方面的专业知识,会计师们仅仅依据会计准则评估出来的结果无法反映专利的真实价值。影响专利价值的因素非常多,不具备专业技术以及专利专业知识是不可能理解的。比如某项专利的技术含量很高,具有非常广阔的市场前景,其价值当然会被高评估,如果进行检索发现了更先进的替代技术,那么该专利的价值立刻贬值到很低。是不是很快就有更先进的替代技术,这需要对专利文献进行非常专业的检索和分析。还有的专利从各方面看起来都非常不错,可以评估很高的价值,但是其专利文件写得很糟糕,几乎使这个专利的关键技术点完全不受保护,那么这个专利的实际价值是零,这个判断需要相当的专利代理知识。还有的专利技术很容易被绕过,有的专利本身包含其他专利技术,权利关系极为复杂等都将影响专利的价值,而且不同行业的专利还需要不同的技术背景,这些技术背景是会计师事务所不可能具备的。我们可以组合各专业的人才对知识产权进行全面的评估,得出最接近真实的价值。对知识产权的评估不能仅依据会计师事务所的评估,还需要专业知识产权律师参与,这样才能反映真正的知识产权价值,为自己在合资中赢得主动,使知识产权的价值得到维护和最大的发挥。

九、企业并购应关注技术骨干人员因素

企业并购过程中,不能仅关注目标公司的知识产权,还应关注创造这些知识产权的骨干人员。企业并购除了获取目标公司的专利技术,更应该以获取研发骨干或团队为目标。

现有研究表明,这种关注技术人员式的技术并购能够帮助企业快速扭转研发劣势,扩大现有知识能力范围。如果没有新技术开发,没有新的专利不断更新,这种并购的公司价值是会有贬损的。

并购涉及技术骨干,应体现在收购名单之中。双方可以在收购协议中约定人员变动对收购价格的影响参数,可以通过分期付款或约定收购价格因骨干人员离职而减少,以达到公司价值与收购价格相关联。

十、预防并购知识产权陷阱

商场如战场,并购活动危机重重。企业稍有不慎就有可能既得不到想要的资金和技术,又失去唯一的资产——品牌。外资方常常利用中方较高知名度和市场占有率,与中国企业进行并购活动。外资方同意合资企业在经营期限内对双方商标都可使用,但在实际经营中,外资方却利用控股地位将中方商标闲置,仅使用自己的商标,并利用合资企业的资金为自己的商标大作宣传。合营期限一旦届满,原中方著名商标由于不使用而在市场上为人所淡忘,而中方对外资方的商标已无权继续使用,外资方此时便可能对中方提出继续使用其商标的高额许可使用费。为了达到这个目的,外资方总是想方设法达到控股地位。这是外商吃掉中国知名品牌的“消灭式合资”典型惯用手法。比如在洗衣粉行业,上海

的白猫、广东的高富力在合资后,外方利用我国名牌厂家的生产力和销售渠道,推销其高价产品“碧浪”“汰渍”,却把中方的产品打入“冷宫”。又如广州肥皂厂的洁花牌香皂与美方合资后,很快被“海飞丝”“潘婷”取而代之。

第七章 海外知识产权合规管理

随着我国科技发展水平的不断提升,在经济全球化趋势下,越来越多的企业参与到海外市场竞争。以华为、中兴、小米等为代表的大批企业,通过对外投资、贸易等方式走向海外。我国企业在获得巨大经济效益同时,来自外国政府和企业的知识产权风险也陡然增加。如联想集团价值200亿元的“Legend”商标在海外被他人大量抢注,被迫以新的商标“Lenovo”重新进入市场;海信集团“Hisense”商标被西门子公司在德国抢注后,曾被索要4000万欧元的商标转让费;“长虹”“格力”“新科”“康佳”“大宝”等品牌在南非、巴西、俄罗斯、美国等国家被抢注。专利方面,我国相关产业也不停遭遇美国的“337调查”。

企业海外知识产权合规风险主要是指企业在海外经营过程中,企业或其员工因违规行为遭受法律制裁、监管处罚、重大财产损失或声誉损失以及其他负面影响的可能性。从企业发展的海外环境来看,目标市场的知识产权制度复杂多变,这一风险广泛存在于企业海外发展的整个经营与管理活动中。面对极高的海外知识产权合规风险,企业要加强重点产业知识产权海外布局规划,不断完善海外知识产权合规风险预警体系,提升海外知识产权合规管理能力,提前发现风险,及时规避风险。

第一节 海外知识产权预警与布局

我国企业还广泛存在知识产权意识淡薄、专业知识缺乏、知识产权布局不足、管理制度缺失等问题,导致企业在海外遭遇被控侵权,被美国“337调查”,商标、域名被海外抢注,跨境电商产品被下架,参展期间被控侵权等知识产权合规风险。企业对海外国家和地区的法律、政策不熟悉,以及知识产权本身的复杂性,企业自身并不具备知识产权风险的防范能力,就难以有效地规避和防范风险。在欧美等发达国家和地区,对知识产权保护的力度很大,一旦认定构成知识产权侵权,将面临严格的法律惩处和行政处罚,不仅遭受巨额的赔偿,而且有可能被禁止进入有关市场,从而给企业造成重大的经济损失。在市场竞争中,知识产权是攻防兼备的武器,因此,企业重视海外知识产权预警与布局。从商标到专利,在海外目标市场进行知识产权预警与布局,既可以帮助企业预防合规风险,开拓海外市场,又可以进行维权。

一、企业海外知识产权风险预警

全球经济一体化背景下,知识产权作为一个国家国际竞争力要素,显得越来越重要。随之而来的是企业拓展海外市场所遇到的知识产权风险越来越大。如果发生海外知识产权纠纷,企业在海外市场的发展竞争力和生存受到巨大威胁,导致企业的成本增加。因此,对出口企业进行知识产权风险预警,针对国际竞争对手可能采取的知识产权压制,制定相应预警机制,有效防范和应对知识产权风险对企业带来的不良影响就显得非常重要。

企业海外知识产权预警工作主要包括:

1. 海外知识产权信息检索。

企业进行海外知识产权信息检索,收集与跟踪相关的数据信息,全面了解出口目标市场的知识产权保护情况,其中包括知识产权基本法律制度、知识产权侵权判断标准、司法诉讼程序、知识产权保护水平等。相关法律法规能够帮助企业了解并遵循该国家/地区的知识产权规则,有效防范风险。

2. 海外知识产权分析。

企业对知识产权布局分析、侵权风险分析、技术状况分析等,分析评议出口产品是否会侵权。企业要仔细比对出口产品是否会被出口目标市场的有效专利所覆盖，是否会遭遇竞争对手的侵权诉讼以及主动监控发现商标是否被他人抢注。企业一旦发现商标被抢注，可结合商标的状态针对性地采取措施，及时阻止他人商标确权，规避后期投入更多的成本处理已确权的抢注商标。企业只有做到知己知彼，才能心中有数，并及时采取应对潜在风险的策略。

3. 海外知识产权风险应对措施。

针对可能或已经对产品或技术出口、行业安全、国际声誉构成风险的海外知识产权问题，制定产品出口策略。通过制定产品出口策略，形成产品出口的知识产权风险控制预案。对于出口产品可能侵犯他人知识产权的，应及早开展规避设计，或主动联系权利人进行专利许可。对于涉嫌专利侵权的产品已经出口的，则应准备应诉材料，制定诉讼应对策略，积极应诉，采取相应的预防措施。

【案例】“王致和”商标在德国被抢注

王致和是安徽仙源县举人，1669 年（清康熙八年）进京会试落地，滞留京城，为谋生计，做起了豆腐生意，一边维持生计，一边刻苦攻读，以备下科。一次，做出的豆腐没卖完，时值盛夏，怕坏，便切成四方小块，配上盐、花椒等佐料，放在一口小缸里腌上。由此他也就歇伏停磨，一心攻读，渐渐把此事忘了。乃至秋凉重操旧业，蓦地想起那一小缸豆腐，忙打开一看，臭味扑鼻，豆腐已成青色，弃之可惜，大胆尝之，别具风味，遂送与邻里品尝，无不称奇。王致和屡试不中，遂尽心经营起臭豆腐来。后几经传承和演变。

2006 年 7 月，王致和公司去德国注册其商标，却意外被告知，德国欧凯

(OKAI)公司在2005年11月21日向德国专利商标局申请注册“王致和”商标,类别为食品类第29项、第30项和服务类第35项。2006年2月16日,注册申请被通过,在德国的注册商标号为30570147。欧凯公司由德籍华人开办的百货公司,主要经营来自中国的食品,它曾是王致和产品在德国的销售商。2006年8月,王致和公司的代理律师向欧凯公司发出律师函,并积极与对方进行协商,但对方没有任何回复。在与对方协商未果后,王致和公司根据德国反不正当竞争法和商标法等相关法律,向德国慕尼黑地方法院提起诉讼。

德国时间2007年1月26日,德国慕尼黑地方法院正式受理“‘王致和’商标抢注案”。欧凯公司提出王致和公司的标识是通用的“中国古代士兵头像”,不能作为商标使用。对此,王致和公司提出,自己的图文结合商标标识是王致和公司请中央工艺美术学院的黄伟教授设计的,王致和通过合同的方式获得了此标识在中国的著作权,也就是版权。中国和德国都是《伯尔尼公约》的成员国,因此王致和公司在德国也享有对该标识的版权。由于欧凯公司抢注商标的标识与王致和公司享有版权的标识一模一样,因此欧凯公司的行为侵犯了王致和公司在先的著作权,这也是王致和公司要求法庭撤销欧凯公司抢注商标的重要理由。2007年11月14日,慕尼黑地方法院一审认定欧凯公司恶意抢注“王致和”商标,已构成侵权和不正当竞争。判处禁止欧凯公司在德国市场擅自使用“王致和”商标、依法撤销其抢注的“王致和”商标。

欧凯公司不服慕尼黑地方法院的判决,进行上诉。2009年4月23日,慕尼黑高等法院作出终审判决:裁决欧凯公司停止使用“王致和”商标,并撤回其在德国专利商标局注册的“王致和”商标。

二、海外知识产权布局

随着产业结构的更替演进,全球贸易格局也发生了重大变化。在新的全球产业分工体系中,知识产权的拥有者通常都是产业标准的制定者,也是产业价值链更为强势的管控者。对参与全球化竞争的跨国企业而言,知识产权不仅是企业的金融资产,更是企业深度融入全球产业链、供应链、价值链的"通行证"。调整优化企业海外知识产权保护与布局方案,不断充实海外知识产权保护库,真正让企业在海外市场的产品或者技术服务,获得知识产权的有力保护。受海外国家法律、政策变动、市场主体及知识产权保护变动、外贸型企业自身产品调整及知识产权需求变化的影响,知识产权保护时刻处于一个不断变动、发展的过程,其不是一劳永逸的。知识产权具有很强的地域性特征,仅在中国申请注册的商标、专利,只能在中国境内进行保护。著作权则不同,基于《伯尔尼公约》,成员国之间相互认可和保护在成员国境内创作完成的作品。因此,在中国创作完成的作品,基于《伯尔尼公约》,在美国、欧洲等国均可以受到保护。对于中国的外观设计专利,一般而言,出了中国则不再受到我国《专利法》的保护。由于外观设计专利与著作权之间存在交叉,例如一件款式设计十分独特新颖的玩偶,同时由于款式十分独特,能够达到作品的独创性标准,则该玩偶同时拥有外观设计专利权和美术作品著作权。因此,该玩偶出口到境外,即便得不到我国《专利法》的保护,但是基于《伯尔尼公约》,还可以受到著作权的保护。

根据不同产品的特点,可以同时考虑采取商标、专利、著作权、商品特有包装、装潢等方式进行全方位的知识产权保护。企业在生产过程中,注意对涉及商业秘密的技术信息资料以及生产流程加以物理隔离,以防因保密意识不强,任凭他人参观、拍照、摄像,而因此遭受不必要的损失。委托他人加工时,企业的一些商业秘密必然会让对方知晓,企业应与对方签订保密协议加以约束。

(一)海外商标布局

海外商标布局主要需要考虑到以下问题:

1. 商标图样的选择。

考虑到海外商标在各个国家或地区的文化习俗、语言以及商标法律法规的差异,企业结合目标市场消费者的认知、语言习惯、文化风俗以及商标法的特殊规定,设计和选用既能够代表企业或者品牌形象,又在消费者中具有较高的辨识度，同时符合当地法律规定的商标进行布局。例如，一些国家不准用数字作商标。如“999”“555”，在巴基斯坦、肯尼亚等国申请注册未被核准。阿拉伯国家禁用黄色作为商标使用。

除此之外，企业海外商标布局时，也应认识到利用防御性商标的重要性，主动进行防御性商标注册。

【案例】“LN”撞脸“LV”

斜体的“L”字母与上方的“V”字母相互交错，纵使是鲜少接触奢侈品品牌的人，也不难认出这个极具鲜明特色的品牌标志——路易威登（Louis Vuitton）。

1853年，14岁的法国少年背井离乡，徒步向450公里外的巴黎进发，凭借着从父亲的作坊里学到的手艺，伴随着蒸汽时代的轰鸣，开创了久负盛名的国际品牌，他就是路易威登。

由字母“L”及“N”等构成的商标，由一位名为Aina Yang的申请人向欧盟知识产权局递交注册申请，该商标的注册的国际分类为服装，包括皮带扣、拉链和衣服上的拉链及纽扣等。2021年11月，路易威登向欧盟知识产权局递交了对该近似商标的反对申请，称其商标容易使消费者对产品来源产生混淆。

经过审理后，欧盟知识产权局于2022年1月14日驳回了路易威登的反对申请，认为Aina Yang申请注册的商标虽然在产品中的应用范围与Louis Vuitton提供的产品相同，并且两个商标有“较低程度”的相似，但对于公众而言“没有混淆的可能性”。欧盟知识产权局进一步给出的依据是，Louis Vuitton的商标由相连的“LV”组成，而Aina Yang的商标由“NL”以及单词“LOVES VITTORIO”组成，二者之间的相似度主要在于都使用了斜体的字母“L”，并将两个字母重叠，但其他细节方面仍存在一定区分，这不足以让消费者把两个品牌关联到一起。路易威登公司如果不服该结论，只能按照程序提起申诉。商标布局要意识到防御性商标注册的重要性。

LOUIS VUITTON　　LOVES VITTORIO

2. 海外商标申请的时间。

每个国家或地区商标申请的流程和时间轴均有一定的区别,较快的可能几个月就能获权,如新加坡,较慢的可能需要几年的时间,如印度等。鉴于商标申请的流程较长,如果未获得商标注册就贸然进入市场,可能会面临因商标侵权而不得不退市的困境,届时企业则得不偿失。企业通常需要基于各个目标市场的实际商标注册时间轴,提前布局商标的海外商标申请。

3. 国家或区域的选择。

企业结合业务发展需要,划分出核心区域、重要区域和其他区域,并针对各个区域来分别进行海外商标布局。其中核心区域可以是产品已经出口或者即将出口,重要区域可以是产品预计出口进行提前布局的区域,而其他区域可以是中短期无明确规划但长期可能会覆盖,包括在部分商标抢注高发地区进行提前防御布局的区域。

4. 商品和服务的选择。

企业应结合自身商品经营范围、产品出口规划、防御性保护的需求、目标国家的商品分类特点,同时参考同行的保护案例来选择商品或服务。大多数国家或地区是采用尼斯国际商品及服务分类,但需要注意的是部分国家或地区的分类规范与尼斯分类可能有所差异。

5. 商标申请人名义的选择。

常见的海外商标布局申请主体的模式有两种:

一种模式是统一由总公司名义申请,或者统一由知识产权管理公司进行申请,再根据业务发展的需要,许可授权给各子公司、分支机构、代理商、经销商或者关联公司使用。这种方式的优点在于对商标实行了统一管理,且对商标布局统筹把控,以及布局管理成本相对较低。但由于实际使用商标的主体与权利人主体不统一,在使用的规范性保障,使用证据的保留和收集上可能会有一定难度。

另一种模式是由实际使用主体负责当地市场的商标布局。该模式虽然统一了商标的实际使用主体以及申请主体,但由于注册人名义不统一,总公司可能会丧失对商标的控制权,不利于商标布局的统筹。而且,把控管理成本和维护成本相对较高,并且可能会面临经销商或者代理商抢注商标的挑战。

6. 商标注册途径的选择。

企业到海外申请注册商标主要有三种途径:单一国家注册、地区注册和马德里商标国际注册。

单一国家注册,即依据各国法律向各国商标主管机关递交商标注册申请。

地区注册,即向一个区域商标主管机关申请注册商标,该效力及于区域内各成员国。

马德里商标国际注册,即根据《商标国际注册马德里协定》或《商标国际注册马德里协定有关议定书》的规定,在马德里联盟成员国间进行的商标注册。

(二)海外专利布局

海外专利布局主要涉及三个问题:选哪些技术去海外布局,去哪些国家、地区布局以及怎么布局。

1. 技术和目标国家、地区的选择。

关于选哪些技术去海外布局和去哪些国家、地区布局,主要需要考虑的是技术因素和市场因素,其中技术因素包括该技术是否为核心技术,新颖性和创造性如何,是否有替代技术等;而市场因素包括当前相关产品的主要市场以及未来的潜在市场,与竞争对手的博弈情况等。

地域选择也需要考虑该国或地区的专利制度是否健全,司法保护力度以及执法环境优劣。货运方式也是专利地域选择考虑的一个因素,在欧洲有五大基本港,即费里克斯托港、鹿特丹港、汉堡港、勒阿弗尔港、安特卫普港。基本上所有发往欧洲的货运轮船均先到达以上五大基本港，之后再运输到欧洲其他国家。无论五大基本港所在国家是否是产品的销售市场，都建议在这些国家进行专利布局，充分利用知识产权的海关保护机制，有效阻止侵权货物进入欧洲市场。另外，2021 年 1 月 1 日，英国脱欧过渡期已经结束，英国知识产权法律制度已发生改变。英国是欧盟进出的门户，且英国专利独特之处，英国发明专利可以在一些英联邦独立成员或英国的海外领土延伸注册或自动生效，包括安圭拉岛、百慕大群岛、英属维尔京群岛、开曼群岛、斐济、圭亚那、圣赫勒拿岛、萨摩亚群岛、塞舌尔群岛、所罗门群岛以及坦桑尼亚的桑给巴尔地区。

美国、德国、法国、中国等是世界重要的展会举办地，在这些展会举办地进行专利布局，可以利用知识产权保护规则，有效阻止竞争对手的产品出现在展会上。

2. 海外专利布局的途径。

申请海外专利主要有三个途径，分别是直接申请途径、巴黎公约申请途径和 PCT 申请途径。需要企业特别注意的是，根据我国《专利法》第 19 条第 1 款规定，任何单位或者个人将在中国完成的发明或者实用新型向外国申请专利的，应当事先报经国务院专利行政部门进行保密审查。

第一个途径是直接申请途径。直接申请途径是申请人将技术方案写成专利申请文件的形式并翻译成目标国家或地区的官方语言，最后提交到目标国家或地区的专利局。

第二个途径是巴黎公约途径。最常见的一个申请过程是，申请人可以在中国先交一个专利申请作为首次申请，在首次申请的申请日起 12 个月内，其可以向其他国家或地区提交第二个申请。第二个申请可以要求首次申请作为优先权，进而第二个申请的优先权日就是首次申请的申请日。针对不同专利类型，所规定的优先权期限不一样。发明和实用新型专利的优先权期限是 12 个月内，而外观专利的优先权期限是 6 个月内。

第三个途径是 PCT 途径。针对这种途径，最常见的一个申请过程是，首先在中国先交一个专利申请。专利申请人可以在首次提交专利申请之后的 20 个月内办理国际专利申请进入每一个国家的手续;如果要求了国际初步审查,还可以在首次提交专利申请之日后的30个月内办理国际专利申请进入每一个国家的手续。PCT国际专利申请不是一个确权的程序,只是一个申请途径。需要在PCT进入某一目标国家,然后由目标国家的审查员对专利进行审查并通过后,才真正获得一个专利权。需要说明的是,外观设计不适用PCT途径。

三、企业海外商业秘密保护

商业秘密的国际保护最早可以追溯到1883年的《保护工业产权巴黎公约》(以下简称《巴黎公约》)。《巴黎公约》(1967斯德哥尔摩文本)第10条之二规定:"本联盟各成员国,有义务对国民提供有效保护,反对不正竞争。"虽然其规定只要求各成员国承担反不正当竞争的一般义务和应特别禁止的三种不正当竞争行为,没有单独提及商业秘密概念,但《巴黎公约》1967年文本成为以后几个国际公约关于商业秘密保护的基准性法案。有关商业秘密保护的最早判例发生在19世纪中期的美英等国家或地区。到20世纪下半叶,商业秘密保护出现国际化、全球化趋势,世界贸易组织《与贸易有关的知识产权协定》(TRIPs协议)对商业秘密的界定,则把这趋势推向成熟,标志着商业秘密已经作为一项独立的知识产权纳入国际保护体系。

商业秘密是以秘密性为其存在的基础,显然不具有商标和专利那样的地域性和时间性。同时,商业秘密权不具有专有性,权利人无法排斥他人以合法方式取得或使用相同的商业秘密。企业要根据自己的具体情况制定适宜的保密制度,尽量做到简单、实用、可操作性强。保密制度具体包括商业秘密管理制度、涉密员工管理制度、业务流程保密管理制度、泄密应急管理制度等,既要确保企业保密有制度可依,更要确保制度不形同虚设,完善保密法律文件。

另外,在高级管理人员及技术人员入职前的尽职调查,避免因涉嫌侵犯他人商业秘密会给企业带来诸多麻烦,甚至使公司陷入刑事风险的困境。

【案例】海能达一审被判赔偿摩托罗拉53亿元

2017年3月15日,摩托罗拉及摩托罗拉马来西亚公司在美国伊利诺伊州的北部联邦地区法院(以下简称伊利诺伊州法院)起诉海能达及全资子公司 HYTERA AMERICA, INC(以下简称美国公司)、HYTERA COMMUNICATIONSAMERICA(WEST), INC(以下简称美西公司)。摩托罗拉称其前雇员在摩托罗拉工作期间下载了数千份机密文件并携带出公司,海能达在此后的产品研发中利用了这些机密文件,侵犯其商业秘密。2018年8月2日,摩托罗拉公司向伊利诺伊州法院提出增加版权侵权的诉讼请求,指控海能达非法将 Motorola Solutions 的源代码复制到海能达的产品中,侵犯了摩托罗拉公司的版权。

美国时间2019年11月6日案件进入庭审阶段。庭审中,摩托罗拉主张,海能达在2008年聘请的一名摩托罗拉工程师在摩托罗拉系统公司工作期间下载了数千份机密文件。摩托罗拉称,海能达向该名雇员作出60万股股份的承诺,该员工在离职前的3个月里下载文档和源代码并携带出公司。此举是海能达故意窃取摩托罗拉系统的机密信息,并将该相关技术用在了其所生产的产品上。摩托罗拉在庭审中明确其主张海能达部分DMR产品侵犯摩托罗拉21项商业秘密及4项美国版权,要求海能达、美国公司及美西公司就侵犯其商业秘密及版权行为支付相应赔偿。海能达则主张有自己的设计原型,并且在雇用该名摩托罗拉前雇员之前已完成了75%。

美国当地时间2020年3月5日,伊利诺伊州法院认为海能达、美国公司及美西公司侵犯摩托罗拉一项或多项商业秘密及美国版权,判决海能达、美国公司及美西公司向摩托罗拉支付损害赔偿34,576.12万美元及惩罚性赔偿41,880万美元,合计76,456.12万美元(约合人民币53.34亿元)。

针对本次判决,海能达在时效期内向伊利诺伊州法院提出申请案件重审及法院依法改判的动议。海能达动议未获法院支持,已向美国第七巡回上诉法院提起了上诉。上诉程序一般为期2~3年。

公开资料显示,海能达成立于1993年,是国内专业无线通信行业的龙头企业,也是全球主要的专业无线通信设备提供商之一,专注于为政府与公共安全、公用事业、轨道交通和工商业等用户。随着海能达近年来的多次并购案例,其在专网通信市场份额正在不断追赶摩托罗拉。2016~2018年,海能达先后收购英国的赛普乐、加拿大的诺赛特等加速在全球市场份额中追赶摩托罗拉的速度,在业内,海能达被称为专网通信"小华为"。

由于案件双方的竞争关系且是在美国进行的全盘审判,对于中国企业来说判决的公正性可能存疑。但海能达一审被判赔偿53亿元无疑是一个活生生的案例。

第二节　对外贸易知识产权合规管理

对外贸易亦称"国外贸易"或"进出口贸易",简称"外贸",是指一个国家(地区)与另一个国家(地区)之间的商品、劳务和技术的交换活动。对外贸易由进口和出口两个部分组成,对运进商品或劳务的国家(地区)来说,就是进口。对运出商品或劳务的国家(地区)来说,就是出口。企业在国际化过程中适应海外当地的市场和法制环境是国际化的必然要求。越来越多的中国企业"走出"国门参与国际市场竞争,随之而来的诸多风险也开始凸显,特别是知识产权的合规风险。企业对外贸易中应加强知识产权合规风险管理,纳入企业的合规管理体系,预防经营风险。

一、知识产权贸易壁垒

随着全球经济一体化的加强以及WTO的建立,关税壁垒的作用被大大降低。随着关税壁垒和市场壁垒的逐渐退出,知识产权对技术和市场的保护作用却被相应地大大提升了。从近年来的国内外形势看,将专利与国际贸易挂钩是国际上的一个新动向。通过无形的知识产权与有形的贸易挂钩,发达国家加速了专利成为国际贸易的非关税壁垒形式，即技术（标准）壁垒。通过行使专利权，收取高额的专利费并削弱价格竞争优势，使出口企业不堪重负，退出市场，从而达到限制外国企业产品进口的目的。或者，利用知识产权与技术标准相结合，技术标准中含有大量的专利技术，成为产业和产品竞争的重要手段。针对包括我国在内的发展中国家企业的低成本优势，发达国家有意强化了以专利技术为基础的技术壁垒，实现了由简单的关税壁垒向复杂的技术壁垒转化的过程。例如，2002 年欧盟通过的关于进口打火机的安全标准法案《儿童保护法案》（Child Resistance law，简称 CR 法案）规定：价格在 2 欧元以下的打火机必须安装防止儿童开启的“安全锁”，否则不许进入欧洲市场。安装防止儿童开启的“安全锁”是一项功能要求，但是实现该功能就必须使用到关于“安全锁”装置的专利技术。

对外贸易中的知识产权问题既要遵守相应的国际法，也要服从对应国家的国内法，其中美国“337 调查”制度是我国对外贸易中面临的主要风险。中国企业首次遭遇美国“337 调查”是在 1986 年。在美国对华启动的“337 调查”案件中，除了以专利侵权为由的案件占绝大多数外，还包括以商标侵权、著作权侵权和侵犯商业秘密等其他理由发起调查的案件。美国“337 调查”源自“337 条款”，因美国的《1930 年关税法》的第 337 条而得名。现“337 条款”明确授权美国国际贸易委员会（ITC）在美国企业起诉的前提下，对进口中的不公平贸易做法进行调查和裁处。如果涉案企业被裁定违反“337 条款”，ITC 将签发相关产品的排除令和禁止令，对侵犯美国知识产权的厂商及其产品采取制裁措施，指示美国海关禁止该批产品的进口，这就意味着涉案产品将彻底丧失在美国市场销售的资格。“337 条款”将进口中的不公平贸易做法分为一般性不公平贸易做法和有关知识产权的不公平贸易做法，但几乎所有的“337 调查”案件都涉及知识产权问题。这是针对被诉产品侵犯美国本土企业专利权的一种保护制度，是美国提供给其知识产权人的一种快捷、经济的法律程序和机制，旨在为其国内产业提供强大的以知识产权为手段的贸易保护措施。

当企业面临“337 调查”时，在充分了解“337 调查”程序和规则的同时，采取正确的策略,积极应对显得尤为重要。应诉答辩应该针对起诉状和调查通知中所主张的每项指控进行承认、否认或解释。那些没有进行答辩的指控将被视为放弃权利。通过拖延战略,寻求推迟排除令的生效时间,以便延缓对 ITC 裁决的执行。根据“337 条款”的相关规定,不允许被诉人在 ITC 反诉原告,但是可以依据适当的法律向联邦地区法院提起诉讼,以延长 ITC 调查时间。根据美国专利法和 ITC 的规则,这种合法的对抗都应该成为被告的战术选择。

【案例】复合木地板“337 调查”

2005 年 7 月 1 日 Unilin 公司,以来自全球的 30 家木地板企业(包括 17 家中国企业)侵犯其在美国的 4 项专利为由,向美国国际贸易委员会(ITC)提起“337 调查”的申请。2007 年 1 月 24 日,ITC 作出终裁,认定除深圳燕加隆公司的“一拍即合”锁扣外的其他中国企业产品均侵犯了 Unilin 的专利权,并签发了普遍排除令。

【当事人简介】

1. 申请人及专利简介

美国 Unilin 北卡罗来纳地板公司(Unilin Flooring N. C. LLC)、荷兰 Unilin 公司(Unilin Beheer B. V.)和爱尔兰地板工业公司(Flooring Industries Ltd.)3 家公司都属于 Unilin 集团的子公司。Unilin 集团是世界上最早发明免胶地板锁扣的公司之一,这种锁扣技术实现了以简单、快速、无胶的方式连接地板。

本次调查所涉及的是复合地板的核心技术——锁扣技术,即通过内置舌片和沟槽的特殊轮廓来达到不用胶粘即可连接地板的锁扣设计。通过这种连接方式,可以提高地板结合部位的坚固性,实现地板整体运动。

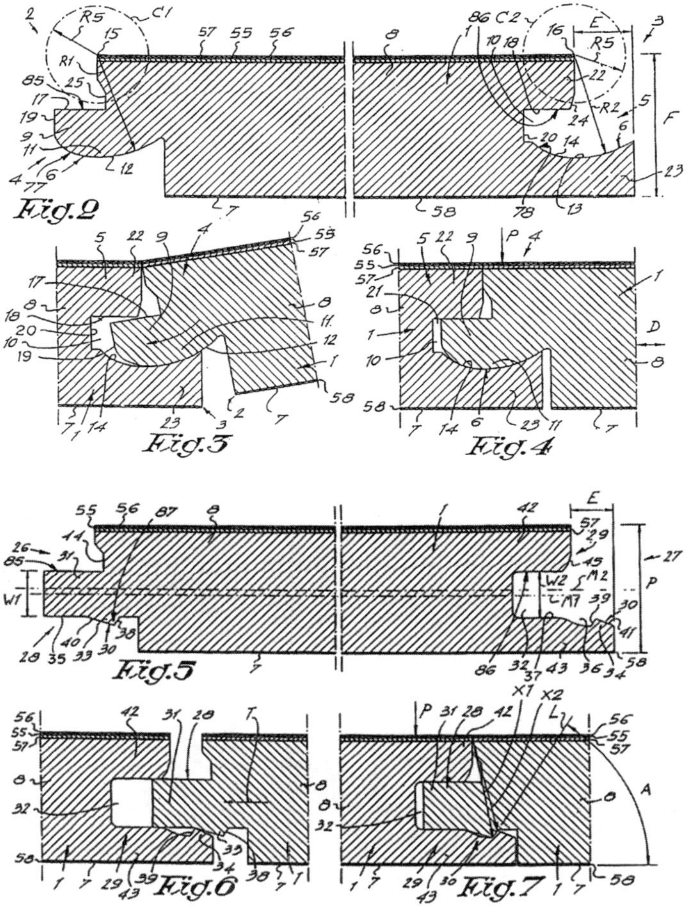

2. 被申请人

此次涉及调查的中国 17 家地板企业中的圣象、菲林格尔、升达、盈彬木业、德克曼等都属于国内实力较强的大企业。

【最终结果】

当时,木地板的锁扣核心技术基本掌握在欧美企业手中,中国有 3000 多家地板企业,申请或拥有地板锁扣专利的企业却很少,这种状况在复合地板进入中国十多年来一直存在。而燕加隆公司的“一拍即合”锁扣专利(中国专利申请号为 200620112507.7),并没有采取上述 Unilin 的传统锁扣技术的“榫头榫槽”结构,而是改变榫头形状并通过地板材料的弹性来扣紧地板,即使用一种新型的“凸凹”结构,保证凸部、凹部之间的横向连接和水平方向锁定,使地板拼接更紧密,同时设计了地板长、短边都有锁扣装置。这种垂直嵌入型锁扣突破了传统锁扣技术所采用的斜插锁扣理念,是锁扣技术领域的重大突破。燕加隆开创了地板锁扣技术发展的新领域,为中国企业在国际地板销售市场不受国外地板巨头的高昂专利费的要挟创造了条件。燕加隆“一拍即合”锁扣技术打破了欧美企业在地板锁扣技术领域长期垄断的局面,中国地板企业在锁扣技术上拥有了自主知识产权,不再受制于人。燕加隆公司将不受ITC签发的普遍排除令和禁止令的影响,其锁扣产品可自由进入美国市场。而燕加隆公司也表示愿意与中国地板企业分享“一拍锁扣”专利技术。

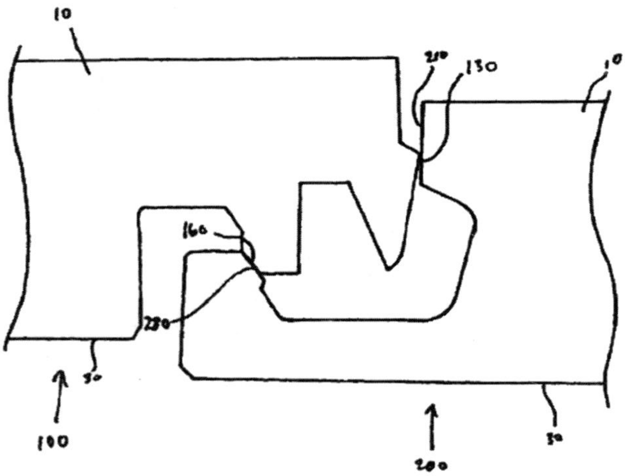

Unilin要求中国企业“一次性支付10万~12万美元,每销售1平方米另付0.65美元”的专利使用费,否则不能在美国市场销售使用Unilin锁扣技术的地板产品。这一额外的支出必将影响我国锁扣地板产品在美国市场上的价格竞争力。按2004年向美国出口3000万平方米复合地板的数字计算,中国企业如果要在美国市场销售使用Unilin锁扣技术的地板,每年要向Unilin缴纳1950万美元的专利费用(不包括一次性专利使用费)。中国出口美国的地板以中低端为主,出口平均价格不超过50元/平方米,而据统计国内木地板行业的平均利润不足10%,加上地板基材连续2年平均涨价

10%以上。这种情况下，中国复合木地板生产企业根本无力承担0.65美元/平方米的“专利费”，中国复合木地板在美国市场上的“价格竞争力”不复存在。

二、海外展会知识产权合规管理

近年来，越来越多的中国企业选择到海外开拓市场。作为企业展示自我、开拓国际市场的重要选择，境外参展也随之升温。然而，随着中国企业的发展壮大，美国、德国等国家知识产权意识较强的企业将维权目光锁定在了中国企业身上。中国企业常常因境外展会遭遇知识产权问题而在国际市场开拓中受挫。企业境外参展前应该做哪些准备工作以防出现知识产权风险？

（一）海外参展知识产权风险的表现形式

参展产品是众多知识产权的综合载体，因此，参展企业需要避免因产品的专利、商标、著作权侵权等问题遭遇竞争对手起诉或管理机构的执法处理。另外，参展的展台、展板、宣传手册、产品说明、产品演示的音频视频等材料往往涉及著作权保护，因此，推销、演示、宣传或展示设计可能因使用到受保护的美术、摄影、图形或模型作品、音乐、计算机软件等而引起纠纷。企业海外参展常见的知识产权风险集中在商标权风险、专利权（发明、实用新型和外观设计）风险和著作权风险三大方面。

1. 商标权风险。

商标具有地域性，在中国注册的商标，只在中国受保护，在参展地没有注册，则不受保护。如果某企业的商标在中国注册，但在参展地被其他人抢注成功，那么企业未经授权在参展地使用该商标就属于侵权行为。如果是被他人许可使用的商标，还需注意商标许可是有期限性的，超期仍使用有可能被诉商标侵权。此外，如果在商品、包装以及相关广告宣传品上出现了在中国属于通用名称而在其他国家受法律保护的商标（如MTV）时，企业也可能在不知情的情况下被视为商标侵权。

2. 专利权风险。

参展产品一般融合了最先进的研发成果,因其外型、结构、原理抄袭而引发的专利侵权纠纷是展会中发生比例最高的。外观设计专利、实用新型专利,很容易被模仿,不过展会中专利权纠纷,已经由简单的外观设计、实用新型侵权纠纷发展成为复杂的、不易判断的发明专利侵权纠纷。

3. 著作权风险。

参展企业散发的参展材料中如果使用了他人作品,或者搭建的展台使用了他人设计方案,都可能导致侵犯他人著作权。展会中,因使用背景音乐、他人摄影作品或美术作品等而被追究责任的纠纷也时有发生。企业还应注意展会现场使用的电脑中所承载的软件是否是正版。

(二)合规管理

企业应针对知识产权高风险点,提前准备好预防工作,并备好相关材料,包括但不限于:

1. 熟悉展会举办地相关法律、法规、规则。

2. 准备合法有效的知识产权权属证明。

3. 准备能够解决潜在知识产权风险的证明材料。

企业应对其参展产品、参展资料等进行全面清查,以识别、评估在展会上可能发生的知识产权合规风险。主要包括:

1. 对参展产品、包装及宣传材料中使用的商业标识进行注册商标或驰名商标的检索,对商业标识进行风险评估。

2. 对参展产品所在领域的专利进行检索,了解参展产品涉及的专利、专利池情况,并对专利进行风险评估。

3. 对展台设计、宣传手册、广告标语、产品说明书、现场演示软件、背景音乐等作品进行著作权检索,进行风险评估。

4. 对参展产品及材料进行集成电路布图设计、地理标志权等其他知识产权的检索,进行风险评估。

企业可以采取以下措施,预防或降低知识产权合规风险事件发生的可能性:

1. 根据商业因素，对展品及资料含有的创新成果和商业标识，及时在国内及境外进行知识产权注册。

2. 对于在展会举办地获得保护的知识产权，在参展前向展会举办地海关进行知识产权备案。

3. 通过风险评估发现存在知识产权侵权风险时，可主动与权利人进行沟通谈判，取得知识产权许可，也可在参展前主动请求宣告相关知识产权无效。

4. 根据风险评估情况，对涉嫌侵犯他人知识产权的展品及资料进行调整。

5. 提前了解当地知识产权法律和展会知识产权保护措施、纠纷处理程序。

6. 对拟参展的市场销售人员进行合规风险应对培训。

三、贴牌加工合规管理

贴牌加工（Original Equipment Manufacture，OEM），亦称定牌加工、代工生产等，字面意思“原始设备制造者”，也称“原产地委托加工”，在我国习惯上称为“贴牌加工”或“贴牌”，是指企业通过接受委托的方式，按照委托方的要求为其生产产品并直接标注委托方的商标，所生产的产品全部由委托方包销的生产方式。狭义贴牌加工是指OEM方式，广义贴牌加工还可包括ODM、OBM、反向贴牌加工等贸易方式。随着我国改革开放和全球经济一体化进程的不断加快，贴牌加工经营模式作为国际经济协作的重要方式，但是，知识产权的合规风险日益凸显。涉外贴牌的知识产权合规风险主要集中在专利权、商标权和著作权，然而在这些领域的知识产权保护实践还存在不少困难。

（一）商标合规风险

已相继有多家国内企业因贴牌加工的产品上贴附的商标与国内商标权人在相同或类似商品上注册的商标相同或近似，而遭遇被国内商标权人指控商标侵权的“尴尬”局面，此类因涉外贴牌加工而引发的商标侵权纠纷已引起人们的普遍关注。

贴牌加工常见商标合规风险的几种情况如下：

1. 定作人在境内、境外都没有注册商标，但相同或近似商标在我国已被他人在相同或类似商品上注册，委托境内加工方进行贴牌加工，出口定作方所在国销售或者在我国销售。

2. 定作人在境外有注册商标或经合法授权，在中国没有注册商标，相同或近似商标在我国已被他人在相同或类似商品上注册，委托境内加工方贴牌加工，出口定作方商标注册国销售。

3. 定作人在境外有注册商标或经合法授权，在中国没有注册商标，相同或近似商标在我国已被他人在相同或类似商品上注册，委托境内加工方贴牌加工，在我国销售。

【案例】西班牙"NIKE"与美国"NIKE"

西班牙 CIDESPORT 公司（以下简称西班牙公司）在第 25 类商品（运动服装）上在西班牙合法拥有"NIKE"注册商标权。2000 年 3 月至 5 月，西班牙公司委托浙江省畜产进出口公司（以下简称浙江进出口公司）和嘉兴银兴制衣厂（以下简称嘉兴服装厂）生产"NIKE"男滑雪衣出口到西班牙。2000 年 8 月，当浙江进出口公司通过深圳海关报关出境之时，美国耐克公司以该批服装侵犯了其"NIKE"商标专用权为由，向海关申请扣留，后又向深圳市中级人民法院提起商标侵权之诉，要求西班牙公司、浙江进出口公司、嘉兴服装厂停止侵权并赔偿损失。

深圳市中级人民法院经 2 年审理后作出判决，认为：美国耐克公司在中国作为"NIKE"商标专用权人，中国境内任何人都不得侵犯其注册商标专用权。西班牙公司提供原材料、商标吊牌等委托浙江进出口公司和嘉兴服装厂生产"NIKE"男滑雪衣，属于在同一种或类似商品中使用与注册商标相同或者近似商标的行为，构成对耐克公司注册商标专用权的侵害。西班牙公司虽然在西班牙拥有"NIKE"注册商标权，但是基于商标的地域性，美国耐克公司在中国注册的"NIKE"商标受中国法律的保护。据此，判决三被告立即停止侵权，西班牙公司赔偿原告20万元，浙江进出口公司、嘉兴服装厂分别赔偿4万元和6万元，西班牙公司对其他两被告的赔偿责任承担连带责任。

（二）专利合规风险

在贴牌加工模式下，相关产品被认定构成专利侵权的，贴牌方应当承担何种法律责任，取决于如何界定贴牌方的主体身份，即贴牌方是制造商还是销售商，这同时决定着贴牌方是否可以主张合理来源抗辩。

由于我国《专利法》及相关司法解释对于贴牌生产的被诉侵犯专利权产品没有明确的规定，如何认定该产品的制造者的问题理解千差万别。不同法院对此有不同认定，有认定贴牌生产的定作人是专利产品的制造者的；也有认定专利产品上识别性标识的所有者是专利产品的制造者的；还有认定实施的是共同制造行为，构成共同侵权。

在贴牌加工模式下，应分析贴牌方在权利要求的技术方案实现过程中的参与程度以及是否尽到合理注意义务，在该过程明确体现贴牌方意志、贴牌方未尽到合理注意义务或者无相反证据证明实际制造商并非贴牌方的情况下，如果生产的产品被认定构成专利侵权，贴牌方需要承担制造商和销售商责任，无法援引合法来源抗辩。若贴牌方提供证据证明该产品的生产过程未体现其意志，且贴牌方已经尽到合理注意义务，则被认定为制造商的可能性会降低，甚至不会被认定为制造商，则贴牌方仅需承担销售商责任，且可以援引合法来源抗辩。

（三）贴牌加工知识产权合规管理

1. 贴牌加工做好知识产权审查。贴牌加工企业，在承接海外客户加工订单时，对订单项下加工产品的知识产权合法性进行审查，注意审查供应商的知识产权相关资质，包括供应商是否享有专利权，事先对供应商的专利权进行稳定性评估、侵权可能性评估。

2. 约定权利瑕疵担保责任。在相关合同中约定权利瑕疵担保责任，为贴牌方、供应商内部的责任分担确定依据。

3. 不显山不露水。若无必要，应尽量避免在产品、说明书上体现贴牌方信息，特别应避免将贴牌方标示为生产制造商。在贴牌加工合同中对产品、说明书中信息披露形式明确约定。

4. 雁过留声。加工企业应保存好邮件、付款记录及相关单据。如果后期出现知识产权风险问题，可以作为合理来源的抗辩依据。

四、跨境货物贸易合规管理

（一）货物出口知识产权合规风险与管理

近年来，企业为拓展其市场，加快企业的发展进程，开拓新产品以及延长其产品线，将产品出口到海外市场越来越成为一种有效手段。

企业进行产品出口过程中，可能遇到以下问题，欲出口产品是否符合出口目标国或地区的相关法律规定，是否有知识产权的侵权风险等。

企业出口货物，在知识产权方面应进行以下合规管理：

1. 做好知识产权保护工作。分析评议在出口目标市场是否围绕自主创新产品形成了有效的知识产权布局。根据不同产品的特点，可以同时考虑采取专利、商标、著作权特有包装、装潢等方式进行全方位的知识产权保护。

2. 分析出口产品是否会侵权。要仔细比对出口产品是否会落入出口目标市场的有效专利的保护范围，是否会遭遇竞争对手的侵权诉讼。对于是否侵权问题，可以聘请专业人员进行系统分析。企业也可以事先制定产品出口策略，形成产品出口的知识产权风险控制预案。对于出口产品可能侵犯他人知识产权的，应及早开展规避设计，或主动联系权利人进行专利许可，或者停止出口货物。

3. 应当及时准备出口产品所获得授权的知识产权清单。尤其是在出口地获得的专利、商标证书，也包括在中国获得的相关知识产权证书。

（二）货物进口知识产权合规风险与管理

作为企业生产行为的一部分，跨国采购原材料和/或生产设备等也是企业生产和发展必不可少的构成部分。跨国采购可能具有产品生产成本低带来的较低价格或者解决国内无产品来源的问题等优势。同样,在跨国采购原材料和/或生产设备的过程中也会面临知识产权风险,如上述原材料和/或生产设备是否有专利侵权风险等。

货物进口中可能遇到的知识产权合规风险有,待跨国采购的产品,如原材料或生产设备在目标使用国或地区是否具有专利权,包括外观设计权等,或者对于直接获得待跨国采购产品的制备方法在目标国或地区是否具有专利权;待跨国采购的产品在目标使用国或地区是否具有商标权;如果待跨国采购的产品属于软件产品,待跨国采购的产品在目标使用国或地区是否具有著作权。

但对于平行进口中的商标侵权存在一定争议,争议的问题在于未经商标权人同意的正品进口输入是否侵犯商标权。商标平行进口是指进口商未经商标权人或其被许可人的同意,通过海关将商标权人在境外生产或销售的合法贴附商标的商品进口到本国境内以及进行销售的跨境贸易方式。

【案情介绍】平行进口百威啤酒引争议

百威英博集团是在全球设有多家关联企业的跨国公司集合体,弗兰齐丝卡纳公司、百威公司均为该集团的关联公司。弗兰齐丝卡纳公司是G807592号和G1241072号商标的商标权人,其将上述商标许可百威公司使用。2019年1月,东方科苑公司从新加坡出口商处平行进口的一批啤酒商品,因涉嫌侵犯弗兰齐丝卡纳公司商标权被海关扣留,被诉侵权商品生产商显示为弗兰齐丝卡纳公司。

百威公司基于弗兰齐丝卡纳公司的授权，认为东方科苑公司申报进口的“Franziskaner”教士小麦啤酒涉嫌侵犯自己的注册商标专用权，遂将东方科苑公司起诉至广州市越秀区人民法院，请求法院判令东方科苑公司停止商标侵权行为并赔偿其经济损失。东方科苑公司辩称，该被诉侵权啤酒商品是弗兰齐丝卡纳公司生产的正品，其购买的标的物是啤酒，而非商标权的买卖或许可，是正常的国际贸易行为，并未侵犯百威公司的商标权利。

广州市越秀区人民法院一审认为，东方科苑公司的行为侵犯了百威公司的涉案商标权，遂判决东方科苑公司停止进口并销毁被诉侵权商品，赔偿百威公司经济损失及合理维权费用共计205,180元。一审宣判后，东方科苑公司不服判决，向广州知识产权法院提起上诉。

广州知识产权法院二审认为，本案证据可相互印证被诉侵权商品属于平行进口的正品。由于被诉侵权商品上所贴附的标志与本案商标权人的注册商标完全相同，对于在中国市场的相关公众来说，被诉侵权商标不会割裂商标权人与贴附相同商标标志的平行进口商品之间的唯一指向关系，不会导致消费者的混淆误认，被诉侵权行为难以认定为侵害商标权的行为。综上所述，广州知识产权法院遂判决撤销一审民事判决，驳回百威公司的全部诉讼请求。

企业进口货物，在知识产权方面应进行以下合规管理：

1. 调查供货商及其竞争对手，谨慎与不能提供相关文件的供货商进行交易。

2. 充分了解供货方资质，并向供货方了解是否有权生产、销售该产品，保证货源合法。此外，在交易时要符合规范的手续，并妥善保管交易凭证，如采购合同、发票、供货方出具的进货单等。

3. 了解清楚货源细节，产品是自主研发，还是在他人产品的基础进行了改良。

4. 合同中约定责任承担。由于使用侵权产品来生产自己的产品并销售，也属于侵犯他人专利权的行为，因此，企业可能会因为海外供应商产品的侵权而承担责任。特别是在合同中没有对侵权责任进行合理的划分,对风险分担约定不明,或即使约定明晰但由于管理不善或管理环节互相割裂,而导致风险不能有效传递,企业有可能需要独自承担责任或者是企业和供应商承担连带责任。

五、跨境技术贸易合规风险

企业在跨境技术国际贸易过程中,如技术进出口、技术许可、高新技术人才的引进等方面也会面临知识产权风险,企业应给予足够的重视。

我们以技术进口为例。技术引进是为提高引进企业的制造能力、技术水平和管理水平。技术引进是企业拓展市场,延长产品线,提高自身生产能力的一种重要手段。在海外知识产权引进过程中,容易遇到许多合规性问题,这些合规性问题轻则影响海外知识产权引进后的商业利用效益,重则导致所有前期准备工作付诸东流,甚至还可能导致相关主体面临严重的法律责任。因此,在海外知识产权引进的过程中,必须重视合规问题。本书将讨论海外知识产权引进过程中常见的合规风险。

技术引进过程中可能遇到的知识产权合规风险问题有以下几个方面:

1. 知识产权引进限制风险。

根据《对外贸易法》、《技术进出口管理条例》以及《中国禁止进口限制进口技术目录》,中国出于保护国家安全、维护公共道德、影响生态安全、淘汰落后技术、维护公共利益等原因,限制或禁止通过贸易、投资或者经济技术合作的方式从境外向境内引进特定知识产权。对于限制引进的知识产权,应当向商务部门提交技术进出口申请并取得许可证;对于禁止引进的知识产权,不得引进。

2. 国家安全审查风险。

如果标的知识产权包含技术信息如软件著作权、专利权、集成电路设计等知识产权,则不论采取什么样的引进方式,权利方均需将其持有的技术信息通过纸质材料寄送、跨境电子传输或现场培训等方式将相关技术信息转移给引进方。这一行为可能导致违反相关国家的出口管制法律法规。例如,从美国的角度来看,则希望遏制中国在高新领域取得自身技术的机会,为此动用了出口管制、国家安全审查等工具遏制中国取得高新技术。因此,在引进海外知识产权前,有必要了解目标国家对技术出口的相关限制,尤其是出口管制、国家安全审查等并不直接针对技术出口的相关法律法规。

3. 侵犯知识产权风险。

引进技术(包括工艺、设备、产品等)是否有侵犯他人知识产权风险的可能性。

4. 权属瑕疵风险。

引进技术是否涉及专利权,其权属是否清晰。如果属于被许可使用的技术,是否具有相应的可以进行技术转移的协议。引进技术的同时,进口必要的成套设备、关键设备、检测手段等(包括技术秘密和专利等)。引进的技术或由其衍生的产品是否具有商标权。如果属于被许可使用的商标,是否具有相应的可以转移的协议。

5. 知识产权价值风险。

欲引进技术的价值评估,从技术角度如技术先进性、法律保护角度(权利要求保护范围、法律状态等)等多角度来评估。从国外引进工艺、制造技术,包括产品设计、工艺流程、材料配方、制造图纸、工艺检测方法和维修保养等技术知识和资料(包括技术秘密和专利等)是否成熟。

6. 后续改进风险。

对于引进技术的后续技术改进的权利归属的约定,如果是双方共有,则共有双方各自占比的约定。

第三节　跨境电商知识产权合规管理

跨境电子商务,是指分属不同关境的交易主体,通过电子商务平台达成交易、进行电子支付结算,并通过跨境电商物流及异地仓储送达商品,从而完成交易的一种国际商业活动。近年来，随着我国企业“走出去”步伐的加快，跨境电商模式由传统的 B2B 模式逐渐衍生发展出了 B2C、C2C 等模式。其中 B2B 模式下，由于订单金额大、数量多，因此交易双方均会通过书面合同的方式，较为规范地对相关知识产权问题进行约定，且一般此类模式下的卖家均为大型企业，既有严格的知识产权保护及风险防范意识，又有充足的资金和专业的团队进行前期产品的知识产权背景调查以规避潜在的侵权风险，因此 B2B 模式下产生的知识产权纠纷也相对较少。然而，在 B2C、C2C 模式下，跨境电商出口商往往通过第三方平台网站进行产品销售，而用户网购的产品往往是基于生活所需，具有品种多样、单笔交易额低、交易单数量大等特点，一旦发生知识产权纠纷，往往会通过第三方平台网站的交易规则解决纠纷。然而，平台规则的制定往往还受制于平台所在国法律的规定，如所在国过分保护本国交易者的权利，那最终通过平台规则或平台所在国法律裁决出来的结果往往对我国卖家不利。

相较于传统的知识产权纠纷而言，跨境电子商务领域内的知识产权纠纷问题具有明显“无界性”。所谓“无界性”，是指跨境电商往往是发生在 2 个或 2 个以上国家、地区主体之间的贸易，该类交易涉及的跨境往往不受地域、国界限制，交易对象也不仅限于境外的单一的国家或地区。而知识产权却具有明显的地域性。受政治、文化及经济发展水平影响，各个国家对本国知识产权的立法、保护内容、保护力度等方面存在诸多差异，且其权利的保护范围也仅在该国有效。因此，在跨境电商贸易中，尤其是 B2C 模式下，即便跨境电商经营者在其本国就所销售的产品享有合法的知识产权，作为 B2C 跨境电商的经营者也很难保证其所经营的商品在所有的国家都拥有合法的知识产权。这种跨境电商的无界性和知识产权保护的地域性特征之间的矛盾，是跨境电商领域知识产权纠纷产生的根本原因。

一、跨境电商知识产权合规风险

我国跨境电商企业知识产权保护意识较弱，法律风险防范能力不强，处理境外纠纷渠道不畅,地域文化的差异性以及知识产权法律的不同性等原因,导致了境外企业控告中国跨境电商侵权事件层出不穷,使我国跨境电商企业在贸易过程中屡屡遭到知识产权侵权纠纷的困扰,因此,跨境电商企业在出口时要重视知识产权保护,对知识产权侵权风险进行有效分析,采取合理的防范措施,避免遭遇知识产权侵权诉讼。

跨境电商的典型特点是“什么流行、什么热销,就卖什么”,即所谓“网络爆款”,这其中往往蕴藏着极大的知识产权侵权风险。事实上,这些“流行款”或者“热销产品”等,都是受知识产权保护的,包括受商标权、著作权、外观设计、发明专利等保护。最为著名的是 2016 年 1 月 4 日,美国婚纱与礼服行业协会(ABPIA)以及众多美国公司(原告)向美国伊利诺伊州地方法院提起诉讼,指控中国 3000 多家婚纱礼服跨境电商(被告)在美国出售侵犯其知识产权的产品。原告指控被告侵权的行为包括以伪造商标及侵犯商标权、不正当竞争及伪造产地、恶意抢注域名、侵犯版权以及贸易欺诈行为等。以下将着重分析商标、专利、著作权侵权三种知识产权侵权类型。

(一)商标侵权

商标侵权是跨境电商经营活动中,知识产权侵权频发的“高风险区”。由于跨境电商交易活动是通过线上平台完成的,除了卖家在平台披露、介绍的信息外,境外买家在收到货物之前,均无法判断所购商品的真伪、质量优劣,而只能通过对品牌信任与依赖来实现对商品的判断。不少跨境电商企业往往会利用他人知名商标或品牌已有的影响力,来混淆消费者的视听。实践中,企业侵害商标权行为多种多样,主要包括将店铺名称或网站域名注册成与商标权人的商标一致或近似;在产品介绍时使用与商标权人相同或近似的商标;销售标有他人注册商标的产品;销售假冒注册商标的商品等行为。

(二)专利侵权

专利侵权在知识产权侵权案件中所占的比例并不大,这是专利侵权确认的复杂性与专业性所导致的。在跨境电商活动中,专利侵权行为主要表现为未经授权,销售专利权人的产品;未经权利人许可,许诺销售、进口、制造他人享有专利权的产品；未经权利人许可，利用专利方案制造、销售、许诺销售专利产品等。

（三）著作权侵权

当今社会大部分作品主要以电子化形式进行存储与传播，所以，电子化后的作品更容易被复制与传播，相较于作品传统的存储及传播方式，大大降低了侵权人的侵权成本，实施侵权行为更为便利，也造成了在跨境电商活动中著作权侵权，主要集中在复制权、网络信息传播权与发行权等权利的现象。

从表现形式来看，普通跨境电商经营活动中的著作权侵权行为主要存在以下三种情况。

第一是未经著作权人许可，擅自使用权利人的图片、宣传语、音乐等进行宣传，较为典型的行为就是“盗图”。

在“小猪佩奇”著作权纠纷案中，侵权人聚凡公司非法使用著作权人的卡通形象，在淘宝网展示侵权商标，并销售印有“小猪佩奇”形象玩具，被杭州互联网法院认定为侵犯了作品的发行权、信息网络传播权与复制权，最终判决赔偿15万元。

第二是未经权利人同意，擅自出售、传播作品的行为。如盗版书籍、盗版影片等，如商家在未获得授权的情况下，在亚马逊平台销售米老鼠毛绒玩具。该类侵权行为在跨境电商发展的早期阶段较为普遍。

第三是未经权利人同意，擅自修改他人作品。此类行为往往与不正当竞争行为挂钩，一般表现为侵权人故意修改权利人享有著作权的美术作品、卡通形象等进行小幅度修改，形成与原作品有区别却神似的新“作品”，以期鱼目混珠、搭上原作品的“便车”来扩展销售市场。

二、跨境电商知识产权合规管理

企业开展跨境电商贸易活动的重要工作之一，是做好知识产权风险排查工作，积极面对跨境电商贸易活动中的知识产权纠纷问题，以促进跨境电商环境的优化,推动跨境电商贸易的持久、健康发展。

1. 熟悉主要目标市场知识产权保护环境,以及竞争对手的知识产权情况,包括但不限于:

(1)各主要目标市场所在国的知识产权法律制度、监管环境、贸易政策、典型案例等;

(2)各主要目标市场主要电子商务平台的知识产权保护环境、投诉规则、投诉处理案例等;

(3)竞争对手知识产权布局情况以及过往的知识产权维权状况。

2. 对目标市场的知识产权保护环境做充分的调查,以制订知识产权风险防范的相关计划与措施。对于自主研发设计的跨境电商企业,应事先对商品所涉的商标、专利技术与外观设计进行详细的调查检索,了解同类竞争者的知识产权情况。如检索发现商品有侵权可能,应对专利技术做规避设计处理。

3. 全面地甄别跨境电子商务活动中可能遭遇的知识产权合规风险,应着重排查以下风险源:

(1)审查企业宣传推广所使用的店铺和商品详情页面排版设计、广告语、关键词、商品描述、图片、照片、图案、字体、背景音乐、视频等材料是否侵犯他人知识产权。

(2)跨境电商企业应在电商主页面等合理位置使用自己的商号或企业名称,应主动避让其零售进口商品之上的商标权利,避免消费者将电商和商品之上商标的权利人混淆,即让消费者可以知晓跨境零售进口商品的经营者并非商品品牌的权利人。跨境电商企业应避免整体、全面地使用商品之上的商标,尤其是应避免与知名品牌自身所经营的官方电商页面中对商标的使用方式相同;需注意全面使用可构成超越正当使用范围、导致消费者混淆的重要证据。

(3)跨境电商企业在国外购货环节中首先可以核实商品是否由权利人或者其许可的厂商生产。通过正规销售渠道获取产品,在生产合同、采购合同中,针对生产商、供应商的知识产权合规义务进行明确约定,声明已尽合理注意义务,并要求生产商、供应商确保不侵犯第三方知识产权。

(4)跨境电商企业应核实其销售的商品的商标在中国的商标权人并确保该商标权人与出口国的商标权人一致,确保商品商标在中国的商标权人与出口国的商标权人一致是构成平行进口及避免混淆的最重要的权利基础。

(5)企业不对商品进行任何形式的改变,不破坏商标的指示功能。跨境电商企业在销售平行进口产品时,应尽量保持进口产品的原有状态,不对进口产品进行任何方式的改动及再包装,如损坏或者遮盖商标及标有产地、生产者的外文标识、识别码等,以免破坏商标与商品来源的对应关系,导致消费者混淆误认。

(6)合理使用商标,指示真实产品来源。跨境电商平台商户在销售平行进口的产品时,不将其商标作为网店的名称、在网店招牌、网店装饰或宣传、不在其网站首页或者显著位置特别突出使用平行进口商品的商标,不使用该商标在主要搜索引擎中作为搜索关键字等方式突出使用商标以及在介绍该商品以外使用该商标,尤其是知名商标。为了指示真实商品来源,防止混淆,跨境电商企业可考虑在显著位置,如网站首页等明示商品的真实来源并标明可能有差异,并明示产品的性状与某些国内常规授权进口的产品相区别,防止不同地区销售商品的功能和性质影响消费者对产品的质量和信誉的认知。

第四节　海外并购知识产权合规管理

近年来,到海外兼并、收购境外企业的中国企业越来越多。目前国际上很大一部分的跨国并购交易都是由知识产权驱动的,甚至是以知识产权资产的获取作为首要并购目的。越来越多的中国企业将目光瞄向海外的知识产权,包括专利、商标等,通过并购的方式来获取知识产权资源,突破海外知识产权壁垒,立足国际市场。对知识产权的重点关注将成为企业跨国并购的新趋势。但是,企业海外并购收获的并不一定是“馅饼”,相反,如果不能预防知识产权合规风险,海外并购可能就是一个“陷阱”。2004 年家电巨头 TCL 收购阿尔卡特,初衷是获得对方的手机核心技术优势。但在并购后的运营中才发现,唯一较先进的 3G

技术却掌握在阿尔卡特的另一家合资公司手中。

海外并购中,知识产权合规风险取决于相关国家的法律和国际法框架下,目标企业知识产权的种类、权利归属、经济价值等,以及潜在侵权可能性以及并购方对知识产权的控制力和消化能力等因素。因此,海外并购知识产权合规风险不仅指政策风险,还包括法律风险、技术风险和商业风险。

一、国家政策风险

跨境并购必然面临着各国法律环境、法规政策不同所带来的程序与标准差异。对于知识产权问题,这些差异往往体现在知识产权产品的贸易、进出口与权利移转上等知识产权的出口限制性政策,从而影响并购交易的进程,甚至影响并购后企业对知识产权的使用。

以美国管制民用技术的《出口管制条例》(Exit Administration Regulation, EAR)为例,为确保国家安全,美国商务部耗费巨资制定了一套严密的EAR,通过数千页精心设计的文件、数据和制度,从流程、分类、法制和国别等角度,将个人和组织的出口行为和所有涉及美国原产地、美国知识产权的技术和产品,都纳入了管制范围。管制的责任人,从拥有高科技产品和技术的研发商、制造商,延伸到代理商和进出口商,包括任何涉及出口的组织和个人。另外,美国外国投资委员会(CFIUS)曾暂停多起中国企业对美国企业在能源、化工、电子信息等领域的并购。

二、知识产权的地域性风险

知识产权具有地域性,这是海外并购中的一个重要风险源。知识产权的地域性意味着,按照一个国家或地区的法律产生的知识产权,只在该国家或地区范围内有效。同一项技术可以在很多国家或地区取得专利,同一个商标也可以在很多国家或地区注册。很多大型跨国公司或者关联公司一般都会在很多国家申请专利或注册商标。收购企业应核查知识产权的权属是否属于目标企业。

同一项专利技术或产品商标因为地域性问题,在若干个国家分别申请专利或者注册商标,就成了若干个国别专利权或注册商标专有权。目标企业在某一个国家获得的技术专利或产品(服务)商标,并不意味着该企业在其他国家就同一技术或产品的专利权或商标专有权。

三、时间性风险

一般来说,知识产权有着严格的时间界限。超过这一时间界限,法律对于相应的知识产权不再给予垄断性保护。在《专利法》规定的保护期内,专利权人应缴纳年费,以维持专利的有效性。通过审查这些方面的情况,确定目标企业的专利权是否在法律保护的有效期限内,以及有效期限的长短,最终对并购价格的形成产生影响。

【案例】暴风集团52亿跨境并购爆雷

MP&Silva Holdings S. A.(MPS)成立于2004年,由意大利商人Riccardo Silva创立,总部位于英国伦敦,是一家主要从事媒体转播权管理,经营全球重要体育专业联赛的媒体转播权以及分销,并开展一系列体育转播权合作项目,以及购买并持有多个世界顶级体育赛事版权的公司。

2016年5月暴风集团收购MPS的65%控股股权。当时的MPS有NFL的欧洲转播权、意甲部分球队的全球媒体版权、全球51个地区的英超转播权、特定地区的F1版权等重磅转播权,和法网、阿森纳亦有深度的合作。

暴风集团并购时,没有谨慎对待MPS拥有的体育赛事版权大部分都在2018年和2019年到期。另外,没有与MPS原股东签订"禁止竞业协议",导致MPS三大创始人套现后堂而皇之另起炉灶,成立了几家体育版权公司,跟MPS公司直接竞争,抢夺生意。收购完成后没多久,MPS公司和欧洲各大联赛的版权纷纷到期,大部分没有续约。众所周知体育版权争夺极为激烈,在无法保证获得续约的情况下投入52亿巨款,一旦续约失败,MPS就沦为空壳。

在仅仅2年半时间,2018年10月法网的一次追债行为让MPS雪上加霜。MPS一路丢失了意甲、英超、苏超、美洲杯、解放者杯、南美杯版权,而阿森纳俱乐部和欧洲手球联合会也与该公司终止了合同。不久后,MPS公司经营陷入困境,2018年10月17日,英国高等法院根据《1986年无力偿债法》宣布MP&Silva Holdings S. A.进行破产清算。

四、权属瑕疵风险

公司并购中的知识产权权属瑕疵风险主要来自相关国家的知识产权法律冲突以及相关的合同风险,例如,职务知识产权约定不明、合作开发或委托开发的智力成果权利归属不明。为了识别权属瑕疵风险,是否存在共同所有的知识产权等。知识产权可能是目标企业自己所有,也可能是获得的许可使用。如果是后者,真正的知识产权所有人不一定会许可收购方使用。这就需要对目标企业的知识产权做充分细致的审核,要确定目标企业的知识产权资产是否存在,所有权属于谁,拥有人的控制权有多大等。并购美国企业尤其要注意知识产权是否有共同所有人,因为依据美国法律,任何一个知识产权共同所有人在未经其他所有人同意的情况下,拥有向第三方授予许可或出售以及将其捐献给公众的权利。这就意味着一旦存在共同所有人,交易中的知识产权价值将大打折扣。对于目标企业通过转让获得的知识产权,应查询转让记录,确定发明人向目标企业转让了权利,且及时支付了转让费用。

【案例】华立并购飞利浦CDMA一夜成名后的困境

2001年浙江华立集团因对飞利浦CDMA的海外并购轰动一时,视为中国民企走向世界的一个标志。华立集团决定收购飞利浦的 CDMA 研发部门,是希望通过企业的多元化经营保持企业继续的高速成长。当时,有媒体指出:“高通一夫当关的 CDMA 芯片大门被华立撕开了缝隙”,华立一举拥有了 600 项 CDMA 核心技术专利,是中国企业首次切入手机业务的核心领域。此外,坊间传闻华立以“极优惠”的价格买下了飞利浦 CDMA 无线通信部门几乎所有的知识产权、研发设备、研究资料以及飞利浦半导体开发的 CDMA 协议软件的独家授权。该研发部门主体位于美国,总共拥有 100 多名工程技术人员。

收购之后,华立 CDMA 的现实情况却并不如意,一直悄无声息。华立收购的代价很小,究其原因,除了飞利浦急于脱手之外,另一个原因是华立并没有买下飞利浦 CDMA 专利技术的产权。飞利浦 CDMA 技术中所涉专利有 40% 来源于高通公司的许可。

飞利浦与美国高通之间关于 CDMA 芯片有一些交叉协议和授权协议,双方承诺不对第三方公开。这种承诺并不会随着飞利浦 CDMA 研发部门转让而改变。因此,华立是无法间接获得飞利浦拥有的高通 CDMA 专利技术的。

华立和高通之间对 CDMA 产品没有任何授权协议,包括芯片或者客户端设备。因此,如果华立要开发和销售 CDMA 芯片和客户端设备,就需要向高通缴纳专利许可使用费。

华立不仅面临技术研发上的尴尬,而且可能还有资金方面的窘迫。

虽然中国民企完成了并购,但因在收购前埋下的知识产权隐患,华立通信业务的开展难以避开高通所设下的重重障碍,因此收购的初始愿景几乎落空。所以,企业海外收购时,应对知识产权权属瑕疵问题进行足够的考察和研究,避免企业成为“冤大头”。

五、知识产权或有风险

在并购前,应评估目标公司的知识产权是否存在权利限制以及目标公司作为原告或被告参与的、已结案的或正在审理的知识产权诉讼案件情况,包括调查案件性质、诉讼法律关系和结案情况,以了解目标公司知识产权经营管理的状况和基础。如果目标公司知识产权的所有权或/和有效性被第三方提出质疑,收购方应当分析其中的争议焦点和可能的结果。

并购对象的技术本身在实施过程需要依赖于非自有专利,这样的技术实施存在侵权风险。如未对风险进行提前预防与防范,在并购后侵权赔偿的风险将直接转嫁给并购方。如果第三方正在或可能对目标知识产权提起诉讼,那么并购方不但难以达到预期的商业目标,而且可能因此而官司缠身。

同样,企业并购中也涉及商标和著作权等方面的知识产权风险问题,例如,目标企业的商标是属于自有商标还是属于其他企业授权使用的商标,在企业并购中是否涉及相应的知识产权可以由并购企业使用的相关协议等问题。

此外,收购方还应当调查和评估目标公司正在申请、审查过程中的知识产权状况。

六、知识产权价值风险

企业虽然持有大量的专利,不能保证其能开拓新的市场,或在市场中占有优势地位。知识产权价值风险包括市场潜力的大小,先进性和适应性如何,是否是核心专利。收购企业应从自身的实际情况出发,分析目标专利投入与产出的比例,资本回报期的长短,成本与利润的差异,同时考虑自身的生产管理能力,技术消化能力和资金能力,避免盲目投资,得不偿失。跨国并购存在很多不确定性,企业应特别注意与目标企业就谈判过程涉及的细节内容签署保密协议,以防并购计划如果最终流产,导致商业秘密被泄露,而影响中方企业的利益。

海外并购目标企业的知识产权价值,不能单纯仅着眼于知识产权本身,应着眼于收购目标企业的知识产权能够给企业带来潜在的企业价值,通过现有的知识产权可以创造更大的价值,这是企业并购过程中需要考虑的问题。

【案例】13岁"吉利"迎娶83岁"沃尔沃"

2010年吉利控股集团以18亿美元并购福特旗下沃尔沃轿车公司100%的股权以及相关资产(包括知识产权、生产线、供应商体系等)。这是一宗典型的"蛇吞象"并购案。

在谈判沃尔沃知识产权授权条款时,顾虑最大的自然是福特公司。福特持有沃尔沃长达10年时间,期间福特将自有的大量技术授权给沃尔沃,双方还联合开放了不少技术。这些技术既在沃尔沃使用,也在福特公司使用。如果这些技术开放给吉利,可能对福特产生不利的影响,至少会影响福特在中国的市场竞争力。

汽车涉及的专利门类特别多,沃尔沃的知识产权授权可以分为以下三类不同的情况。一是可广泛授权的部分。福特拥有的知识产权,既对沃尔沃公开,又对吉利公开,这部分非常有限。二是有限授权的部分。沃尔沃可以使用福特所拥有的部分知识产权,这部分技术不能向吉利公开。三是排除性知识产权。福特的知识产权,沃尔沃参与开发或者了解,吉利并购后连沃尔沃也不能用。

在以上三类知识产权中,只有第一类是吉利购买之后就可以使用的,第三类与吉利和沃尔沃无关。第二类知识产权对于吉利并购沃尔沃之后的持续经营至关重要,是双方谈判的重点。对于吉利来说,最优先的策略是至少保证沃尔沃拥有这部分知识产权使用权。

在知识产权谈判过程中,福特一直担心并购之后,吉利会将沃尔沃及其技术完全据为己有,而吉利则通过强调沃尔沃的独立性,成功打消了这种疑虑。据吉利介绍,收购100%产权是知识产权的核心,但福特在过渡时期也拥有相关知识产权的使用权,双方暂时能够共享零部件。这的确成为一种不失原则性的灵活策略。

吉利完成“蛇吞象”消化吸收的关键核心是落地中国化。通过部分技术转让，让吉利逐步了解了沃尔沃的技术细节，起到了很好的技术过渡作用。吉利在整合更具有竞争力的技术平台支撑下，实现了新产品的自主研发，形成自主造血、技术再生的动态整合能力，完成了吸收技术到创造价值，最终完成向中高端市场转型。

第八章　知识产权的数据合规

继农业经济、工业经济之后，数字经济已成为当今社会新的主要经济形态，被公认为重组全球要素资源、重塑全球经济结构、改变全球竞争格局的关键力量。数据是数字经济发展的关键要素。为了更好促进数据要素合理流动，有效保护和充分利用，加快构建数据知识产权法治保障体系显得尤为必要。2021 年 9 月中共中央、国务院印发的《知识产权强国建设纲要(2021—2035 年)》提出要研究构建数据知识产权保护规则。2021 年 10 月，国务院印发的《"十四五"国家知识产权保护和运用规划》指出，要推进实施数据知识产权保护工程，探索开展数据知识产权保护立法研究，加快构建数据知识产权保护规则，在保护个人隐私和国家数据安全的基础上，更好地促进数据要素合理流动、有效保护和充分利用。创设独立的数据知识产权专门法律，目前并不是一种可实施的制度方案选择，而是思考将数据融入现有知识产权客体之中。

2021 年起我国在上海、浙江、深圳开展了数据知识产权前期试点工作，2022 年 11 月 17 日国家知识产权局办公室发布《关于确定数据知识产权工作试点地方的通知》(国知办函规字〔2022〕990 号)，试点工作范围扩大至北京市、上海市、江苏省、浙江省、福建省、山东省、广东省、深圳市等 8 个地方。主要从制度建设、登记实践、权益保护、交易使用等方面开展试点。针对基础制度内容开展了研究，提出现阶段数据知识产权以数据处理者为保护主体，以经过一定规则处理且处于未公开状态的数据集合作为保护对象。

《网络安全法》《数据安全法》《个人信息保护法》等法律陆续出台，健全了我国数据安全法律法规矩阵，构建了我国网络空间治理和数据保护的基本法，对企业的数据收集以及使用等各环节，作出了明确规范和要求。在此背景下，企业数据合规也面临着更高的要求。要想弄懂什么是企业数据合规,首先要认识企业数据合规里的“数据”。这里的数据,绝非仅指狭义上的存放在数据库里或电子表格里的数据,它是广义上的企业在生产经营过程中涉及的一切数据。

知识产权属于民事权利,本身不存在数据合规问题,但数据知识产权不当利用,就有可能出现数据合规风险。与此同时,我国的数据安全也迈入了强监管时代,因此企业应将知识产权中涉及的数据问题纳入到数据合规的管理范畴,例如在开发软件时,企业应有数据合规的意识,避免出现数据合规问题,减少企业数据合规风险,避免出现因前期的设计、开发未考虑数据合规问题,而导致前功尽弃,需要投入更多的时间和精力进行修改完善,以满足数据合规要求。

第一节　数据合规概要

随着大数据、云计算、人工智能等新兴技术在数字经济中广泛运用,数据要素已成为引领中国高质量发展的一个新引擎。对企业而言,了解和建立数据合规制度,可以避免刑事责任与行政处罚,分割企业与员工的责任,还可以化解风险,更能够为企业赢得国际化合作的商业机会。企业在收集、存储、使用、加工、传输、提供、公开数据资源时,都应当依法建立健全数据安全管理制度,采取相应技术措施保障数据安全,在顺应数据安全保护的新形势下调整经营、治理理念,尽早对内部的数据管理现状进行梳理,找出潜在的风险点,构建自身数据安全合规体系,落地合规制度,促进企业良性发展,同时也能确保企业可以持续、合法的使用相应的数据,以及拥有相应数据知识产权,帮助企业维护好数据资产。

一、数据合规立法概要

我国数据合规立法呈现出以《网络安全法》、《数据安全法》和《个人信息保护法》为基石的格局,构建了我国网络空间治理和数据保护的基本法,对企业的数据收集以及使用等各环节，作出了明确规范和要求。在此背景下，企业数据合规也面临着更高的要求。

（一）《网络安全法》：强调保护网络主权与网络安全

2017 年 6 月 1 日《网络安全法》开始施行，该法作为我国网络安全领域的第一部法律，明确了多方面的网络安全要求，包括维护国家网络空间主权、保护关键信息基础设施与重要数据、保护个人隐私信息、明确各方网络安全义务等。

（二）《数据安全法》：监管数据处理活动

2021 年 9 月 1 日《数据安全法》正式施行，与《网络安全法》强调网络空间安全的立法目的不同，《数据安全法》主要侧重于网络安全等级保护制度，包括数据等级分类保护制度、重要数据和国家核心数据管理、数据安全风险预警以及应急处置机制、数据安全审查制度和数据跨境流动监管等。

提出企业应落实的数据合规措施，主要包括以下内容：

1. 加强企业数据保护的制度设计。数据处理者应当建立健全全流程数据安全管理制度，组织开展相关教育培训，采取相应的基础措施和其他必要措施，保障数据安全。

2. 建立风险监测与定期评估制度。开展数据处理活动应当加强风险监测，发现数据安全缺陷、漏洞等风险时，应当立即采取补救措施；发生数据安全事件时，应当立即采取处置措施，依规及时告知用户并报告主管部门。

3. 企业重要数据出境应当履行行政前置审批手续。企业在数据处理过程中，如涉及关键信息或重要数据需要出境的，应当依据《网络安全法》和国家网信部门等国家机构制定的法律法规依法履行行政前置审批手续。

（三）《个人信息保护法》：聚焦个人信息处理和保护

2021 年 11 月 1 日《个人信息保护法》正式实施，确定了个人信息保护的核心与基本准则，与《网络安全法》《数据安全法》并称为我国数据治理领域的“三驾马车”。

1. 构建起“个人 + 信息处理者 + 监管部门”三重体系。

第一，个人信息主体权利是《个人信息保护法》的核心。赋予个人信息主体在信息处理过程中的权利,包括知情权、决定权、查阅权、复制权、可携带权、更正补充权、删除权。其中关于可携带权,是指个人信息主体有权请求个人信息处理者将其个人信息转移至其指定的个人信息处理者,且在符合国家网信部门规定条件的前提下,个人信息处理者应当提供转移的途径。

第二,信息处理者的法定义务。除了信息处理告知义务、征得同意义务、保障个人信息主体实现的个人权利以外,个人信息处理者还应当通过采取包括但不限于制定内部管理制度和操作规程、对个人信息实行分类管理、采取相应的加密、去标识化等安全技术措施、合理确定个人信息处理的操作权限、制定并组织实施个人信息安全事件应急预案等。

第三,为保障个人信息主体权利、督促处理者履行义务,监管职责部门可以通过如询问调查、书面审查、现场检查等方式监督个人信息处理者,必要时有权采取查封、扣押、要求合规审计等强制措施。

2. 扩大了处理个人信息的合法性基础。《个人信息保护法》扩大了处理个人信息的合法性基础,除取得个人同意外,为订立或履行个人作为一方当事人的合同所必需、为履行法定职责或法定义务所必需、为应对突发公共卫生事件或紧急情况下为保护自然人的生命健康和财产安全所必需、为维护公共利益所必需、在合理范围内处理个人自行公开或其他已经合法公开的个人信息时,不需取得个人同意即可处理个人信息。

3. 加大对违法行为的处罚力度。《个人信息保护法》第 66 条设置的高额罚款是该法的威慑力体现。

二、企业数据合规义务

在数据收集、存储和跨境传输、使用和加工、提供或公开、删除等数据处理环节承担相应的合规义务。

1. 收集。

收集个人信息应当采取合法、正当的方式。

2. 存储和跨境传输。

存储、加工政务数据，应当经过严格的批准程序，并应当接受监督，依照法律、法规的规定和合同约定履行数据安全保护义务。

确需向境外提供的，应当根据国家规定进行安全评估，经专业机构进行个人信息保护认证，向个人告知境外接收方相关事项并取得单独同意。

3. 使用和加工。

使用和加工个人信息，应当取得个人同意。如果以个人同意为合法基础处理个人信息，在使用目的、方式和个人信息的种类发生变化的，应当重新取得个人同意。

4. 提供或公开。

履行法定告知义务并取得单独同意，约定相关事项并监督个人信息处理过程。

5. 删除。

按照要求，确定个人信息保存的最短或最长期限，并进行告知。出现法律法规规定的法定删除情形时，企业应主动履行删除义务，企业未履行的，个人有权要求企业删除。

【案例】滴滴因数据安全问题被罚 80.26 亿元！

2022 年 7 月 21 日，国家互联网信息办公室对滴滴全球股份有限公司（以下简称滴滴公司）依法作出网络安全审查相关行政处罚决定，对滴滴公司处人民币 80.26 亿元罚款，对滴滴公司董事长兼 CEO 程维、总裁柳青各处人民币 100 万元罚款。

滴滴公司成立于 2013 年 1 月，相关境内业务线主要包括网约车、顺风车等，相关产品包括滴滴出行、滴滴车主、滴滴企业版等 41 款 App。滴滴公司对境内各业务线严重事项具有最高决策权，制定的企业内部制度标准对境内各业务线全部适用，且对落实状况负监视管理义务。该公司经过滴滴信息与数据平安委员会及其下设的个人信息维护委员会、数据平安委员会,参与网约车、顺风车等业务线相关行为的决策指导、监视管理,各业务线违法行为是在滴滴公司统一决策和部署下的细致落实。据此,本案违法行为主体认定为滴滴公司。

滴滴公司董事长兼CEO程维、总裁柳青,对违法行为负主管义务。

经查明,滴滴公司共存在16项违法事实,归结起来主要是8个方面。

一是违法搜集用户手机相册中的截图信息1196.39万条;

二是过度搜集用户剪切板信息、应用列表信息83.23亿条;

三是过度搜集乘客人脸辨认信息1.07亿条、年龄段信息5350.92万条、职业信息1633.56万条、亲情关系信息138.29万条、"家"和"公司"打车地址信息1.53亿条;

四是过度搜集乘客评价代驾效劳时、App后台运转时、手机衔接桔视记载仪设备时的精准位置(经纬度)信息1.67亿条;

五是过度搜集司机学历信息14.29万条,以明文方式存储司机身份证号信息5780.26万条;

六是在未明白告知乘客状况下剖析乘客出行企图信息539.76亿条、常驻城市信息15.38亿条、异地商务/异地旅游信息3.04亿条;

七是在乘客运用顺风车效劳时频繁讨取无关的"电话权限";

八是未精确、明晰阐明用户设备信息等19项个人信息处置目的。

《个人信息保护法》第66条规定,违反本法规定处理个人信息,或者处理个人信息未履行本法规定的个人信息保护义务的处100万元以下罚款;对直接负责的主管人员和其他直接责任人员处1万元以上10万元以下罚款。对情节严重的,由省级以上履行个人信息保护职责的部门责令改正,没收违法所得,并处5000万元以下或者上一年度营业额5%以下罚款,并可以责令暂停相关业务或者停业整顿、通报有关主管部门吊销相关业务许可或者吊销营业执照;对直接负责的主管人员和其他直接责任人员处10万元以上100万元以下罚款,并可以决定禁止其在一定期限内担任相关企业的董事、监事、高级管理人员和个人信息保护负责人。

在大合规背景下，对于企业来说，数据合规必然面临更大的外部监管压力。滴滴被罚80.26亿元事件，警示着企业在收集、存储、使用、加工、传输、提供、公开数据资源，尤其在软件设计各项功能时，都应构建自身数据合规管理制度。

第二节　数据类知识产权合规管理

随着技术的飞速发展，企业不仅可以搜集、分析、处理原始数据，甚至可以创造有价值的数据集合，如数据库、大数据。数据被称作信息时代的"新能源"，与土地、资本、技术等传统要素并列，是数字经济发展的基础，对数据知识产权的保护也越发引起人们的重视。但数据本身并不受知识产权法保护。比如，用户上传至平台的性别、年龄等个人信息，平台对于这些数据并不享有知识产权。

一、数据的知识产权保护

与数据保护问题的联系最为紧密的是知识产权法律体系。充分利用现有知识产权法律体系，可以将数据相关权利拆分为各种细小的权利，套用至现行知识产权法律可以保护的各领域之内。

（一）数据与《专利法》

企业对其数据可以引入专利保护，主要是为数据申请计算机程序专利保护，可以对具有鲜明技术属性并解决一定技术问题的数据运算程序进行保护。《专利审查指南》第九章涉及计算机程序的发明专利：指为解决发明提出的问题，全部或部分以计算机程序处理流程为基础，通过计算机执行按上述流程编制的计算机程序，对计算机外部对象或者内部对象进行控制或处理的解决方案。根据现行法律法规，可以申请专利的数据要具备鲜明的"技术属性"，并且受到数据解决技术问题的类型、处理数据类型以及具体应用目的等限制。我国数据领域的专利,其中包括特别适用于特定功能的数字计算机设备或数据设备或数据处理方法,专门适用特定经营的系统或方法,用于阅读或识别印刷或书写字符或者用于识别图形,程序控制系统等。

(二)数据与《著作权法》

我国《著作权法》第15条规定:"汇编若干作品、作品的片段或者不构成作品的数据或者其他材料,对其内容的选择或者编排体现独创性的作品,为汇编作品"。当企业数据本身构成汇编作品时,企业便可以通过此条规定获得著作权保护,从而限制或追究其他企业或第三人相应的数据侵犯。数据如果要作为汇编作品进行保护,需要满足作品的前提,就是应该具有"独创性"。

(三)数据与《反不正当竞争法》

1.商业秘密。

我国《反不正当竞争法》确立了商业秘密保护制度。企业自身收集的订单信息、进货信息、库存信息、客户名单、客户消费偏好等数据信息,只有满足商业秘密构成要件,可以纳入《反不正当竞争法》的商业秘密加以保护。与《专利法》保护的客体需要为技术方案或与《著作权法》对汇编作品要求的独创性相比,从现行的案例来看,商业秘密规则可以对构成大数据的原始数据本身进行保护。

司法实践表明,以商业秘密在保护数据时存在一定的局限性,因为商业秘密属于不具有排他效力。若他人使用了正当的程序,如独立的研发、自行采集、反向工程及其他各种方式来获取该信息,则商业秘密的权利人无权加以干预。

2.不正当竞争行为。

《反不正当竞争法》第2条第2款规定,"本法所称的不正当竞争,是指经营者在生产经营活动中,违反本法规定,扰乱社会竞争秩序,损害其他经营者或者消费者的合法权益的行为"。该条起初被认为仅是一种释义性规定,不具有直接适用裁判的功能。但是近些年执法部门和司法实践考虑到不正当竞争行为的多样性和不断花样翻新,仅仅依靠法律中的具体类型规定根本不能应付,企业数据保护通过《反不正当竞争法》一般条款来实现的局限性是显而易见的,这就是具有极大的不确定性,以及必须严格将数据秩序转化为竞争秩序才行,因此并不能完全覆盖数据保护的独特要求。由此，以目的解释为基础，对《反不正当竞争法》一般规定中的“合法权益”进行了激活。

【案例】“我的钢铁网”与“今日钢铁网”

原告上海钢联电子商务股份有限公司成立于2000年，是专业从事钢铁行业商业信息及其增值服务的互联网平台综合运营商。原告通过其运营的“我的钢铁网”（www. mysteel. com），为客户提供钢铁及相关商业信息服务。原告组建资讯采集团队近千人，建立起了完善的信息采集体系，通过长期的实践与积累，形成了钢铁行业内最详细完整的钢材、特钢、炉料等各项数据库。

被告上海纵横今日钢铁电子商务有限公司在其运营的“今日钢铁网”（www. todaysteel. com）上发布数据信息。经过比对，原告、被告均以表格的形式发布信息，内容均包括钢材的品名、规格、材质、钢厂/产地、价格（元/吨）、涨跌、备注等信息，上述信息的内容基本相同，不同之处仅在于涨跌符号、备注等表达形式上的差异和表格顺序的略微调整等，上述差异不足以造成二者的本质区别，故法院认为原告、被告发布的信息在内容上构成实质性近似。

法院经审理认为，原告有上万名会员，要求其获知被告侵权的具体方式存在一定难度，但原告已经提供了初步证据证明被告存在侵权的可能性，故被告应当对其信息的合法来源问题承担举证责任。被告虽辩称其信息部分由其自身独立采集整理而来，但未能提供相关证据证明。原告将单个的、分散的市场钢铁价格信息搜集整理，对于数据库的使用者而言，能够同时获得大量的钢铁价格综合信息，具有较强的实用性，这也是原告的信息比原始的单个市场钢铁价格信息更具价值的重要因素。对其投入了大量人力、物力、财力和时间搜集汇编的钢铁价格数据信息具有合法权益。《反不正当竞争法》保护的是诚实经营和公平竞争的市场经济秩序，禁止不劳而获的“搭便车”给他人的合法权益造成损害的行为。本案中,被告未经原告许可,为商业目的向其客户提供原告拥有合法权益的数据信息牟利,是一种不正当利用他人劳动成果获取竞争优势的“搭便车”行为。被告的行为违反了经营者在市场交易中应当遵守的诚实信用原则和公认的商业道德,损害了原告对其数据信息所享有的合法权益,构成对原告的不正当竞争。因此,法院判决被告停止不正当竞争行为并赔偿原告经济损失。

二、数据类知识产权的合规管理

(一)数据类知识产权的合规风险

当前,在大数据技术广泛运用的时代背景下,数据开始呈现出全新的价值属性。数据不仅是国家的基础性战略资源,更被我国明确为新时代的生产要素,无论是新型数字经济产业还是传统产业,都在积极地利用网络技术和数据技术。然而,实践中数据不合规行为却屡禁不止,信息泄露、数据滥用等行为严重危害公民权益和社会秩序。数据合规是专项合规管理体系的重要议题,也是数字经济时代社会治理的重要组成部分,更是知识产权合规需要考虑的问题。面对日趋严峻的立法和执法态势,数据合规成为企业合规治理的刚性需求,为企业应对数据合规风险提供了最佳实践。

数据合规涉及多层面内容,其中,公民个人信息保护合规与数据安全合规是目前最迫切需要应对的问题。个人信息是以电子或者其他方式记录的能够单独或者与其他信息结合识别特定自然人的各种信息,包括自然人的姓名、出生日期、证件号码、生物识别信息、住址、电话号码、电子邮箱、健康信息、行踪信息等。保护国家数据安全,是世界各国处理跨境数据时首要考虑的问题。企业对数据的利用行为,特别是在大规模数据跨境时,要高度重视国家层面的数据安全,避免陷入危害国家数据安全刑事犯罪风险中。

数据合规风险类别有民事赔偿风险、行政处罚风险、刑事犯罪风险,引起合规风险的原因:

1. 数据违规收集。

移动应用软件或多或少都存在违规私自收集、过度收集、超范围收集用户数据信息、强制授权、不合理索取用户权限、频繁骚扰、侵害用户权益，如未经用户同意自动开启收集地理位置、身份证号、人脸、指纹、读取通讯录、使用摄像头、启用录音等功能以及与服务无关的功能。

2. 用户数据泄露。

企业进行数据收集、存储、传输、处理、使用等数据活动之时，可能会产生用户数据泄露事件，大体来说，主要有以下几个原因：

企业自身数据安全保护系统存在漏洞，企业关键信息基础设施容易被攻击、侵入、干扰和破坏，数据处于暴露在阳光下的风险当中。

企业员工故意或过失泄露用户数据，或逐利，或泄愤，或报复，或竞争。

外部力量或人员利用木马、病毒、爬虫等计算机网络技术措施对目标企业的数据系统发起攻击，窃取用户数据。

3. 数据非法使用。

相关企业经营者为了谋求自身商业利益最大化，对违规收集的消费者个人信息进行最大限度的商业利用，追逐最大限度的可得利润，非法使用用户数据，严重侵害用户合法权益，具体有以下几种常见情形：

移动应用软件未经用户同意，私自将设备识别信息、商品浏览记录、搜索使用习惯等个人信息共享给第三方。

强制用户使用定向推送功能，即 App 未向用户告知，或未以显著方式标示，将收集到的用户搜索、浏览记录、使用习惯等个人信息，用于定向推送或精准营销，且未提供关闭该功能的选项。

根据我国《民法典》相关规定，处理个人信息的，应当遵循合法、正当、必要原则，不得过度处理；信息处理者不得泄露或者篡改其收集、存储的个人信息；未经自然人同意，不得向他人非法提供其个人信息。信息处理者应当采取技术措施和其他必要措施，确保其收集、存储的个人信息安全，防止信息泄露、篡改、丢失；发生或者可能发生个人信息泄露、篡改、丢失的，应当及时采取补救措施，按照规定告知自然人并向有关主管部门报告。数据处理者违反《刑法》规定,可能涉嫌拒不履行信息网络安全管理义务罪等。

(二)数据合规的管理

企业应对数据处理活动存在的风险点进行定期评估,并保存评估报告和处理情况的记录,以便发现处理敏感个人信息、利用个人信息进行自动化决策、委托处理个人信息、向第三方提供个人信息、向境外提供个人信息等过程中的合规风险点。数据安全和个人信息保护教育培训的内容主要是数据保护合规政策和员工手册,企业要进行全程电子或书面留痕,采取录像、照片、签到本等方式,以证明公司开展合规培训的事实。

企业在产品制造、销售、服务等生产经营全流程,针对数据全生命周期,采取必要的技术安全和管理安全措施,保障数据的有效保护和合法利用,对存在违规行为的环节实行合规一票否决制。当违规行为发生或者被发现后,企业就要受到外部监管和执法机构的调查,此时需要建立内部的专业反应机制,如果盲目应对,或者采取毁灭、伪造证据等错误方式,就会面临更加严厉的调查和处罚。

第三节　算法类知识产权的数据合规

算法(Algorithm)是运算法则的简称,脱胎于数学领域的算术,在计算机领域得到了发展。伴随着互联网、云计算、大数据与人工智能的深度融合,“万物互联、人人在线、事事算法”的人工智能时代悄然而至,2022 年年末,人工智能聊天机器人 ChatGPT 刷爆网络。算法的应用已经逐渐渗入我们的生活之中。算法是人工智能开发、应用的核心,是数据转化为生产力的关键环节。那么算法应当如何进行知识产权保护,算法为何与数据合规有关?这就必然涉及算法与数据、数据结构之间的关系。数据结构是数据间的有机关系,算法是对数据的操作步骤。数据结构用于解决数据存储问题,而算法用于处理和分析数据。没有一定组织关系的数据,算法就无法运行。数据结构是相对静止的,算法是绝对运动的。在解决问题的过程中，数据结构要配合算法选择最优的存储结构来存储数据，而算法也要结合数据存储的特点，用最优的策略来分析并处理数据，由此可以最高效地解决问题。算法的性能会影响大数据的采集和挖掘，高性能的算法能够为经营者采集和挖掘更多高质量的数据。数据和算法犹如一对“孪生兄弟”，缺一不可。“没有数据的算法是空洞的，不经算法处理的数据是无意义的。”

一、算法的知识产权保护

算法的表现形式呈现出多样态化的特征。算法既可以是数学公式，也可以是代码化指令的计算机程序，还可以是步骤、流程、规则等方法。算法的多样化表现形式，导致算法受知识产权保护的多样化。知识产权法为了防止对信息不当垄断而阻碍创新，将人类智力活动的规则、抽象思维和逻辑排除在知识产权法保护客体之外。按照知识产权鼓励知识传播与激励创新的宗旨，当算法的表现形式为数学领域通用的基本运算法则、计算方法，或是对自然现象、客观规律进行描述的公式时，不受知识产权法保护。

算法技术应用领域的扩展使人们步入更便捷的智能社会。算法也逐渐从科技之“法”转化为社会之“法”，对算法进行知识产权保护，软件著作权、专利、商业秘密都可以作为选择路径。

1. 著作权。

当算法依附于代码来发挥作用时，可以根据《计算机软件保护条例》受软件著作权保护。

算法用计算机软件作为表达方式时，可以用软件著作权登记的方式来保护整套或某一模块的软件代码，尤其是被技术人员所普遍知晓的一些公开算法的应用，可以采用软件著作权登记的方式进行保护。

2. 专利。

当算法通过技术方案表达时，可作为方法专利保护。2020 年修订的《专利审查指南》,专门增加了包含算法特征的发明专利申请审查相关规定。当算法体现在产品上,且产品满足专利的“三性”时,可采用产品专利方式加以保护。

3. 商业秘密。

对于一些自主研发的新算法通常要求较高的保密性,此时可以将算法作为商业秘密来进行知识产权保护。具备核心竞争力的程序算法往往被企业作为商业秘密予以保护。商业秘密的保密性与个人信息保护对算法公开的要求相违背。在实践中,商业秘密保护算法面临被逐步架空的风险。

二、算法的数据合规

随着越来越多基于数据的算法被运用于各个场景,企业需具备前瞻性,通过国家立法监管趋势提前进行预判,在企业早期阶段介入数据合规工作,以避免产品成形后再整改的不便。

算法可能产生个人信息的违法处理合规风险。算法的开发和使用过程中,不仅涉及个人信息的获取,也会涉及个人信息的存储、分析、加工、使用、对外提供等,皆应遵守相关法律法规、政策性文件、国家标准。相当多的企业通过各种渠道获取数据,如为了提升人脸识别算法的精准度,企业甚至通过爬虫技术从互联网公开渠道获取戴口罩的人脸信息。企业应当在合理范围内处理,对个人权益有重大影响的,应当取得个人同意。除此之外,企业利用爬虫技术侵入他方计算机系统还可能侵犯他方的数据权益或触犯非法获取计算机信息系统数据罪。

随着人工智能在各个领域应用推广,算法黑箱、算法偏见、算法歧视等问题逐渐浮现并引起重视。近年来,我国不断强化算法治理的立法工作,例如,2018年颁布的《电子商务法》要求电子商务经营者为用户设置拒绝算法个性化推荐的选项。2019 年的《网络信息内容生态治理规定》要求网络平台优化个性化算法推荐技术。2021 年的《个人信息保护法》进一步强化个人拒绝自动化决策的权利。2022 年出台的《互联网信息服务算法推荐管理规定》中进一步细化和明确优化个性化算法推荐技术。2021 年 12 月 31 日,国家互联网信息办公室、工业和信息化部、公安部以及国家市场监督管理总局联合发布的《互联网信息服务算法推荐管理规定》(以下简称《算法推荐》)正式生效。同日,互联网信息服务算法备案系统正式上线运行。《算法推荐》未对算法推荐技术明确定义,《算法推荐》第2条第2款规定,算法推荐技术指生成合成类、个性化推送类、排序精选类、检索过滤类、调度决策类等算法技术。仅以枚举法的方式列举了哪些算法技术可能构成算法推荐技术。

1. 生成合成类:指可自动生成、合成内容的算法。该类算法将文本、图像、音频、视频、等文件自动进行合成。应用案例包括自动撰稿机器人、虚拟博主、聊天机器人、AI换脸程序等。合规义务:《民法典》规定,“不得利用信息技术手段伪造等方式侵害他人的肖像权及声音有关权益”。《算法推荐》规定,“不得生成合成虚假新闻信息”。《网络信息内容生态治理规定》规定,“不得利用深度学习、虚拟现实等新技术新应用从事法律、行政法规禁止的活动”。

2. 个性化推送类:识别和筛选用户偏好并优选呈现与用户需求相契合的信息内容,实现个性化推荐服务的算法。应用场景有短视频、音乐等网站的内容推送;电商商品定向推送;广告精准营销。合规义务:《电子商务法》规定,“提供不针对消费者个人的选项”。《算法推荐》规定,“应加强用户模型和用户标签管理,完善记入用户模型的兴趣点规则和用户标签管理规则,不得将违法和不良信息关键词记入用户兴趣点或者作为用户标签并据以推送信息”。《App违法违规收集使用个人信息行为认定方法》规定,“不得仅以定向推送信息为由,强制要求用户同意收集个人信息”。

3. 排序精选类:按照一定方法排序并根据结果向用户展示推荐或精选列表的算法。应用场景有社交、新闻、音乐、短视频等首页推荐内容;电商平台热销商品榜单等。合规义务:《算法推荐》规定,“应建立完善人工干预和用户自主选择机制;不得利用算法屏蔽信息、过度推荐、操纵榜单或者检索结果排序、控制热搜或者精选等干预信息呈现,实施影响网络舆论或者规避监督管理行为”。该类算法需要到算法平台备案。

4. 检索过滤类:包括检索算法与过滤算法,其中检索算法是按照输入条件或匹配需求匹配相应网络信息内容的算法;过滤算法是指按照给定的条件识别并筛选相应网络信息内容的算法。应用场景有搜索引擎等使用的去重、垃圾信息过滤及关联推荐算法。合规义务:《互联网信息搜索服务管理规定》规定,“如涉及付费搜索信息服务,应当依法查验客户有关资质,明确付费搜索信息页面比例上限,显著区分付费搜索与自然搜索结果”。

5. 调度决策类:按照系统的资源分配策略,通过判断多维度的影响因素自动提供最优路线或最短时间等决策结果信息的算法。应用场景有外卖订单配送、最优驾驶路线规划、打车平台自动接单等。合规义务:《个人信息保护法》规定,保证决策的透明度和结果公平、公正,不得对个人在交易价格等交易条件上实行不合理的差别待遇;通过自动化决策方式作出对个人权益有重大影响的决定,个人有权要求个人信息处理者予以说明,并有权拒绝个人信息处理者仅通过自动化决策的方式作出决定。

第九章 知识产权的反垄断合规

反垄断是禁止垄断和贸易限制的行为，是当一个企业的营销呈现垄断或有垄断趋势的时候，国家政府或国际组织所采取的一种干预手段。2022 年 6 月 24 日全国人大常委会关于修改《中华人民共和国反垄断法》的决定由第十三届全国人大常委会第三十五次会议表决通过，修改后的《反垄断法》于 2022 年 8 月 1 日起施行。新的《反垄断法》修改、新增、调整的条文多达 33 条，加重违法处罚力度，如加重对违法垄断协议处罚、加重对拒不配合调查经营者处罚、对法定代表人责任人处罚。

知识产权是法律赋予的一种合法垄断的权利，其与《反垄断法》本无冲突，但知识产权的行使亦有严格的法律限制，一旦跨越法律边界，就可能落入《反垄断法》的规制范围。可以说，在知识产权的保护和应用过程中，《反垄断法》始终是一把"悬在头顶上的利剑"。知识产权领域中最容易碰触《反垄断法》红线的是权利的许可，可能出现的问题包括滥用市场支配地位、经营者集中等，其中尤为突出的领域就是标准必要专利。与此同时，开源软件领域内愈演愈烈的捆绑销售或搭售、开源与闭源相结合等现象，使这一领域也日益成为知识产权与反垄断问题的集中爆发地。

第一节 知识产权垄断行为的合规风险

我国《反垄断法》第 3 条规定，垄断行为包括：(1)经营者达成垄断协议；(2)经营者滥用市场支配地位；(3)具有或者可能具有排除、限制竞争效果的经营者集中。

一、垄断协议

《反垄断法》第16条规定:“垄断协议是指排除、限制竞争的协议、决定或者其他协同行为。”具体包括横向垄断协议与纵向垄断协议。

(一)横向垄断协议

横向垄断协议,具有竞争关系的经营者达成下列垄断协议:(1)固定或者变更商品价格;(2)限制商品的生产数量或者销售数量;(3)分割销售市场或者原材料采购市场;(4)限制购买新技术、新设备或者限制开发新技术、新产品;(5)联合抵制交易;(6)国务院反垄断执法机构认定的其他垄断协议。

(二)纵向垄断协议

纵向垄断协议是指经营者与交易相对人达成下列垄断协议:(1)固定向第三人转售商品的价格;(2)限定向第三人转售商品的最低价格;(3)国务院反垄断执法机构认定的其他垄断协议。

在新《反垄断法》第18条第3款正式将“安全港”规则引入我国反垄断法领域,成为我国《反垄断法》修订的一大亮点。根据该款规定,签订纵向垄断协议的经营者能够证明其在相关市场的市场份额低于国务院反垄断执法机构规定的标准,并符合国务院反垄断执法机构规定的其他条件的,不予禁止。

(三)知识产权与垄断协议

涉及知识产权的协议,通常具有激励创新、促进竞争的效果,不同的协议类型产生的积极影响有所不同。但是,涉及知识产权的协议也可能对市场竞争产生排除、限制影响。例如,“专利池”是一种由专利权人组成的专利许可交易平台,平台上专利权人之间进行横向许可,也可以统一许可条件向第三方开放进行纵向许可。“专利池”挣脱了“专利丛林”的技术许可障碍。但是,“专利池”内部成员可能通过共谋来控制市场价格,对外部或对第三方进行专利许可限制,妨碍市场竞争。企业应结合《国务院反垄断委员会关于知识产权领域的反垄断指南》,加强有关知识产权协议的反垄断合规管理,避免因此产生的合规风险。

1. 联合研发协议。

《国务院反垄断委员会关于知识产权领域的反垄断指南》第 7 条规定:“联合研发是指经营者共同研发技术、产品等,及利用研发成果的行为。联合研发通常可以节约研发成本,提高研发效率,但是也可能对市场竞争产生排除、限制影响,分析时可以考虑以下因素:(一)是否限制经营者在与联合研发无关的领域独立或者与第三方合作进行研发;(二)是否限制经营者在联合研发完成后进行后续研发;(三)是否限定经营者在与联合研发无关的领域研发的新技术或者新产品所涉知识产权的归属和行使。”

2. 交叉许可协议。

《国务院反垄断委员会关于知识产权领域的反垄断指南》第 8 条规定:“交叉许可是指经营者将各自拥有的知识产权相互许可使用。交叉许可通常可以降低知识产权许可成本,促进知识产权实施,但是也可能对市场竞争产生排除、限制影响,分析时可以考虑以下因素:(一)是否为排他性许可;(二)是否构成第三方进入市场的壁垒;(三)是否排除、限制下游市场的竞争;(四)是否提高了相关商品的成本。”

3. 排他性回授和独占性回授条款。

《国务院反垄断委员会关于知识产权领域的反垄断指南》第 9 条规定:“回授是指被许可人将其利用被许可的知识产权所作的改进,或者通过使用被许可的知识产权所获得的新成果授权给许可人。回授通常可以推动对新成果的投资和运用,但是排他性回授和独占性回授可能降低被许可人的创新动力,对市场竞争产生排除、限制影响。如果仅有许可人或者其指定的第三方和被许可人有权实施回授的改进或者新成果,这种回授是排他性的。如果仅有许可人或者其指定的第三方有权实施回授的改进或者新成果,这种回授是独占性的。通常情况下,独占性回授比排他性回授排除、限制竞争的可能性更大。分析排他性回授和独占性回授对市场竞争产生的排除、限制影响时可以考虑以下因素:(一)许可人是否就回授提供实质性的对价;(二)许可人与被许可人在交叉许可中是否相互要求独占性回授或者排他性回授;(三)回授是否导致改进或者新成果向单一经营者集中,使其获得或者增强市场控制力;(四)回授是否影响被许可人进行改进的积极性。如果许可人要求被许可人将上述改进或者新成果转让给许可人,或者其指定的第三方,分析该行为是否排除、限制竞争,同样考虑上述因素。"

4. 不质疑条款。

《国务院反垄断委员会关于知识产权领域的反垄断指南》第10条规定:"不质疑条款是指在与知识产权许可相关的协议中,许可人要求被许可人不得对其知识产权有效性提出异议的一类条款。分析不质疑条款对市场竞争产生的排除、限制影响,可以考虑以下因素:(一)许可人是否要求所有的被许可人不质疑其知识产权的有效性;(二)不质疑条款涉及的知识产权许可是否有偿;(三)不质疑条款涉及的知识产权是否可能构成下游市场的进入壁垒;(四)不质疑条款涉及的知识产权是否阻碍其他竞争性知识产权的实施;(五)不质疑条款涉及的知识产权许可是否具有排他性;(六)被许可人质疑许可人知识产权的有效性是否可能因此遭受重大损失。"

5. 标准制定。

标准制定,是指经营者共同制定或参与制定在一定范围内统一实施的涉及知识产权的标准。标准制定有助于实现不同产品之间的通用性,降低成本,提高效率,保证产品质量。但是经营者没有正当理由,不得在行使知识产权的过程中,利用标准的制定和实施达成下列垄断协议:(1)与具有竞争关系的经营者联合排斥特定经营者参与标准制定,或者排斥特定经营者的相关标准技术方案;(2)与具有竞争关系的经营者联合排斥其他特定经营者实施相关标准;(3)与具有竞争关系的经营者约定不实施其他竞争性标准。

6. 其他限制。

《国务院反垄断委员会关于知识产权领域的反垄断指南》第12条规定:"经营者许可知识产权,还可能涉及下列限制:(一)限制知识产权的使用领域;(二)限制利用知识产权提供的商品的销售或传播渠道、范围或者对象;(三)限制经营者利用知识产权提供的商品数量;(四)限制经营者使用具有竞争关系的技术或者提供具有竞争关系的商品。上述限制通常具有商业合理性,能够提高效率,促进知识产权实施,但是也可能对市场竞争产生排除、限制影响,分析时可以考虑以下因素:(一)限制的内容、程度及实施方式;(二)利用知识产权提供的商品的特点;(三)限制与知识产权许可条件的关系;(四)是否包含多项限制;(五)如果其他经营者拥有的知识产权涉及具有替代关系的技术,其他经营者是否实施相同或者类似的限制。"

二、滥用市场支配地位

与垄断协议相比,对滥用市场支配地位的规制主要针对经营者的单独行为。市场支配地位,是指经营者在相关市场内具有能够控制商品价格、数量或者其他交易条件,或者能够阻碍、影响其他经营者进入相关市场能力的市场地位。

(一)滥用市场支配地位的行为

根据《反垄断法》第22条第1款规定,禁止具有市场支配地位的经营者从事下列滥用市场支配地位的行为:(1)以不公平的高价销售商品或者以不公平的低价购买商品;(2)没有正当理由,以低于成本的价格销售商品;(3)没有正当理由,拒绝与交易相对人进行交易;(4)没有正当理由,限定交易相对人只能与其进行交易或者只能与其指定的经营者进行交易;(5)没有正当理由搭售商品,或者在交易时附加其他不合理的交易条件;(6)没有正当理由,对条件相同的交易相对人在交易价格等交易条件上实行差别待遇;(7)国务院反垄断执法机构认定的其他滥用市场支配地位的行为。

(二)涉及知识产权的滥用市场支配地位行为

通常情况下,首先界定相关市场,认定经营者在相关市场是否具有市场支配地位,再根据个案情况,具体分析行为是否构成滥用知识产权,排除、限制竞争的行为。经营者拥有知识产权,并不意味着其必然具有市场支配地位。认定拥有知识产权的经营者在相关市场上是否具有支配地位,应依据《反垄断法》第18条、第19条规定的认定或者推定经营者具有市场支配地位的因素和情形进行分析,结合知识产权的特点,还可具体考虑以下因素:(1)交易相对人转向具有替代关系的技术或者商品等的可能性及转换成本;(2)下游市场对利用知识产权所提供的商品的依赖程度;(3)交易相对人对经营者的制衡能力。

1. 以不公平的高价许可知识产权。

具有市场支配地位的经营者,可能滥用其市场支配地位,以不公平的高价许可知识产权,排除、限制竞争。分析其是否构成滥用市场支配地位行为,可以考虑以下因素:(1)许可费的计算方法,及知识产权对相关商品价值的贡献;(2)经营者对知识产权许可作出的承诺;(3)知识产权的许可历史或者可比照的许可费标准;(4)导致不公平高价的许可条件,包括超出知识产权的地域范围或者覆盖的商品范围收取许可费等;(5)在"一揽子"许可时是否就过期或者无效的知识产权收取许可费。

分析经营者是否以不公平的高价许可标准必要专利,还可考虑符合相关标准的商品所承担的整体许可费情况及其对相关产业正常发展的影响。

2. 拒绝许可知识产权。

拒绝许可是经营者行使知识产权的一种表现形式,一般情况下,经营者不承担与竞争对手或者交易相对人进行交易的义务。但是,具有市场支配地位的经营者,没有正当理由拒绝许可知识产权,可能构成滥用市场支配地位行为,排除、限制竞争。具体分析时,可以考虑以下因素:(1)经营者对该知识产权许可作出的承诺;(2)其他经营者进入相关市场是否必须获得该知识产权的许可;(3)拒绝许可相关知识产权对市场竞争和经营者进行创新的影响及程度;(4)被拒绝方是否缺乏支付合理许可费的意愿和能力等;(5)经营者是否曾对被拒绝方提出过合理要约;(6)拒绝许可相关知识产权是否会损害消费者利益或者社会公共利益。

3. 涉及知识产权的搭售。

具有市场支配地位的经营者没有正当理由,不得在行使知识产权的过程中,违背所在行业或者领域交易惯例、消费习惯或者无视商品的功能,从事下列搭售行为,排除、限制竞争:(1)在许可知识产权时强制或者变相强制被许可人购买其他不必要的产品；(2)在许可知识产权时强制或者变相强制被许可人接受“一揽子”许可。

分析涉及知识产权的搭售是否构成滥用市场支配地位行为，可以考虑以下因素：(1)是否违背交易相对人意愿；(2)是否符合交易惯例或者消费习惯；(3)是否无视相关知识产权或者商品的性质差异及相互关系；(4)是否具有合理性和必要性，如为实现技术兼容、产品安全、产品性能等所必不可少的措施等；(5)是否排除、限制其他经营者的交易机会；(6)是否限制消费者的选择权。

4. 涉及知识产权的附加不合理交易条件。

具有市场支配地位的经营者，没有正当理由，在涉及知识产权的交易中附加下列交易条件，可能产生排除、限制竞争效果：(1)要求交易相对人将其改进的技术进行排他性或者独占性回授，或者在不提供合理对价时要求交易相对人进行相同技术领域的交叉许可；(2)禁止交易相对人对其知识产权的有效性提出质疑；(3)限制交易相对人在许可协议期限届满后，在不侵犯知识产权的情况下利用竞争性的技术或者产品；(4)对交易相对人附加其他不合理的交易条件。

5. 涉及知识产权的差别待遇。

在涉及知识产权的交易中，具有市场支配地位的经营者，没有正当理由，可能对条件实质相同的交易相对人实施不同的许可条件，排除、限制竞争。分析经营者实行的差别待遇是否构成滥用市场支配地位行为，可以考虑以下因素：(1)交易相对人的条件是否实质相同，包括相关知识产权的使用范围、不同交易相对人利用相关知识产权提供的商品是否存在替代关系等。(2)许可条件是否实质不同，包括许可数量、地域和期限等。除分析许可协议条款外，还需综合考虑许可人和被许可人之间达成的其他商业安排对许可条件的影响。(3)该差别待遇是否对被许可人参与市场竞争产生显著不利影响。

【案例】滥用市场支配地位源起专利授权不当

2015 年 2 月 10 日国家发展改革委发布对高通公司的处罚决定，高通公司因滥用市场支配地位实施排除、限制竞争的垄断行为被责令停止违法行为并处2013年度中国市场销售额8%的罚款,共计60.88亿元。

国家发展改革委调查认定,高通公司在CDMA、WCDMA、LTE无线通信标准必要专利许可市场和基带芯片市场具有市场支配地位,且存在以下滥用市场支配地位的行为:

1.收取不公平的高价专利许可费。包括对过期专利继续收费,要求专利免费交叉许可的同时拒绝在专利许可费中抵扣或提供其他对价,以及将持有的专利进行“一揽子”许可并以整机净售价为计费基础等行为。以上各项因素造成专利许可费过高,显失公平。

2.没有正当理由搭售非无线标准必要专利。高通公司不划分无线标准必要专利与非无线标准必要专利,采取“一揽子”许可的方式,没有正当理由强制搭售非无线标准必要专利。高通公司在无线通信标准必要专利许可市场拥有市场支配地位,这一行为是利用该支配地位强制交易相对方接受其不需要的非无线标准必要专利。

3.在基带芯片销售中附加不合理条件。高通公司将签订和不挑战专利许可协议作为我国被许可人获得其基带芯片的条件,如果潜在被许可人未签订专利许可协议,或者被许可人就专利许可协议产生争议并提起诉讼,高通公司均拒绝供应基带芯片。由于我国被许可人对高通公司的基带芯片高度依赖,基带芯片销售中附加的上述不合理条件,使我国被许可人被迫接受不公平、不合理的专利许可条件。

三、经营者集中

经营者集中的情形包括经营者合并、经营者通过取得股权或者资产的方式取得对其他经营者的控制权等。

(一)经营者集中情形及申报

《反垄断法》第25条规定,经营者集中是指下列情形:(1)经营者合并;

(2)经营者通过取得股权或者资产的方式取得对其他经营者的控制权;(3)经营者通过合同等方式取得对其他经营者的控制权或者能够对其他经营者施加决定性影响。

《反垄断法》第26条规定,经营者集中达到国务院规定的申报标准的,经营者应当事先向国务院反垄断执法机构申报,未申报的不得实施集中。经营者集中未达到国务院规定的申报标准,但有证据证明该经营者集中具有或者可能具有排除、限制竞争效果的,国务院反垄断执法机构可以要求经营者申报。经营者未依照前两款规定进行申报的,国务院反垄断执法机构应当依法进行调查。

(二)涉及知识产权的经营者集中及审查

涉及知识产权的经营者集中有一定特殊性,主要体现在构成经营者集中的情形、审查的考虑因素和附加限制性条件等方面。

1. 涉及知识产权的交易可能构成经营者集中的情形。

经营者通过涉及知识产权的交易取得对其他经营者的控制权或者能够对其他经营者施加决定性影响,可能构成经营者集中。其中,分析知识产权转让或许可构成经营者集中情形时,可以考虑以下因素:(1)知识产权是否构成独立业务;(2)知识产权在上一会计年度是否产生了独立且可计算的营业额;(3)知识产权许可的方式和期限。

2. 涉及知识产权的经营者集中审查。

如果涉及知识产权的安排是集中交易的实质性组成部分或者对交易目的的实现具有重要意义,在经营者集中审查过程中,考虑《反垄断法》第33条规定的因素,同时考虑知识产权的特点。

第二节　算法的反垄断合规风险

算法保护主要有商业秘密保护和专利权保护两种模式,商业秘密保护模式既保护涉及算法的技术方案也保护算法本身,但专利权保护模式只保护涉及算法的技术方案。

2021年是我国算法滥用规制元年。2021年2月7日国务院反垄断委员会出台《关于平台经济领域的反垄断指南》，将平台经济领域特有的竞争行为纳入反垄断监管之下，对于经营者利用算法达成垄断协议以及利用算法实施拒绝交易、限定交易、差别待遇等行为作出了规定。2021年12月31日国家互联网信息办公室、国家市场监督管理总局等四部门联合发布《互联网信息服务算法推荐管理规定》，明确经营者不得利用算法实施影响网络舆论、规避监督管理以及垄断和不正当竞争行为。新修订的《反垄断法》第9条明确禁止经营者利用算法排除、限制市场竞争。《反垄断法》第22条第2款禁止具有市场支配地位的经营者利用算法实施滥用市场支配地位的行为。

算法的运用已经非常广泛，算法在垄断协议的达成和实施、市场支配地位的取得和滥用等方面可以发挥关键作用，算法合谋、算法个性化定价等垄断现象已为人们所熟知。企业应识别算法的反垄断合规风险，预防企业的合规风险。

一、算法共谋自动达成垄断协议

在《反垄断法》中，其他协同行为是一类难以识别和认定的垄断协议类型，是经营者通过默示、默契或者心照不宣等不易为公众所察觉的方式达成协调价格、限制生产数量或销售数量等协调行为，具有较强的隐蔽性和行为认定难的特点。算法共谋是经营者利用算法在数据收集、信息传递以及自动化决策等方面的优点，通过算法设计和数据的传递，就能自然实现横向垄断或纵向垄断的效果，以比传统协同行为更加隐蔽的方式达成并实施的垄断协议。

二、利用算法实施滥用市场支配地位行为

根据学理上的分类，滥用市场支配地位的行为包括排他性滥用行为和剥削性滥用行为。

排他性滥用行为包括经营者利用算法实施的价格垄断、差别待遇、限定交

易、拒绝交易等行为,差别待遇行为主要表现为算法自我优待和算法个性化定价。当前,我国主要对算法差别待遇行为作出了规定。《互联网信息服务算法推荐管理规定》规定,算法推荐服务中的差别待遇主要表现为经营者利用算法操纵榜单或者检索结果排序、控制热搜或者精选等干预信息呈现方式以及在交易价格等交易条件上实施不合理的差别待遇。

剥削性滥用行为是指算法经营者对消费者、劳动者等群体实施的剥削。针对消费者的剥削性滥用包括个性化定价和非个性化定价,后者表现为个性化质量、个性化排名、个性化推荐、操纵消费者选择和算法歧视等;针对劳动者的剥削性滥用表现为利用算法压缩外卖员配送时间、对劳动者实行最严考核、针对特定地域和特定年龄段劳动者的算法歧视、利用行为感知系统监控劳动者隐私等。

三、算法驱动型经营者集中行为

在经营者集中领域,算法通过数据收集和数据挖掘,可以为主导经营者精准识别和实时监控潜在竞争对手。一旦一家企业可能会对主导经营者构成竞争威胁,算法可以针对不同的潜在竞争对手设定不同的威胁级别,并向主导经营者发出预警,主导经营者可以依据算法的分析结果选择向潜在竞争对手实施扼杀式收购。不仅如此,算法还可以根据潜在竞争对手的商业价值和算法经营者的商业状况,设定一个最优的收购价格。

第三节　知识产权的反垄断合规管理

企业知识产权反垄断合规管理主要包括风险防控和执法应对两个方面,前者强调加强以知识产权反垄断合规审查为核心的日常管理,后者主要要求企业要做好调查应对预案,积极配合执法调查。

一、反垄断合规风险与管理

反垄断合规风险,是指经营者及其员工因反垄断不合规行为,引发法律责任、造成经济或者声誉损失以及其他负面影响的可能性。

合规管理,是指以预防和降低反垄断合规风险为目的,以经营者及其员工经营管理行为为对象,开展包括制度制定、风险识别、风险应对、考核评价、合规培训等管理活动。

企业建立并有效执行反垄断合规管理制度,有助于提高经营管理水平,避免引发合规风险,树立依法经营的良好形象。企业可以根据业务状况、规模大小、行业特性等,建立反垄断合规管理制度,或者在现有合规管理制度中开展反垄断合规管理专项工作。企业建立反垄断合规管理部门,或者将反垄断合规管理纳入现有合规管理体系。明确合规工作职责和负责人,完善反垄断合规咨询、合规检查、合规汇报、合规培训、合规考核等内部机制,降低经营者及员工的合规风险。反垄断合规管理部门及其负责人应当具备足够的独立性和权威性,可以有效实施反垄断合规管理。

反垄断合规负责人领导合规管理部门执行决策管理层对反垄断合规管理的各项要求,协调反垄断合规管理与各项业务的关系,监督合规管理执行情况。反垄断合规管理部门和合规管理人员一般履行以下职责:

1. 加强对国内外反垄断法相关规定的研究,推动完善合规管理制度,明确经营者合规管理战略目标和规划等,保障经营者依法开展生产经营活动。

2. 制定经营者内部合规管理办法,明确合规管理要求和流程,督促各部门贯彻落实,制作反垄断合规风险检查表单,确保合规要求融入各项业务领域:

(1)在重点领域的经营合同中嵌入独立的反垄断审查流程,与合同审查相关联,规定一定的合规审查出发点,如合同条款类型、市场份额门槛、客户和供应商规模等。反垄断合规审查意见根据不同情况分为禁止、提示意见两类。

(2)在投资并购等流程中嵌入反垄断咨询和控制点,在相关协议谈判阶段,如何涉及交易后控制权变化和超过申报营业额或交易金额门槛,应讨论反垄断申报和适用程序问题。

3. 组织开展反垄断合规检查,监督、审核、评估经营者及员工经营活动和业务行为的合规性,及时制止并纠正不合规的经营行为,对违规人员进行责任追究或者提出处理建议。

4. 组织或者协助业务部门、人事部门开展反垄断合规教育培训,为业务部门和员工提供反垄断合规咨询。培训方面,一是要注意结合高管、采购、销售、技术研发、海外业务等不同的对象和业务场景来安排相关内容,有的放矢;二是反垄断合规涉及相关市场等经济法概念和替代性分析、竞争分析等经济学内容,因此,用简单朴素的业务语言,然后通过生动形象的PPT、简明的合规视频或其他形式呈现出来,才能达到培训落地的效果。宣传方面,应该通过尽量通俗简明的方式进行定期宣传,必须要求公司市场部门具备基本合规意识,将明确的合规要求导入该部门内控程序和具体场景。

5. 建立反垄断合规报告和记录台账,组织或者协助业务部门、人事部门将合规责任纳入岗位职责和员工绩效考评体系,建立合规绩效指标。

6. 妥善应对反垄断合规风险事件,组织协调资源配合反垄断执法机构进行调查并及时制定和推动实施整改措施。

7. 持续检查更新反垄断合规管理制度,确保有效运行。

二、反垄断执法调查应对

在反垄断调查中,执法机构很有可能未经事前通知,对企业进行当场检查和搜查,这种突然造访的调查方式在欧美被称为"黎明突袭"。

1. 不得阻碍执法:无论境内还是境外,企业应对反垄断调查的首要原则就是配合调查义务,不得阻碍执法。经营者及员工应当配合反垄断执法机构,依法对涉嫌垄断行为进行调查,避免从事以下拒绝或者阻碍调查的行为:

(1)拒绝、阻碍执法人员进入经营场所;

(2)拒绝提供相关文件资料、信息或者获取文件资料、信息的权限;

(3)拒绝回答问题;

(4)隐匿、销毁、转移证据;

(5)提供误导性信息或者虚假信息;

(6)其他阻碍反垄断调查的行为。

经营者及员工在反垄断执法机构采取未预先通知的突击调查中,应当全面配合执法人员。

2. 妥善应对调查:除了不得阻碍调查外,在应对突袭检查时,企业还应按照提前部署的预案有序进行,包括查验执法证件和调查令、通知合规官/外部律师、陪同检查、记录重要证据调取情况等。

企业合规部门可以制定反垄断调查应对流程,并配套调查记录表,由陪同调查的人员填写,包括调查时间、地点、事由、调取人员、调取的证据、后续执法配合要求等,为下一步专业、有效应对做好准备。

第十章　知识产权的刑事合规

知识产权刑事合规是一个比较新的领域。知识产权刑事犯罪罪名包括假冒注册商标罪,销售假冒注册商标的商品罪,非法制造、销售非法制造的注册商标标识罪,假冒专利罪,侵犯著作权罪,销售侵权复制品罪,侵犯商业秘密罪,为境外窃取、刺探、收买、非法提供商业秘密罪这8项。近年来,知识产权犯罪案件激增,与传统的知识产权犯罪案件相比,新的特点不断呈现,也同时出现利用知识产权进行敲诈勒索、诈骗等刑事犯罪,这给企业带来巨大的风险与挑战。

本章通过分享企业知识产权刑事合规知识,帮助广大企业提高知识产权刑事法律风险意识,合法经营,防患于未然。

第一节　侵犯知识产权相关罪名解读

随着社会的不断发展,知识产权成为企业创新发展的新动力,对于企业而言,一方面要保护自己的知识产权不被侵犯,另一方面也要防止自己侵犯他人的知识产权,尤其是要避免相应的刑事风险。因为刑事风险是最“致命”的风险,当事人可能会面临财产、声誉和自由的损失。因此,提前做好刑事合规,避免涉嫌侵犯知识产权犯罪是非常有必要的。本节内容不讨论犯罪理论问题,重点从哪些行为可能构成犯罪的角度,以期企业提高刑事合规风险的意识。

一、侵犯知识产权相关罪名介绍

本书先简单介绍一下侵犯知识产权相关的罪名,并对《刑法修正案(十一)》

就侵犯知识产权方面修改的地方，进行有针对性的说明，便于读者清楚修改之处。让读者能够明白在“罪刑法定原则”的情况下，原来可能不构成犯罪，修改后可能就认定是犯罪行为。对于仅是表述上的差异或刑罚上的变化就不再赘述。

1. 假冒注册商标罪：《刑法》第 213 条规定：“未经注册商标所有人许可，在同一种商品、服务上使用与其注册商标相同的商标，情节严重的，处三年以下有期徒刑，并处或者单处罚金；情节特别严重的，处三年以上十年以下有期徒刑，并处罚金。”

《刑法修正案（十一）》新增“服务”商标，将服务商标的保护上升到与商品商标同样重要的地位，不仅与《商标法》相互衔接，满足了服务商标权益保护的需要，也为刑事司法实践中审理假冒服务注册商标的犯罪案件提供明确的条文依据。

2. 销售假冒注册商标的商品罪：《刑法》第 214 条规定：“销售明知是假冒注册商标的商品，违法所得数额较大或者有其他严重情节的，处三年以下有期徒刑，并处或者单处罚金；违法所得数额巨大或者有其他特别严重情节的，处三年以上十年以下有期徒刑，并处罚金。”

3. 非法制造、销售非法制造的注册商标标识罪：《刑法》第 215 条规定：“伪造、擅自制造他人注册商标标识或者销售伪造、擅自制造的注册商标标识，情节严重的，处三年以下有期徒刑，并处或者单处罚金；情节特别严重的，处三年以上十年以下有期徒刑，并处罚金。”

4. 假冒专利罪：《刑法》第 216 条规定：“假冒他人专利，情节严重的，处三年以下有期徒刑或者拘役，并处或者单处罚金。”假冒专利罪的适用范围仅限于假冒他人专利的行为，情节严重才可能构成犯罪。值得指出的是，除了上述假冒专利行为，侵犯他人专利权这种常见的侵权行为并未被法律规定为犯罪，但是实施了这些行为需要承担民事赔偿责任。

5. 侵犯著作权罪：《刑法》第 217 条规定：“以营利为目的，有下列侵犯著作权或者与著作权有关的权利的情形之一，违法所得数额较大或者有其他严重情节的，处三年以下有期徒刑，并处或者单处罚金；违法所得数额巨大或者有其他特别严重情节的,处三年以上十年以下有期徒刑,并处罚金:(一)未经著作权人许可,复制发行、通过信息网络向公众传播其文字作品、音乐、美术、视听作品、计算机软件及法律、行政法规规定的其他作品的;(二)出版他人享有专有出版权的图书的;(三)未经录音录像制作者许可,复制发行、通过信息网络向公众传播其制作的录音录像的;(四)未经表演者许可,复制发行录有其表演的录音录像制品,或者通过信息网络向公众传播其表演的;(五)制作、出售假冒他人署名的美术作品的;(六)未经著作权人或者与著作权有关的权利人许可,故意避开或者破坏权利人为其作品、录音录像制品等采取的保护著作权或者与著作权有关的权利的技术措施的。"

《刑法修正案(十一)》对于此条内容的变化主要有:(1)将"电影、电视、录像作品"统一为"视听作品",并增加了"美术作品",扩大了保护的作品范围。进一步扩大了本罪的客体范围。(2)充分考虑了信息网络环境下侵犯著作权罪的新的变化,新增了作品种类和侵犯著作权与著作权有关的权利的方式。原《刑法》第217条在侵犯著作权的侵权方式上只规定了"复制发行",主要针对的是实体作品的盗版出版行为,而此次修正案新增了"通过信息网络向公众传播"作品的行为,不仅加强了对网络环境下侵犯著作权行为的惩治,更与修改后的《著作权法》相对应,加大了对侵犯著作权犯罪的打击力度,强化了对著作权或者与著作权有关的权利的保护。(3)在作品的种类上,突破作品类型法定原则。早在此前,修改后的《著作权法》已经修改了兜底条款,将"法律、行政法规规定的其他作品"改为"符合作品特征的其他智力成果",修改后的条文突破了作品类型法定原则,形成了开放性的格局。此外,还增加了对著作权邻接权中的表演者权利的保护,以及明确了"故意避开或者破坏权利人为其作品、录音录像制品等采取的保护著作权或者与著作权有关的权利的技术措施"的情形。

6. 销售侵权复制品罪:《刑法》第218条规定:"以营利为目的,销售明知是本法第二百一十七条规定的侵权复制品,违法所得数额巨大或者有其他严重情节的,处五年以下有期徒刑,并处或者单处罚金。"

7. 侵犯商业秘密罪:《刑法》第219条规定:"有下列侵犯商业秘密行为之

一，情节严重的，处三年以下有期徒刑，并处或者单处罚金；情节特别严重的，处三年以上十年以下有期徒刑，并处罚金：（一）以盗窃、贿赂、欺诈、胁迫、电子侵入或者其他不正当手段获取权利人的商业秘密的；（二）披露、使用或者允许他人使用以前项手段获取的权利人的商业秘密的；（三）违反保密义务或者违反权利人有关保守商业秘密的要求，披露、使用或者允许他人使用其所掌握的商业秘密的。明知前款所列行为，获取、披露、使用或者允许他人使用该商业秘密的，以侵犯商业秘密论。"

《刑法修正案（十一）》对于此条内容的变化主要有：(1)与《反不正当竞争法》关于商业秘密条文的修改相衔接，对有关侵权行为方式进行了完善，将原条款中"利诱"修改为"贿赂"，增加规定了"欺诈、电子侵入"的不正当手段；(2)将原条款中的"违反约定"修改为"违反保密义务"；(3)在第2款中增加了允许他人使用商业秘密的情形；(4)将第2款中的"明知或者应知前款所列行为"修改为"明知"，这主要是考虑到根据《刑法》规定，故意犯罪，行为人主观上都是出于明知，而所谓"应知"，实际上是指在认定行为人主观上是否处于"明知"状态时的一种推理依据和方法。

8. 为境外窃取、刺探、收买、非法提供商业秘密罪：《刑法》第219条之一规定："为境外的机构、组织、人员窃取、刺探、收买、非法提供商业秘密的，处五年以下有期徒刑，并处或者单处罚金；情节严重的，处五年以上有期徒刑，并处罚金"。作为知识产权刑事犯罪的一项新罪名。传统的知识产权刑事犯罪，所叙述的罪名均为情节犯，即要求犯罪情节达到一定严重程度或违法所得达到法定金额才构成犯罪。而本罪则无情节之规定，一经实施，即构成本罪。情节的严重程度，仅是加重处罚的依据，不属于本罪的犯罪构成要件。

二、为他人实施侵犯知识产权犯罪提供帮助行为

帮助犯，是指在犯罪过程中没有直接参与，但是通过间接帮助让主犯完成犯罪，以侵犯知识产权犯罪的共犯论处。在我们国家的法律规定中，帮助犯一般会

按照情节严重程度对其进行惩处。

为他人实施侵犯知识产权犯罪，实践中，认定为提供帮助行为主要有：(1)明知他人实施侵犯知识产权犯罪，而为其提供生产、制造侵权产品的主要原材料、辅助材料、半成品、包装材料、机械设备、标签标识、生产技术、配方等帮助，或者提供互联网接入、服务器托管、网络存储空间、通信传输通道、代收费、费用结算等服务的；(2)明知他人实施侵犯知识产权犯罪，而为其提供贷款、资金、账号、发票、证明、许可证件，或者提供生产、经营场所或者运输、储存、代理进出口等便利条件、帮助的。

三、知识产权相关罪名在司法实践中的判定

(一)旧货翻新销售的行为定性

实践中，对旧货翻新后销售，且未经许可使用原注册商标，情节严重的，构成假冒注册商标罪。

在翻新电子产品过程中，如未经注册商标所有人许可，使用了该权利人的注册商标的情形，只要达到《刑法》规定的情节严重标准，不论是否以全新商品或者二手商品销售，均可能构成假冒注册商标罪。

所以，对于电子产品维修行业企业来讲，通过翻新方式冒充正品销售牟利应当慎重，完全以拆分的旧零配件组装可能涉及商标侵权。在对旧有的电子产品通过更换、维修少量零配件，达到重新利用的翻新时，避免使用“原装”“正品”等容易导致混淆的字样，应充分披露信息，如标注“翻新”字样，附翻新说明书或明确翻新行为实施主体，免除侵犯知识产权的刑事责任。

(二)串货涉嫌销售假冒注册商标的商品罪

在销售假冒注册商标的商品罪案件中，需要慎防商标权利人借用刑事手段打击“串货”行为。很多商家为了谋取更高利润，实现利益最大化，往往会在不同的地区授权不同的经销商销售其商品。

行为人作为注册商标权利所有人的地区销售代理商，超越权利所有人许可

的范围,擅自在同种商品上使用假冒注册商标的,构成假冒注册商标罪。案号(2016)浙09刑终153号刑事判决书,认为被告人翁某君未经注册商标所有人许可,作为注册商标权利所有人的地区销售代理商,超越权利所有人许可的范围,擅自在同一种商品上使用与其注册商标相同的假冒注册商标,情节特别严重,构成假冒注册商标罪。

(三)回收印有注册商标的瓶子、包装物,再流通的行为定性

未经注册商标权人许可,对已经丧失区别商品来源等功能的商标标识进行回收整理,并使之重新进入流通领域,再次赋予商标标识功能,实质上属于非法制造注册商标标识的行为。非法制造、回收瓶子、包装物,使用伪造的注册商标的,亦属于非法制造注册商标标识的行为。情节严重的,构成非法制造注册商标标识罪。

(四)商标指示性使用与假冒注册商标罪

商标指示性使用多出现于零配件贸易、维修服务行业以及其他消耗性产品的销售等领域,使用者在经营活动中善意合理地使用他人的商标,客观地说明自己商品用途、服务范围以及其他特性,与他人的商品或服务有关,将商品与有关商品相匹配或兼容的信息传递给消费者。

指示性使用是为了客观地说明商品或服务的特点、用途等而在生产经营活动中使用他人注册商标的行为。这是一种不经商标权人同意而善意无偿使用他人注册商标的合法行为。

例如,未经iPhone公司许可,生产iPhone手机的充电数据线,并且在包装盒上醒目地打上“适用于”“兼容于”“for iPhone”。这种情形仅是行为人对产品作功能性说明,属于商标的指示性使用,系商标的合理使用,不构成假冒注册商标罪。

(五)美术作品的认定与侵犯著作权罪

美术作品,包括纯美术作品和实用美术作品。其中纯美术作品,是指仅能够供人们观赏的独立的艺术作品,如油画、国画、版画、水彩画等。实用美术作品,是指美术作品内容与具有使用价值的物体相结合,物体借助于美术作品而兼具

观赏价值和实用价值,如陶瓷艺术等。

美术作品中具有独创性的局部美术画面是否可主张单独的著作权?在“狮王阿醒”著作权侵权案中,权利人进行著作权登记的作品《狮王阿醒 A》为狮头狮身整体的形象,但被告的作品仅是一个狮头形象。广州知识产权法院经审理认为,《狮王阿醒 A》作品中的狮头部分构成单独的作品。

原告作品整体	原告作品狮子头局部	被控侵权作品

游戏画面可以分为瞬时游戏画面和连续游戏画面。瞬时游戏画面即单张游戏画面,包含了人物形象、装备图案、游戏场景、游戏地图等,都是游戏开发者智力活动的成果,在素材选择、构图、布局、线条轮廓、颜色、美术造型、动画效果等设计上所付出的劳动并非重复他人现有的表达,属于独立完成,也非司空见惯的表达,或者公有领域中的表达,符合《著作权法》关于作品独创性的要求,而且能够以各种形式进行复制,可认定为美术作品。在我国司法实务中,也已经出现法院将游戏单张画面认定为美术作品的判决。

我们不仅要以民事纠纷的视角看待美术作品的认定问题,更应上升至刑事风险角度考虑,预防企业的刑事风险。

【案例】“乐高”变“乐拼”

LEGO,中文名乐高,创立于 1932 年,公司位于丹麦。商标“LEGO”的使用是从 1932 年开始,其语来自丹麦语“Leg Godt”,意为“play well”(玩得快乐)。“Great Wall of China”拼装玩具等 47 个系列 663 款产品系乐高公司创作的美术作品,乐高公司根据该作品制作、生产了系列拼装玩具,并在市场上销售。2011 年 6 月,李某创办广东美致智教科技股份有限公司,经营玩具的研发、生产及销售。

2015～2019年4月，李某雇用杜某某等8人在未经乐高公司许可的情况下，采用拆分乐高公司销售的拼装玩具后通过电脑建模、复制图纸、委托他人开制模具等方式，在某玩具厂生产、复制47个系列663款拼装积木玩具产品，并冠以“乐拼”品牌通过线上、线下等方式销售。

法院经审理认为，拼装颗粒本身独创性比较低，难以构成作品，但乐拼仿制乐高玩具是造型图、装配示意图与颗粒组件包一并提供，造型图不仅仅是在纸张上通过线条、色彩、阴影、比例和角度等要素处理成的具体图形，还有被描绘的动漫形象、人物形象、城市形象等。造型图无论采取立体还是平面的形式，都可以构成美术作品。装配示意图为用户提供拼装指引，根据拼装指引制作立体玩具的行为就属于从平面到立体的复制。三者应作为一个整体，不应分割评判。本案中经拼装完成的立体模型共计663款，均为用积木块搭建而成，这些载体所承载的表达，由权利人乐高公司独立创作，具有一定的独创性及独特的审美意义，应当认定为受《著作权法》保护的美术作品。

根据我国《著作权法》第2条第2款规定，“外国人、无国籍人的作品根据其作者所属国或者经常居住地国同中国签订的协议或者共同参加的国际条约享有的著作权，受本法保护”。乐高公司是涉案美术作品的著作权人，其所属国为丹麦，丹麦是《伯尔尼公约》和《世界版权公约》成员国，中国于1992年加入了这两个公约。基于上述国际公约和中国法律规定，乐高公司的涉案美术作品受中国法律的保护。

经中国版权保护中心版权鉴定委员会鉴定，“乐拼”品牌玩具、图册与乐高公司的玩具、图册均基本相同，构成复制关系。

被告人李某等9人以营利为目的，未经著作权人许可，复制发行乐高公司享有著作权的美术作品，情节特别严重，其行为均已构成侵犯著作权罪。李某以侵犯著作权罪被判处有期徒刑6年，并处罚金9000万元；其余8名被告人分别被判处有期徒刑4年零6个月至3年不等刑罚，并处相应罚金。

乐高产品	乐拼产品

（六）芯片反向工程中的刑事风险

芯片是以半导体为原材料，把集成电路进行设计、制造、封测后，所得到的实体产品。当芯片被搭载在手机、电脑、平板上之后，就成为这类电子产品的核心与灵魂。

实践中，芯片的权利人可能会将其享有著作权的软件程序复制在只读存储器（Read-Only Memory，ROM）上，从而实现芯片对外部数据的处理功能，与集成电路布图设计一起构成此种芯片的核心技术。在这种情况下，企业使用反向工程技术对正品芯片逐层拍照，提取、分析其中的数据信息，最终获取芯片的整个集成电路布图构造，这种行为侵犯了在集成电路芯片只读存储器中固化的软件著作权。反向工程多数是为了后续商业目的而实施的，不可避免会伴随将破解技术原样或修改后进行销售等行为。企业实施“复制”芯片，这就跨到了侵犯著作权罪的范畴了。

芯片有大有小，芯片的功能更是五花八门，并不是所有的芯片都会涉及著作权问题。所以，并不是所有的芯片反向工程，都会因为侵犯著作权而承担刑事责任。

【案例】仿制芯片获刑

深圳市久洲集翔电子有限公司（以下简称久洲公司）法定代表人罗某

玉以牟利为目的，于2014年4月11日以久洲公司的名义与无锡友芯集成电路设计有限公司（以下简称友芯公司）签署协议，对正版9700USB网卡芯片进行仿制。

罗某玉以久洲公司的名义先后出资约40万元并提供深圳市和芯润德有限公司的正版9700USB网卡芯片样本，由友芯公司法定代表人徐某、研发技术部主管朱某勇组织技术人员对正版9700USB网卡芯片各层电路布局进行拍照，提取、分析数据信息，后将提取的代码数据、电路图等提交给和舰科技（苏州）有限公司（以下简称和舰公司），由其生产出芯片晶圆，再切割、封装为仿冒9700USB网卡芯片成品。

截至2015年5月，和舰公司先后共生产了112片该假冒芯片晶圆交付给友芯公司，每片晶圆可制作成约6500个芯片。徐某将首批5万个封装好的成品仿冒9700USB网卡芯片交付给罗某玉。罗某玉委托他人对外销售，从中获取暴利。公安机关在罗某玉住址查扣仿冒网卡成品105个、半成品150个，网卡芯片6包等物。

经上海硅知识产权交易中心有限公司司法鉴定所鉴定：深圳市和芯润德公司登记号为“2015SR003215”的软件著作权的软件源代码经编译生成的ROM数据与其型号为9700USB芯片的ROM数据相同，两者具有同一性。

经上海硅知识产权交易中心有限公司司法鉴定所鉴定，从被告人罗某玉住处提取的芯片ROM层与和芯润德公司9700USB芯片的ROM层数据信息相似度99.998%，友芯公司的GDS文件中ROM层信息与和芯润德公司9700芯片的GDS文件ROM层信息相似度为99.998%，均只有4位数据不同（共计有13万多个数据信息位置）。

2016年4月7日深圳市南山区人民法院经审理后认为，和芯润德公司研发的USB接口以太网控制器集成电路固件程序软件V2.0、V1.0取得了计算机软件著作权登记证书，并且和芯润德公司能够提供上述软件的源程序，故法院认定和芯润德公司享有USB接口以太网控制器集成电路固件程序软件 V2.0、V1.0 的著作权。

被告人罗某玉、徐某、朱某勇仿制和芯润德公司的 9700USB 网卡的芯片中的 ROM 层数据信息与上述软件的相似度高达 99.998%，应当认定为被告人罗某玉、徐某、朱某勇对上述软件进行了复制。故被告人罗某玉、徐某、朱某勇以营利为目的，未经和芯润德公司的许可，复制发行和芯润德公司的软件，复制品数量超过 5000 份的行为已经构成侵犯著作权罪，且属情节特别严重。深圳市南山区人民法院以侵犯著作权罪判处罗某玉有期徒刑 3 年，并处罚金 5 万元；徐某有期徒刑 2 年零 6 个月，缓刑 4 年，并处罚金 2 万元；朱某勇有期徒刑 1 年零 6 个月，缓刑 3 年，并处罚金 1 万元。被告人上诉后，深圳市中级人民法院于 2016 年 6 月 3 日作出驳回上诉、维持原判的终审裁判。

第二节　知识产权相关的刑事风险

对于知识产权的刑事合规，不应仅局限于侵犯知识产权犯罪，与企业知识产权相关的，涉及刑事犯罪的均应纳入刑事合规的管理中。为避免减少理论知识的限制，因此，本节介绍知识产权相关的刑事合规，以案例的方式向读者展示与知识产权相关的刑事风险。

一、诈骗罪

诈骗罪，是指以非法占有为目的，使用欺骗方法，骗取数额较大的公私财物的行为。近年来，我国相继颁布多项支持科技创新的税收政策，不断加大鼓励创新力度。除相关政策从税收优惠、研发费加计扣除和延长亏损结转年限等对高新技术企业进行实质上的支持外，各省地方政府会对高新技术企业给予财政现金奖励支持。对于高新技术企业来说，现金奖励是推动企业技术创新更进一步的助推器。有些企业通过伪造知识产权证书等方式骗取获得奖励。

【案例】涉嫌骗取高新技术企业奖励

2016年,被告人袁某某明知青岛某某实业有限公司不符合高新技术企业认定条件,仍然与青岛某某信息咨询有限公司的负责人邓某某达成协议,由邓某某负责为青岛某某实业有限公司申请高新技术企业认定,以骗取高新技术企业奖励资金。

2016~2017年,邓某某通过伪造知识产权证书、人员社保材料、专项审计报告等材料,使青岛某某实业有限公司获得高新技术企业认定,骗取高新技术企业奖励资金40万元,二人予以分赃。

公诉机关以诈骗罪对二人以诈骗罪提起公诉,等待他们的将是司法审判。

二、敲诈勒索罪

敲诈勒索罪,是指以非法占有为目的,对被害人使用实施恐吓、威胁或要挟的方法,非法占用被害人公私财物的行为。在实践中,存在以知识产权实施敲诈勒索的案件。

【案例】专利敲诈勒索第一案

2021年10月27日,被媒体称为"专利敲诈勒索第一案",以刑事手段治理"专利流氓"的案件在上海市第一中级人民法院作出二审宣判。李某文、李某武犯敲诈勒索罪成立,李某文获刑4年半,并处罚金5万元;李某武获刑2年,并处罚金2万元。

根据该案一审中公诉机关的指控,在2009年至案发期间,李某文利用其经营的上海科斗电子科技有限公司等单位名义申请了大量涉及多个技术领域的专利,向法院提起专利权诉讼纠纷,以诉讼影响企业生产经营、上市、融资等为要挟,与被诉方签订专利实施许可合同、和解协议等,迫使对方支付钱款，换取其撤诉或不再主张侵犯专利权。2015～2017 年，李某文单独或伙同李某武，以科斗公司等单位名义，采取上述要挟手段，先后迫使掌阅科技股份有限公司、厦门盈趣科技股份有限公司、杭州古北电子科技有限公司、杭州鸿雁智能科技有限公司 4 家被害单位与科斗公司等单位签订专利实施许可合同或和解协议，以许可使用费、和解费等名义向 4 家被害单位索取钱款共计人民币 216.3 万元，实际得款人民币 116.3 万元。

对于李某文等人依据合法程序授予专利权的诉讼索赔行为，应当认定为正当的专利商业维权行为，还是以维权为名行敲诈勒索之实的犯罪行为问题，在知识产权业界和刑法理论、实务界均受到高度关注，并引发了重大争议。

三、合同诈骗罪

合同诈骗罪，是指以非法占有为目的，在签订、履行合同过程中，骗取对方当事人财物，数额较大的行为。

【案例】隐瞒不能营利真相转让专利构成合同诈骗罪

2003 年贡某洪与陶某合作研发汽车金属三元催化器，陶某仿制德国产的金属三元催化器，但仿制品存在技术缺陷，未能研制成功。陶某将金属三元催化器载体的半圆形设计改成三角形。2004 年 4 月南京市茂隆实业有限公司（以下简称茂隆公司，法定代表人：贡某洪）据此向国家知识产权局申请取得“金属三元催化净化器用载体”实用新型专利权。贡某洪将 9 个专利样品送南京市产品质量监督检验所检验，有 7 个不合格，茂隆公司未批量生产、销售过该专利产品，也未销售过制造该专利产品的机械设备。

2009 年 8 月，贡某洪在与天星公司商谈转让“金属三元催化净化器用载体”实用新型专利权及合作生产过程中，其提供“国家 863 计划项目金属三元催化净化器相关资料”宣传册(该册中附有变造的经南京市产品质量监督检验所检验样品合格的报告;伪造的天津汽车检测中心、长春汽车检测中心的产品检测报告,证明汽车装用专利产品后,排放达到欧4标准;伪造的南京汽车集团有限公司等企业关于专利产品使用情况反馈意见等材料),其还声称与国内多家大型汽车生产企业签订了巨额销售合同,虚构了该专利生产、使用、销售状况良好,能获得巨大市场效益的事实,骗得天星公司与其签订“专利权转让及合作协议书”,约定茂隆公司以成本价向双方合作成立的新公司转让专用机械设备,购买设备款项由天星公司支付。

2010年1月,双方合作的新公司天星净化器公司成立。2009年11月~2010年11月,天星公司、天星净化器公司向茂隆公司支付实用新型专利权转让费800万元及机械设备转让费1066.6万余元,共计1866.6万余元。贡某洪仅花费250余万元定制、采购设备,拼装后粘贴虚假的“美国波士顿制造”标牌,供给天星净化器公司,剩余大部分钱款被其用于归还个人借款、购买车辆、房产以及理财等。

在贡某洪定制设备过程中,供货单位已发现其定制的机床存在技术缺陷,并告知贡某洪。2010年11月,茂隆公司将专用机械设备供给天星净化器公司,经供货单位调试数月始终不能成功,贡某洪对该情况置之不理。天星净化器公司最终因生产设备无法使用,不能正常生产经营而倒闭。

江苏省高级人民法院认为,贡某洪向天星公司转让的实用新型专利权虽系真实有效,但贡某洪在合同签订、履行过程中有一系列欺骗行为,足以证实其具有非法占有故意。(1)贡某洪明知该专利产品存在技术缺陷,未批量生产、销售过,却在与天星公司商谈合作过程中虚构该专利产品生产、使用、销售状况良好的事实;(2)天星公司与茂隆公司签订合同,并不仅因该专利权本身真实有效,而是被贡某洪用虚构事实、隐瞒真相的方式蒙骗,误以为该专利产品能够进行规模化生产且能产生巨大市场效益,从而愿意出高价购买并与茂隆公司合作;(3)在合同履行过程中,贡某洪违反合同约定,以远超其采购成本价格向对方提供机械设备,明知设备存在缺陷,且经调试无法正常生产，作为合同一方怠于履行义务，不采取积极补救措施，足见其无履行合同的诚意；(4)从贡某洪对非法获利的处置情况看，其将所获款项用于归还个人欠款、购车、购房及理财等用途也充分证明其主观上具有非法占有故意。最终法院认为贡某洪以非法占有为目的，在签订、履行合同过程中骗取对方当事人财物，数额特别巨大，其行为已构成合同诈骗罪，判处有期徒刑15年，并处罚金人民币600万元。

四、软件开发涉及的刑事犯罪

从事软件开发，如果处理不当，可能触犯我国《刑法》第285条至第287条之二规定的涉计算机信息网络方面罪名。例如，非法侵入计算机信息系统罪，非法获取计算机信息系统数据罪，非法控制计算机信息系统罪，提供侵入、非法控制计算机信息系统程序、工具罪，破坏计算机信息系统罪，非法利用信息网络罪，帮助信息网络犯罪活动罪等。

另外，软件开发者或提供者也可能涉嫌诈骗罪，开设赌场罪，非法经营罪，组织、领导传销活动罪，集资诈骗罪，非法吸收公众存款罪。这其中以诈骗罪、开设赌场罪的共犯最为典型。行为人明知他人要从事诈骗等活动，还受他人指使、委托，开发明知是要被利用为诈骗的犯罪工具，构成诈骗罪的共同犯罪。当开发方明知他人利用自己所开发的App进行赌博，仍然提供技术服务时就可能构成开设赌场罪的共同犯罪。

五、侵犯公民个人信息罪

大数据时代，个人信息是一种重要的资源，很多个人信息搜集软件收集使用者的个人信息，用于分析用户习惯、爱好，改善软件。根据法律规定，收集个人信息，应当明确地告知用户，并经过用户的允许，不得滥用个人信息。但有些软件，未经用户授权，私自收集用户的关键隐私信息，甚至将这些个人信息贩卖，可能涉嫌侵犯公民个人信息罪。

【案例】全国首例全链条打击侵犯公民停车信息案

2023 年 3 月 24 日南京市鼓楼区人民法院公开开庭审理全国首例全链条打击侵犯公民停车信息案。

经审理查明,2020 年 6 月起,谢某应客户要求查找车辆,使用被告人黄某提供,李某制作、提供的用于爬取停车信息的"JTC"等程序,通过技术手段绕过"捷停车"等停车平台系统安全防护机制,非法获取"捷停车"等停车平台系统保存的公民车辆即时停车位置信息。谢某将查询到的相关车辆位置信息发送给客户,或根据客户的需求给相关车辆安装定位跟踪设备,并收取费用。同时,黄某接受谢某的指派,给指定车辆安装定位跟踪设备,并收取谢某给予的报酬。经统计,黄某通过上述行为非法获利 113 万余元,李某非法获利 24 万余元。

法院认为,公民车辆即时位置信息、轨迹信息,系能够反映、识别特定自然人活动情况的信息,该信息与公民行动自由、人身安全等刑法保护法益紧密关联,属于公民个人信息。

被告人黄某、李某违反了《个人信息保护法》《网络安全法》等法律规定,通过非法手段强行爬取属于公民私密信息的即时停车信息,以及给指定车辆安装定位跟踪设备,其行为构成侵犯公民个人信息罪,且系共同犯罪。南京市鼓楼区人民法院判决:被告人黄某犯侵犯公民个人信息罪,判处有期徒刑 4 年 11 个月,并处罚金人民币 120 万元,被告人李某犯侵犯公民个人信息罪,判处有期徒刑 3 年零 3 个月,并处罚金人民币 25 万元;向被告人黄某、李某追缴违法所得,予以没收,上缴国库;作案工具予以没收。

本案被告人与另案被告人谢某等围绕"寻车"业务,分别负责程序开发、数据查询、联系客户、安装定位跟踪设备等,上下游之间环环相扣,形成了一条完整的产业链条。

六、走私国家禁止进出口的货物、物品罪

走私侵犯知识产权货物行为是逃避国家有关进出境的禁止性或者限制性管理，而非偷逃应纳税款，不应按照走私普通货物、物品罪追究刑事责任。

2014 年 8 月 12 日最高人民法院、最高人民检察院共同发布《关于办理走私刑事案件适用法律若干问题的解释》将国家禁止进出口货物、物品分为六大类：(1)珍稀植物、珍稀植物制品；(2)古生物化石；(3)有毒物质；(4)来自疫区的动植物及其制品；(5)妨害环境、资源保护的货物、物品，如木炭、硅砂等；(6)旧机动车、切割车、旧机电产品或者其他禁止进出口的货物、物品。对上述六类的货物、物品，分别设定了不同的定罪量刑标准。

关于“其他禁止进出口的货物、物品”的范围曾经引发较大争议。例如，《知识产权海关保护条例》第 3 条规定，国家禁止侵犯知识产权的货物进出口。据此，多数实务界人士认为，侵犯知识产权的货物也属于“禁止进出口的货物、物品”。

除了禁止进出口的货物、物品，对于实行许可证管理的限制进出口货物、物品，如果是未经许可，进出口国家限制进出口的货物、物品，构成犯罪的，也以走私国家禁止进出口的货物、物品罪，定罪处罚。简言之，走私实行许可证管理的限制进出口货物，视同走私国家禁止进出口货物、物品。

第三节 知识产权刑事合规管理

知识产权保护对于社会科技创新具有积极推动作用，知识产权刑事犯罪的打击是知识产权保护的最后一道防线，构建企业知识产权刑事合规体系对于知识产权保护和社会发展具有积极的现实意义和价值。

一、企业知识产权刑事合规的必要性

近年来,随着知识经济效益的凸显,无论是国际环境、国家政策,还是各行业企业和个人,都越来越重视知识的创新和知识产权的保护。知识产权保护的迅猛发展,一方面是国际互通后的必然趋势,另一方面也是我国经济发展的内在需求。刑法是具有国家强制力保障的基本法,是打击犯罪行为最有力的武器,也是权利保护的最后一道防线,这已经成为人们的共识。因此,针对严重侵害知识产权的行为规定为犯罪,用刑法给予其制裁,用刑罚作为手段,通过刑事程序追究侵权人的刑事责任,以此来保护知识产权,维护权利人及社会公众、国家秩序的利益自然具有强烈的迫切的需要和现实的必要。

知识产权犯罪,经常被类比为"经济类毒品犯罪",旨在形象地体现出知识产权犯罪的恶劣影响。知识产权犯罪往往从表面上、短期内危害并不显著,甚至某种程度上会显现为短暂的经济效益的"增长"。但实质上是严重的知识产权犯罪行为,不仅会造成权利人的经济损失,还会危及整个社会的商业诚信和道德价值体系,更会阻碍个人和企业乃至国家的创新发展。同民事法律风险和行政法律风险相比,刑事风险是决定企业"生死存亡"的关键要素。

二、企业知识产权刑事合规管理

企业一旦存在侵犯知识产权的刑事风险,不仅会引发单位的刑事责任,单位的主管人员及直接责任人员也有可能受到刑事追究,企业更是面临致命性风险。国家也在不断加强对知识产权的保护,2020 年 12 月 26 日全国人民代表大会常务委员会审议通过的《刑法修正案(十一)》中对知识产权相关法律的修订,有效弥补了原刑事立法的漏洞,拓宽了知识产权犯罪的类型,使原本不会受到刑事处罚的行为面临刑事处罚,很多行为的刑事风险因此而加大,变更了罪量要素,使入罪更为容易。企业要及时消除侥幸心理,做好刑事合规,远离刑事风险。这就要求企业应当及时了解立法动态,避免因惯有思维引发刑事风险。企业应当不断适应新形势,做好相关的刑事合规管理。

1. 高度树立知识产权保护意识。随着国家不断加大对知识产权的保护力度,相关的法律法规更加完善,企业也将为侵犯知识产权的行为支付高额的侵权成本。因此,企业应该提高自己的知识产权意识,对于侵犯知识产权的行为应该持抵制、打击的态度,对侵犯知识产权行为零容忍。

2. 认真做好知识产权法律法规的学习和培训工作。特别是随着互联网技术的快速发展,尤其注意防止因互联网引发的侵犯著作权纠纷,如以营利为目的使用他人的音乐作品以及侵犯软件著作权等行为。

3. 企业内部应建立知识产权刑事合规风险识别制度。根据企业知识产权的权属情况、曾接受处罚情况或其他企业出现的刑事风险情况对侵犯商标权利类犯罪刑事风险识别、假冒专利罪刑事风险识别、侵犯著作权类犯罪刑事风险识别、侵犯商业秘密类犯罪刑事风险识别等,列出风险清单,确定风险点,逐项制定详细的核查和追责合规机制,并进一步确定企业刑事风险应对机制。

4. 建立企业知识产权刑事合规制度。按照企业发展运营情况,制定专门的知识产权刑事合规制度,写明对知识产权的开发、使用、保护的理念、原则、管理、惩处的基本制度以及详细的运作制度体系,并确定内部监管、自我核查的具体周期。

5. 建立知识产权刑事合规专项合规组织体系。确定知识产权刑事合规管理负责人、执行人、具体事务管理部门及成员,同时在企业各个部门,以及分公司、子公司等分支机构内部设立专员等,并配合设立内部调查部门,对企业自身及合作伙伴或竞争对手进行知识产权刑事合规尽职调查。

第四节 涉案企业刑事合规整改

近年来,各地检察机关基于加强民营企业司法保护政策考量,启动了企业合规的各种制度改革和实验性探索,其中最为热门的无疑是仍处于改革试验阶段的“企业合规不起诉制度”的实践。“刑事合规”一词可谓“风头无二”。从刑事合规的内涵来看,它本身包含两个维度的功能:前风险维度,即刑事风险产生以前的合规化预防功能;后风险维度,即刑事风险产生以后的合规化处置功能。而涉罪企业的刑事合规整改就是后风险维度中的重要举措之一。尤其是在当前的法律政策支持下,涉案企业可以通过有效的刑事合规整改,而争取到最优化的案件处理结果。

一、企业合规不起诉

(一)我国"企业合规不起诉"制度的进展

从2020年3月起,最高人民检察院部署在江苏张家港、深圳宝安等6个基层检察院开展涉案企业合规改革试点。对于涉案企业,检察机关依法可不捕、不诉的,责成其作出合规承诺,切实整改。从2021年3月起,在总结第一批试点经验的基础上,最高人民检察院部署在北京、上海、江苏、浙江等10个省份开展第二期试点工作。一些非试点省份检察机关根据本地情况,积极主动在法律框架内开展改革相关工作。2021年6月3日,最高人民检察院等发布的《关于建立涉案企业合规第三方监督评估机制的指导意见(试行)》。2022年4月2日,最高人民检察院会同全国工商联宣布,涉案企业合规改革试点在全国检察机关全面推开。

(二)什么是"企业合规不起诉"制度

"企业合规不起诉",是指企业在生产经营活动中涉嫌犯罪时,如符合相应条件,检察机关可在审查起诉过程中对企业设定考察期限,要求企业在考察期内进行合规体系建设或整改,考察期满后,检察机关根据合规整改情况决定是否对企业不予起诉,或提出较为轻缓的量刑建议。

1. 适用案件类型。

根据《关于建立涉案企业合规第三方监督评估机制的指导意见(试行)》第3条的规定,公司、企业等市场主体在生产经营活动中涉及的经济犯罪、职务犯罪等案件,既包括公司、企业等实施的单位犯罪案件,也包括公司、企业实际控制人、经营管理人员、关键技术人员等实施的与生产经营活动密切相关的犯罪案件，均可适用。

2. 适用条件。

对于同时符合下列条件的涉企犯罪案件，人民检察院可以根据案件情况适用：

(1)涉案企业、个人认罪认罚；

(2)涉案企业能够正常生产经营，承诺建立或者完善企业合规制度，具备启动第三方机制的基本条件；

(3)涉案企业自愿适用第三方机制。

此外，要注意的是，具有下列情形之一的涉企犯罪案件，不适用企业合规试点以及第三方机制：

(1)个人为进行违法犯罪活动而设立公司、企业的；

(2)公司、企业设立后以实施犯罪为主要活动的；

(3)公司、企业人员盗用单位名义实施犯罪的；

(4)涉嫌危害国家安全犯罪、恐怖活动犯罪的；

(5)其他不宜适用的情形。

二、知识产权刑事合规整改内容

知识产权刑事合规是企业刑事合规的重要内容，与其涉案以后被动进行合规整改，企业更应该吸取涉案企业合规整改的教训，主动把知识产权合规，特别是知识产权刑事合规纳入事前预防阶段，内化为公司日常治理活动，有效防范知识产权刑事风险，避免重蹈涉案企业的覆辙。

当企业涉嫌侵犯知识产权犯罪以后，如果符合条件，可以通过合规整改争取实现“合规不起诉”。涉案企业合规整改流程包括制定合规整改计划、实施合规整改、合规整改效果评估。

在刑事实务中，对于虽有形式调整，但是实际上并无任何作用的合规整改，不仅会被司法机关予以否认，甚至可能对刑事案件的处理产生负面影响。企业切实有效的合规整改方案通常包括以下三个方面内容：

1. 对具体涉罪事项进行整改。在合规整改中，涉罪企业要对具体涉罪事项中的风险要素予以排除。这意味着，具体涉嫌犯罪的经营管理行为被纠正，该涉罪环节中的风险被全面控制，不会出现风险结果恶化的可能。

2. 对企业治理结构进行整改。在合规整改中，涉罪企业要对涉罪事项背后的企业治理结构缺陷进行修正。在治理架构、管理流程及职责权限中均配置刑事合规元素。涉罪企业能够建立合规化的内部决策、授权、审批、执行、监督等机制，填补企业治理漏洞，从源头上消除风险。

3. 对其他潜在风险进行识别。在合规整改中，涉罪企业还需要对涉罪事项以外的其他业务内容和管理活动进行风险再识别，排查是否存在其他潜在风险以及相关风险的等级和程度，并采取相应的合规举措，防止出现其他危害后果。

从刑事合规本身的基本原理来看，上述三个合规整改内容中，贯穿"风险控制"、"风险化解"和"风险再识别"的逻辑路径，从而实现对刑事风险的全方位防范。

企业将知识产权刑事合规审查作为企业规章制度制定、重大事项决策、重要合同签订、重大项目运营等经营管理行为的必经程序，从而防范企业刑事犯罪风险。合规体系的建立能够在企业与具体实施犯罪活动的员工之间起到一定的隔离作用，这对于企业也是一种保护。在发生刑事风险的情形下，应最大可能争取刑事"合规不起诉"制度的适用，降低企业损失。

另外，即便企业在建立知识产权合规体系后仍不幸涉嫌知识产权犯罪，该合规体系也有助于让检察机关形成"涉案企业主观恶性较小"的印象，提高企业适用企业合规改革试点程序以获得较轻判罚甚至不被起诉的良好结果。

三、涉侵犯知识产权罪企业如何启动合规第三方机制

（一）启动主体

1. 检察机关启动。

人民检察院在办理涉企犯罪案件时，应当注意审查是否符合企业合规试点

以及第三方机制的适用条件,并及时征询涉案企业、个人的意见。

2. 相关人员申请。

涉案企业、个人及其辩护人、诉讼代理人或者其他相关单位、人员提出适用企业合规试点以及第三方机制申请的,人民检察院应当依法受理并进行审查。

(二)涉侵犯知识产权罪企业应提供哪些材料

涉案企业应向检察机关提交书面合规承诺,包括合规建设(整改)的时限、合规计划等。其中,合规计划要围绕与涉嫌侵犯知识产权罪有密切联系的企业内部治理结构、规章制度、人员管理等方面存在的问题,制定可行的合规管理规范,构建有效的合规组织体系,健全合规风险防范报告机制,弥补企业制度建设和监督管理漏洞,防止再次发生相同或者类似的违法犯罪。此外,还要提交有关证明性文件,证明性文件包括但不限于企业经营情况、行业地位、科研力量、拥有的知识产权类型与数量、纳税贡献、承担社会责任、发展前景、社会评价等。

第十一章　企业知识产权合规管理体系建设

企业管理体系有多种，如质量管理体系、环境管理体系、信息安全管理体系等。企业合规管理体系，本质上是管理体系的一种，但核心是合规，且应融入整个管理体系中。如何将知识产权合规管理融入业务管理体系，成为合规管理发挥价值的出发点，也是合规管理体系的难点。这不仅要熟悉合规相关理论和操作，还要认识知识产权业务相关运转和特点。

在倡导建设企业合规体系的时代背景下，建设企业的知识产权合规管理体系具有其特殊意义：一方面，知识产权合规管理体系是企业合规体系的重要组成部分；另一方面，推进广大企业开展知识产权合规管理也正迎合了知识产权强国战略的要求。

2022 年 10 月 22 日国家市场监督管理总局、国家标准化管理委员会发布实施的《合规管理体系　要求及使用指南》（GB/T 35770—2022）介绍了组织环境、领导作用、策划、支持、运行、绩效评价和改进等过程。它提供了一套在企业内如何建立合规管理体系的指导。作为标准，它是非常全面的。但“标准”要照顾到方方面面，但在实际操作中，仍有不少企业合规人员对于如何构建合规管理体系心存疑惑。

为了方便理解，学者及合规管理实践中有不同的解构方式，如“四根柱子说”，即把合规管理体系解构成组织架构、制度建设、运行机制、保障机制；如“五要素说”，即认为合规管理体系包含领导力、组织环境、风险评估、举报与调查、培训与交流；如“六个步骤说”，即把建设合规管理体系分为风险识别、组建团队、建立制度、运行流程、评审改进、培育文化六个步骤等。

合规管理体系的说法五花八门，划分方式也是千差万别。本章按照企业合规管理体系“四根柱子说”，结合知识产权的特点，向读者介绍企业知识产权合规体系建设，目的是帮助企业建立实用的知识产权合规管理体系，不拘泥于理论的争辩之中。

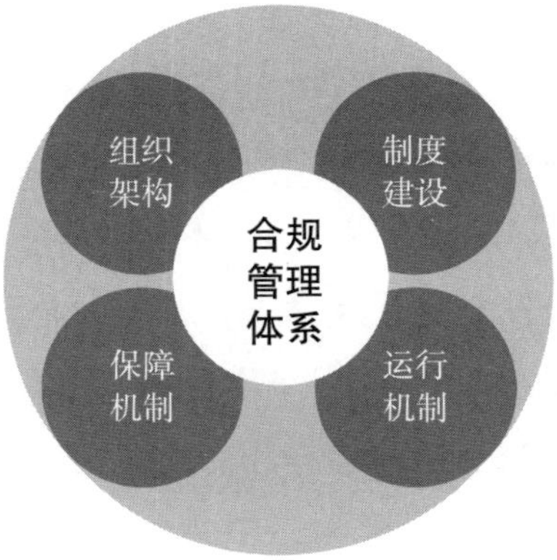

图 11－1　合规管理体系

第一节　合规管理体系的组织架构

健全的企业合规管理组织体系是推进全面合规体系建设的重要保障，也是后期合规体系顺利落地的必要前提。企业合规管理体系的组织架构一般可以宏观地分为决策层、管理层和执行层三个层级。企业建立合规管理体系的过程中，需要为决策层、管理层和执行层划清合规职能界限，避免出现九龙治水的局面。知识产权合规管理体系组织架构，并不是要求企业单独一个组织架构，或者是有别于其他专项合规管理体系，而是结合知识产权的特点和企业实际的经营管理体系，将知识产权合规管理体系嵌入现有管理体系。

一、搭建组织架构的基本原则

合规组织架构搭建的核心是解决合规管理工作的权力配置问题，及时发现、纠正公司内部的合规风险和违规现象，保障公司价值观、目标、战略的顺利实现。一般而言，企业内部设立合规管理机构应遵循以下几个原则：

1. 全面覆盖原则。合规要覆盖到企业的各个业务领域、部门、各级子公司和分支机构以及全体员工，并贯穿决策、执行和监督的全部流程。坚持全面覆盖原则，就要做到信息上下畅通，既要做到上令下达，又要保障末端的合规工作能够传达到最高层。企业知识产权合规管理的基础性和关键领域包括商标、专利、著作权、商业秘密等。合规工作应覆盖业务涉及的研发、生产、销售、对外合作、投资推广、招投标及采购等各个环节，贯穿决策、执行、监督全流程，并确保所有与知识产权相关的业务、部门和人员均已纳入合规工作体系。

2. 强化责任原则。将加强合规管理作为企业主要负责人的重要职责，建立全员合规责任制，明确管理人员和所有员工的合规责任，并督促落实。合规管理部门在企业内部应当具有较高的地位和权威，不依附于业务管理部门或财务部门。

3. 协同联动原则。合规管理要与法律风险防范、监察、审计、内控和风险管理等工作统筹衔接，确保合规管理体系的有效运行。

4. 客观独立原则。合规管理机构通常是垂直的，即下级合规管理机构向上级合规管理机构，合规管理机构向合规委员会负责，合规管理委员会则直接向董事会负责，相关汇报垂直上报，不受其他部门的辖制。独立的管理机构还应具备充足的权力。从政策制定、流程执行到合规调查、违纪问责及整改，本质都是“管人”“管事”，没有足够的权威性根本无法开展合规工作。严格依法对企业和员工进行客观评价和处理，合规管理部门独立履行职责，不受其他部门和人员的干涉。保证合规体系与企业经营活动和财务管理活动没有任何利益冲突。企业要为合规部门配置与合规管理工作相符合的合规专业人员和合规经费，投入足够的人力、物力等资源。

5. 专业性原则。合规的专业性主要体现在法律性。如技术部门的兼职人员可能只对知识产权的申报的技术内容比较熟悉，但对知识产权的维护不够了解；法务部门兼职的人员对涉及纠纷处理比较敏感，但涉及企业的产品技术就理解不够;财务部门兼职人员有利于知识产权缴费等工作,但涉及知识产权实质性的技术内容及涉及侵权纠纷等问题时经验欠缺。首先,合规的主要义务来源就是法律、法规和行业规范要求,只有合规部门具备专业的法律能力才能准确把握法律法规要求、正确执行法律法规要求。其次,公司的合规体系建设也具有较强的法律性。公司的合规制度搭建相当于公司的"内部立法",需要将外部制度要求内化成为公司制度,需要一定的"立法经验"。同时,合规调查、违纪问责工作具有更强的法律性。特别是内部调查,涉及调查行为的合法性、证据收集的合法性,以及与后续民事、刑事、劳动争议解决程序的衔接和配合,都是对法律专业要求极高的事项。因此,企业的合规管理机构的设立应当具有专业性,特别是配备法律背景人员。

6. 适当性原则。合规组织架构的搭建要与公司的实际需求成比例,过于繁杂则会导致额外的经营成本,过于简单则可能无法防控风险。企业的合规管理架构首先要与公司的经营模式相一致。例如,全球化运营的企业,特别是业务可能涉及国际制裁及贸易出口管制的企业,应当考虑设置专门的制裁清单审查岗位。另外,企业的合规管理机构还要与其风险防控需求相适应。规模较大、合规风险较为复杂的公司,需要在决策层、管理层、执行层搭建完善的合规管理体系,同时要考虑在重点领域设立专职合规联络人员;而规模较小、合规风险较低的公司,则可以考虑由知识产权、法务、审计、风险等相关部门履行合规管理职责。

二、知识产权合规管理工作职责

企业可根据自身行业性质、经营规模等合理选择和设置知识产权合规部门或合规人员,组织、协调和监督合规管理工作,在直接负责各项合规管理工作的同时为其他部门提供合规管理支持,并确保其对涉及重大合规风险事项的一票否决权。从合规管理角度,其具体工作职责主要包括:

1. 研究制定合规管理计划、制定合规管理制度,组织制定合规管理年度报告。

2. 持续关注法律法规等规则变化，组织开展合规风险识别与预警。

3. 组织或开展合规培训。

4. 参与企业重大事项合规审查和风险应对。

5. 参与业务部门对重要商业伙伴的合规尽调和定期评价。

6. 建立合规绩效考核指标以及评价合规绩效。

7. 受理合规管理职责范围内的举报，组织或参与对举报事件的调查，并提出处理建议。

8. 组织开展合规检查与考核，对制度和流程进行合规性评价，督促违规整改和持续改进。

此外，企业知识产权合规管理工作职责，从知识产权业务角度，还囊括了以下内容：

1. 知识产权获取合规。企业应及时申请注册登记各类知识产权，明确有关专利申请、集成电路布图设计登记、商标注册、著作权登记、商业秘密保护等知识产权获取或主动放弃的管理措施和工作程序。

2. 知识产权维护合规。企业应明晰处置和运营知识产权管理规定，明确职务发明成果的界定条件以及委托或合作开发成果知识产权归属的处置原则，明确有关专利权、商标权、著作权等知识产权转让、许可、投资、质押的管理措施和工作程序。

3. 知识产权使用合规。企业应注重生产经营环节知识产权管理，明确在原材料及设备采购（包括软件等）、技术和产品开发、技术转让（许可）与合作、委托加工、产品销售、广告宣传或展销、招投标、进出口贸易、企业并购和上市等环节中所可能涉及的各类知识产权事务的管理措施和工作程序。

三、搭建组织架构的模式

按照企业常规的模式，把企业知识产权合规管理组织架构分成三个层级，即决策层、管理层、执行层。三个层级都在企业的合规管理体系的建立和有效实施中扮演着重要角色,都应当着力推进合规文化的建立,充分了解企业合规管理体系的内容和运行方式,也应该以自己的言行,明确支持合规、践行合规。同时,各层级由于定位的不同,在合规体系中发挥作用的方式也有所不同。

(一)决策层

企业的决策层主要包括企业的董事会、监事会,以及董事会中设立合规委员会。决策层作为企业合规管理体系的最高负责机构,应以保证企业合规经营为目的,通过原则性顶层设计解决合规管理工作中的权力配置问题并进行重大事项决策。

企业的知识产权合规决策部门则主要负责知识产权战略的拟定、知识产权相关规则的审批、对知识产权布局、品牌规划、知识产权交易、维权、纠纷应对等事项作出决策。

(二)管理层

企业的管理层通常包括公司总经理、合规负责人。其中,合规负责人可以为首席合规官,或由总法律顾问兼任。根据企业对合规工作的重视程度,企业可能任命最高管理层中的一员为合规管理部门的总负责人。管理层应分配充足的资源,建立、制定、实施、评价、维护和改进合规管理体系。

(三)执行层

企业的执行层包括合规管理部门和各业务部门。这些部门应及时识别归口管理领域的合规要求,改进合规管理措施,收集合规风险信息,执行合规管理制度和程序。

对于知识产权合规的执行层,实践中通常存在三种方式:方法一,由法务部门担任;方法二,由技术研发部门担任;方法三,专设知识产权部门担任。三种方式各有利弊,如第一种方式有利于知识产权交易谈判、知识产权维权及纠纷应对等,但与技术研发以及市场部门存在一定的距离,在缺少有效的跨部门协同机制的情况下,可能会导致对新产生的知识产权识别、保护不及时等风险。与第一种方式相反,第二种方式可以较为容易地实现对研发情形的实时跟踪,但往往管理位阶不高,如果缺少必要的汇报沟通机制,可能会导致知识产权管理与企业整体决策之间的隔阂。第三种方式下，知识产权部门通常被设置为与技术研发部门、市场营销部门、法务部门等平级并列，且知识产权部门通常配备具有知识产权专长的人员专职负责与其他部门就知识产权事宜进行对接，因而最有利于知识产权事务的执行，但对企业而言存在一定的成本负担。

四、小微企业的合规管理组织架构

企业合规作为一种公司现代化治理机制，是公司在面临外部竞争和内部改革的情况下进行的治理体制机制的调整，以适应国际竞争和国内监管。但在当下，基于企业类型的迥异及发展阶段的差异，我国的企业开展合规管理不宜"一刀切"地适用某一特定合规模式，更不能全盘复制其他企业的合规管理制度，而是应当审时度势，以结果为导向构建符合自身需求的合规管理体系。正如陈瑞华教授所言，"企业合规的灵魂并不是大而全的合规管理体系，而在针对企业的'合规风险点'确立专项合规计划"。

从治理能力角度看，小微企业根据自身发展的需要，找到适应自身发展的合规管理模式。小微企业知识产权合规管理，很多时候都是管理层、决策层和执行层的合规管理工作"一肩挑"，目前主要存在"独立模式""复合模式""简单模式"三种形式。"独立模式"设立独立的企业合规部；"复合模式"不设立独立的合规部，将合规部和法务部合二为一或者将合规管理职责归入法务部；"简单模式"只设立一个合规小组或合规专员，或者委托外部律师提供合规管理服务，主要适用于产品线单一、规模小、合规风险低的企业。

第二节　合规管理体系的制度建设

"没有规矩，不成方圆"。合规管理制度主要是指全员遵守的合规行为规范，及时将外部合规要求转化为内部规章制度。建立一个有效的企业合规管理体系，企业应当制定一个合规基本制度，确定合规方针、合规目标、合规意义、合规组织、运行机制和保障机制等基本制度，梳理清楚并回答企业为什么做合规管理、做成什么样的合规管理、如何做合规管理等基本问题，合规基本制度就如企业的宪法地位。企业也可以结合自己不同部门的实际情况，设定差异性的行为准则，针对知识产权各个领域，梳理、优化与完善各类专项合规管理制度，这就是合规管理体系的制度建设层面。企业普遍采用"1 + N"制度模式，"1"为企业合规制度体系的基本制度文件，在具体规划实践中，"1"主要为公司章程或合规制度建设的顶层设计文件。"N"主要为合规管理落地的具体配套政策制度，在实践中，主要以重要业务板块、合规监管主体等类别进一步进行制度细化设计。

一、建立合规管理制度步骤

企业合规管理制度是企业与员工在生产经营活动中需要共同遵守的行为指引、规范和规定的总称。合规管理制度相当于企业的"内部立法"。

(一)梳理企业的业务流程

合规管理的对象是企业及其员工的经营管理行为，其实就是指企业的业务。这里的业务包括直接帮助企业创造利润的"经营行为"，如投资、采购、销售、运营等行为；也包括致力于提高前述创造利润行为的效率以及防范其风险的"管控行为"，如人力资源管理、财务管理、风险管理等行为。合规管理本质上是一种风险管理，面向投资、采购、销售等经营行为，同时也面向人力资源、财务、行政后勤等管理行为，甚至是内控、监察等风险管理自身的管理行为。作为风险管理，先要由风险专业人员把"管理对象"摸清楚，即梳理企业的业务。

(二)收集企业的合规义务

梳理企业的业务流程，最终目的是发现企业潜在的合规风险。但光有对业务的了解并不能自动地知晓企业面临的合规风险，还需要了解法律、法规的规定及其变化。正是这些法律、法规及其变化，作用于企业的业务流程，或业务流程有存在违反这些规定的地方，才产生了合规风险。因此，除了熟悉业务，我们还必须熟悉企业业务流程进行过程中所应遵守的法律、法规及其变化，即必须收集企业的合规义务,并随时关注其变化。

企业合规义务是企业业务行为的边界,包括法律、法规、监管规定、道德规范、国际规则等。任何企业是处于层层"规"之下的。在法治社会下,这些"规"的数量非常庞大,而且错综复杂,甚至"规"自身也不尽完善,并一直处于变化之中。这些特点,带来了识别本企业应适用哪些"规"的难度,故需要专业的合规人员,对"规"进行收集。

收集本企业的知识产权合规义务,可从两个方面展开。一是从企业的业务流程展开。企业的研发流程、销售流程、营销流程、投资流程、人力资源管理流程等,各自应遵守的主要法律、法规、监管规定、国际规则等有哪些,最后形成企业的业务常用合规义务清单。这个合规义务清单,以法律条文或法律规则为基本单位。例如,企业在营销环节,要遵守《反不正当竞争法》规定的禁止混淆、禁止商业贿赂、禁止虚假宣传等。

二是从企业应遵守的部门法归属角度展开。这就是我们常说的合规管理领域,它包括反垄断合规义务、反不正当竞争合规义务、数据与网络安全合规义务。当然,这个角度的合规义务,与部门法也不是完全吻合的,但基本上可与某个部门法及某个部门法内的某部主要"法律"对应。

因合规义务数量非常多,我们几乎无法穷尽一次收集完企业应遵守的全部合规义务。即便耗费大量人力、物力收集齐全了,我们也无法消化,故合规义务的收集,需要关注与企业业务的关联度。与企业所在行业、所采取的商业模式、所采用的运作流程密切相关的法律、法规、国际规则,特别是行业监管规定,才是重点收集对象。同时,与企业业务流程梳理的方法类似,我们可集专门力量,先建立通用或某行业的合规义务库,为某展开具体合规义务收集工作提供参考,将后续收集合规义务工作变为筛选、增补工作。

(三)合规风险评估

在熟悉了企业的业务流程和企业应遵守的合规义务之后,接着就进入合规风险评估的阶段。风险评估,一般包括风险识别、风险分析与风险评价三个环节。合规风险的评估,逻辑上与此类似,包括合规风险的识别、合规风险的分析以及合规风险的评价等环节。

识别或发现企业面临的潜在合规风险，在整个合规管理制度建设过程中是很重要的一环。虽然已有企业的业务梳理和合规义务收集作为基础，但合规风险不是必然地就显现出来，它取决于信息的收集和经验的判断。合规风险是实际的业务可能违反合规义务的地方。一是风险只是一种可能性，不同的人员对其是否发生有不同的判断；二是对实际业务和合规义务都深入了解的部门和人员不多，这造成了合规风险识别的难度。

实践中，为有效利用合规管理建设所投入的资源，有必要把那些最重要的合规风险优先选出，集中精力去防范。这就是很多企业所明确强调的“合规红线清单”。企业合规的红线是一旦违反即给企业带来重大合规风险的合规义务。

（四）拟定合规管理制度

合规管理体系作为一种管理体系，其实施最终还是要归于制度。制度的含义很广，企业所提出的所有要求，包括书面的、口头的，都是制度。但这里说的制度，仅是指书面的、正式的、以防控合规风险为目的的企业内部规定。合规管理涉及面很广，管控手段有多种，决定了合规管理制度也是多样的。

合规管理制度的第一个层级，就是关于合规管理工作的基本规定，一般称之为“合规管理办法”。“合规管理办法”规定合规管理工作的原则、合规管理的组织与职责、合规管理的重点领域、合规管理体系的运行、合规管理保障等基本内容。“合规管理办法”相当于合规管理的工作总则，是一般性的指导文件，故往往在启动合规管理体系建设工作之前即在企业内颁布。

合规管理制度的第二个层级，是关于如何落实合规管理工作的具体实施细则。如合规风险评估实施细则，是关于推动企业内相关部门如何相互配合、相互监督，进行合规风险的识别、分析、评价等工作的规定。具体内容包括合规风险评估的概念、原则、组织实施、评估方法、评估内容以及评估保障等。

类似这方面的实施细则，还包括合规检查办法、合规审查办法、合规员管理办法、举报与合规调查办法、合规风险预警实施细则、合规绩效考核实施细则、合规培训实施细则、合规报告实施细则、境外合规管理实施细则等规定。这些制度,有的称为“办法”,有的称为“实施细则”,还有的称为“制度“,这没有本质区别。这些办法或细则,与总的“合规管理办法”,形成“1 + N”的制度体系。

二、知识产权合规管理制度建设

知识产权合规管理的制度体系可以从内容和形式两个方面展开。

就制度的内容角度而言,知识产权合规制度通常覆盖知识产权的获取、运用、管理、保护等环节,主要涉及注册商标专用权、专利权、著作权以及商业秘密等类型的知识产权。在企业开展融资、上市或是涉及涉外业务时,还有必要针对特殊的知识产权合规管理要求制定专门的内部规则。

从制度的具体形式出发,知识产权合规制度体系通常由原则性制度、专项合规管理制度、工作指南与流程、制度配套文件组成。

1. 原则性制度:关于企业知识产权合规管理的原则性、总体性的管理制度,通常涵盖企业内部知识产权管理机构及权限的设置、企业内部知识产权的规划、产生、职务成果知识产权处理、经营、维护、维权以及纠纷应对等方面的基本规则。

2. 知识产权专项合规管理制度:关于企业特定类别知识产权的细化管理制度,如商标管理办法、专利管理办法、著作权管理办法、商业秘密管理办法等。

3. 工作指南及流程:关于企业知识产权合规管理工作的流程性规则或指南,如商标申请流程、专利申请流程、著作权登记流程、知识产权许可、转让、放弃流程等。

4. 制度配套文件:企业知识产权合规管理工作中,需要设计相关制度的配套文件,尤其是涉及职务成果知识产权归属及奖励报酬等员工相关事宜,以实现管理机制闭环,如保密协议、劳动合同、竞业限制及保密承诺书,以及在员工入职知识产权背景调查、离职核查、专利奖酬发放领取确认等方面需要的配套文件。

三、知识产权合规制度内容

制定知识产权合规管理制度、规范或指引，是从实体和程序上都切实可行的合规管理制度，能够有效降低合规风险并进行有效管控，同时又能够根据内外部因素的变化而持续改进、完善，包括但不限于以下内容：

(1)企业新产品、新技术立项知识产权侵权风险预警评估制度。

(2)企业研发创新与知识产权保护制度。

(3)企业知识产权有效性维护管理制度。

(4)企业知识产权被侵害或维权启动制度。

(5)企业采购产品或服务调查预警制度。

(6)侵害知识产权罪风险识别预警制度。

(7)企业知识产权合规制度培训和文化宣贯制度。

(8)企业知识产权合规风险举报、调查制度。

(9)知识产权合规奖惩激励制度。

四、企业知识产权档案管理制度

知识产权档案包括但不限于研发活动的研发记录、知识产权评审资料、专利申请文件交底书等与研发成果相关的所有资料和文件，其中专利内容不仅包括技术研发相关文件、申请专利原始文件、专利证书等，还应包括专利申请修改过程文件、专利年费缴费票据、专利变更文件等。健全完整的知识产权档案，可以更好地防范和应对知识产权风险。

具体的企业知识产权档案应根据知识产权活动的特点进行整理归纳，形成知识产权合规管理台账。企业开展知识产权合规管理所需的管理台账，包括但不限于专利管理台账、商标管理台账、著作权管理台账、域名管理台账、知识产权纠纷记录台账等。

第三节　合规管理体系的运行机制

通常情况下，一个完善有效的合规管理体系除了要有一个专业、权威和独立的合规组织体系以外，还需要有一个完备的合规管理制度。但是，如何让管理制度发挥其实际作用，这就需要有相应的配套机制。合规管理机制分为两大环节：一是合规管理运行机制，二是合规管理保障机制。

《中央企业合规管理办法》对合规运行机制进行了高度概括总结，以合规风险为中心，要求中央企业建立合规风险识别评估预警机制、合规审查机制、合规风险应对与报告机制、违规问题整改机制、责任追究机制、合规管理评价机制等关于合规管理的运行机制，实现合规风险闭环管理。合规风险闭环管理的合规运行机制模式见图 11－2。

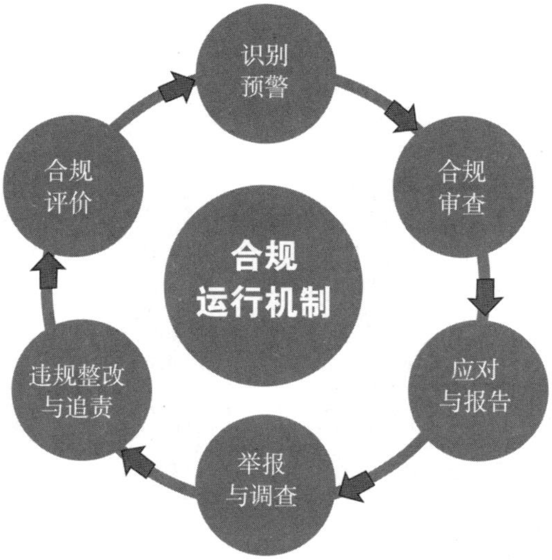

图 11－2　合规运行机制

一、知识产权合规风险识别与预警

风险识别预警机制是企业知识产权合规体系建设的首要任务。建立高效的知识产权合规风险识别与预警机制，尽早识别知识产权合规风险并启动预警机制，是运行知识产权合规体系的前提。

合规风险识别预警机制包括全面梳理经营中可能存在的合规风险，建立合规风险库，系统分析这种风险的可能性、影响程度和潜在后果，对于典型性、普遍性和可能产生较严重后果的风险及时发布预警。

识别风险最好制作调查清单，由于合规管理涉及领域的不同，调查清单并非只有一份，尽可能将各类合规风险的调查分给不同的人员去完成。合规风险库一般由合规管理牵头部门负责管理，并由业务部门协助定期更新完善。企业应当制定适当的流程来识别新的和变更的法律、法规和规则以及其他的合规义务，以便及时跟踪法律、法规、规范和其他合规义务的出台和变更，以确保企业持续合规。

知识产权风险的产生是由于经营管理中存在的不确定因素造成的，因此加强风险防范是降低风险的主要且有效途径。风险的梳理除了依据法律法规的明确规则外，还有必要结合相关领域的商业实践予以考量。同时，风险识别和预警机制分布在企业日常经营的各个方面，在企业研发活动中，在项目立项阶段，应认真进行专利检索和分析评判。研发活动完成后，通过健全的评审程序确定有效的保护形式，及时采取申请专利等不同的形式对研发成果进行保护。在采购阶段评价供应商知识产权状况，通过合同的方式约束供应商，以避免由于供应商对他人知识产权的侵权给企业造成知识产权侵权风险。在新产品销售前，应当加强专利、商标的预警机制，严格规范广告语，切勿使用过于夸张的广告宣传语，否则将可能涉及虚假宣传，从而给企业造成其他不利后果。

企业应由合规管理部门人员牵头，负责组织、协调企业各项合规检查工作，可抽调相关部门人员共同组成检查组，根据企业业务情况定期开展合规风险检查。针对检查发现的合规风险，合规检查组应提出整改建议，各部门提出具体解决方案，解决方案经合规检查组确认后，由合规管理机构督促各部门积极落实整改方案。

二、知识产权合规审查

企业合规部门依据国家法律、法规、规章、监管规定、行业准则、规范性文件、国际条约、规则，以及企业章程和规章制度、企业标准、自愿性承诺等要求负责对规章制度、经济合同、企业重大经营决策事项的合规审查。

企业应建立健全规范化的知识产权事务管理和决策流程，将知识产权合规审查作为规章制度制定、重大事项决策、重要合同签订、重大项目运营等经营管理行为的必经程序，及时对不合规的内容及时加以纠正或修改，未经合规审查不得实施。企业可以制定《合规审查意见表》，让合规落实到企业管理中。

表 11－1　合规审查意见表

<table>
<tr><td>发起部门</td><td colspan="6"></td></tr>
<tr><td>审查事项</td><td colspan="6"></td></tr>
<tr><td>发起部门
初步意见</td><td colspan="6"></td></tr>
<tr><td>相关材料</td><td colspan="6"></td></tr>
<tr><td>合规管理
部门意见</td><td colspan="6"></td></tr>
<tr><td>审核人</td><td></td><td>复核人</td><td></td><td>审批人</td><td></td></tr>
</table>

企业开展的每一项业务，在产品制造、销售、服务的每一个环节，全面构建知识产权合规风险的审查机制，都要有合规把关，对存在违规行为的环节实行合规一票否决制，将审查合规风险落实于企业日常经营的方方面面。

1. 企业采购活动中的知识产权合规审查。企业应收集相关知识产权信息，必要时应要求供方提供权属证明；做好供方信息、进货渠道、进价策略等信息资料的管理和保密工作；在采购合同中应明确知识产权权属、许可使用范围、侵权责任承担等内容。

2. 企业生产活动中的知识产权合规审查。注意发现有知识产权价值的创新成果,及时采取相应的知识产权保护措施;对于生产过程中不宜对外公开的操作规程、各种报表和试验记录、检验检测记录等,应建立相应的保密制度,采取相应的保密措施;承揽委托加工、来料加工、贴牌生产等加工业务时,注意规避对外加工业务中的知识产权风险,明确双方知识产权权利义务、保密责任。

3. 企业研发活动中的知识产权合规审查。建立研发活动的知识产权跟踪检索分析与监控制度;明确对研发成果的知识产权归属管理;加强对研发活动的档案和保密管理,建立技术研发档案、记录管理制度,确保研发活动具有可追溯性;加强对研发成果申请专利的挖掘与质量的管控。

4. 企业营销活动的知识产权合规审查。对产品即将投放的市场进行同类产品知识产权状况的调查分析,防止遭遇知识产权侵权指控;正确使用注册商标或专利号等知识产权标志,对消费者和有关市场主体进行必要提醒;建立产品销售市场监控机制,多渠道地监控同类产品的市场情况;对发现侵权的,应当进行重点信息收集,必要时进行公证。

5. 企业上市知识产权合规审查。企业上市前,应对已有的无形资产的法律状态、存续年限、法律风险等进行整体的评估与规划;对上市公司准备使用的无形资产的权属和法律状态以及招股说明书中的相关内容进行审查;完整地披露知识产权获取、丧失、转让等信息。

6. 企业海外知识产权合规审查。企业应积极开展涉外业务中的知识产权布局;对拟引进的技术或者产品的相关知识产权状况进行调查分析,并对侵权风险进行综合评估;签订技术或产品引进合同应明确技术或产品引进的许可方式和范围、后续改进成果的归属和分享、权利维护、双方的保密责任和义务、引进技术或产品发生知识产权侵权时供方应承担的法律责任等内容。

完善合同签订合规审查机制,强调合规承诺书或合同中合规条款的必要性,以防止因第三方商业伙伴不合规给企业造成不利影响等。

三、知识产权合规风险应对与报告

合规风险应对机制主要是指对发现的合规风险制定预案,及时有效地加以处置，最大限度化解风险，降低损失。

企业应根据不同的合规风险类型制定和选择知识产权风险应对方案，应对方案应包括总体方案和专项方案。对重大风险事项，企业合规管理部门和各部门应共同研究出台具体整改方案，明确整改主体、具体责任人、整改时间节点等具体要求，合规管理部门以月为时间节点统计整改完成情况，并及时向企业决策层领导汇报。合规风险应对机制至少应当考虑以下内容：合规风险的类别和等级、合规风险的具体应对措施、合规风险应对人员的权限和职责、合规风险应对的时限及流程等。对于企业内部，应当建立违规问题的调查和处理制度。同时，总结问题、分析原因、予以纠正，完善合规管理体系，持续改进。对于较为重大的知识产权合规风险，也可以考虑引入外部机构提供专业协助。

企业宜建立适当的报告准则和程序，确立定期报告制度，建立特别报告系统，以确保企业治理机构和管理层及时有效并持续充分地了解合规管理体系的绩效。

合规报告包括业务部门向合规管理部门的合规报告，以及合规管理部门向合规委员会或其他最高合规管理机构的报告。

合规报告包括定期合规报告（如月度报告、季度报告、年度报告等）和专项合规报告（如专项合规尽职调查报告、专项合规评审报告、合规审计报告、违规事件报告、违规调查与处置报告等）。

四、举报与调查

建立鼓励违规举报的制度，提供违规举报的方式和途径。实行 24 小时举报机制，开放电话举报、网络举报等途径，搭建专门的举报平台，并对举报人进行严格保护和高额奖励。做到有报必查、违规必究，并建立举报保密和反打击报复机制，向举报人员提供可靠保护。

企业违规举报机制，以及对举报人员的保护机制，有利于引导员工自觉合规，促进员工相互约束和监督，及时预警和识别合规风险。

（一）举报

企业须建立违规举报制度，鼓励员工和第三方（如供应商、经销商、服务提供者、工程承包商等）进行违规举报。

很多大型企业集团都设立了违规举报热线电话，甚至提供不同语种的接听服务；提供接受违规举报的电子邮件和信箱地址；公开接受违规举报的部门、人员、电话、电子邮件等。

由于担心保密问题和打击报复，举报人一般都采取匿名举报方式举报违规行为。但是，为了提高举报人员的诚信度以及便利后续违规证据调查，企业仍然宜倡导实名举报。因此，对举报人严格保密尤为重要。对违规举报提供有力保护，需要严厉惩处打击报复行为，但同时不能姑息利用违规举报污蔑诽谤他人的行为。企业需要制定专门的反打击报复办法，作为企业合规管理制度的一部分。

（二）调查

企业应建立不合规的调查制度，坚持公平、公正的调查原则，及时、彻底地调查对本企业及员工或有关第三方不当行为的任何指控或怀疑。调查企业的应对性文件、采取的一切纪律或补救措施，以及在吸取经验教训后对知识产权合规管理体系的修订。查明不当行为的根源、知识产权合规管理体系的漏洞和责任缺失的原因，包括管理者、最高管理层和治理机构的行为、职责。对查明的原因进行审慎分析，分析应考虑企业人员的数量、水平，以及不合规的程度、普遍性、严重性、持续时间和频率等因素。任何部门或个人收到违规举报以后，企业应当展开违规调查，做到有报必查。

五、违规整改及追责

当违规行为发生或被发现后，及时进行合规内部调查。尽快处理违规的员工和第三方。尽快发现合规体系漏洞并进行整改。积极配合调查，必要时进行报告披露配合监管部门的调查，争取获得可能的合作奖励，尽量获得宽大的行政处理或刑事处理，将惩罚、损失和不利影响降到最低限度。

企业根据自身情况制定合规风险问责，对违反企业知识产权合规义务、目标、制度和要求的人员，进行适当的纪律处分，必要时追究相关责任。

六、知识产权合规评价机制

企业应当定期或不定期对知识产权的合规状况开展合规评价，评价的标准包括但不限于对知识产权合规风险的有效识别、控制；对违规违法行为的及时处置；合规管理机构或者管理人员的合理配置；合规管理制度机制建立以及人力、物力的充分保障。监测、举报、调查、处理机制及合规绩效评价机制的正常运行；持续改进，对不合格和新情况发生之后进行改进。

合规管理评价是一种确保合规管理有效性的机制，企业要对重大或反复出现的合规风险和违规问题进行深入调查，查找根源，完善制度，堵塞漏洞，避免类似合规风险的再度发生。

合规管理体系建立是系统性开展合规管理工作的起点。企业建立了合规管理体系，通常要试运行半年至一年的时间，不断进行调整与优化。在正式运行时，要进行常态化的监控，特别是当业务发生重大变化或面临的经营环境、行业标准发生变化时，要审查合规管理体系的有效性。一般来说，每隔两年到三年，要对管理层合规绩效和合规管理体系的运行情况进行评价，对合规管理体系改进提出意见与建议。

知识产权合规体系评价与改进企业知识产权合规管理体系运行是动态的，不仅是指要将其融入企业生产经营决策全过程、全员贯彻落实执行，更是指体系本身要随着内外部环境的变化而不断完善和持续改进以适应新要求、新情况，要及时修订有关知识产权合规制度以适应合规义务的变化。

第四节　合规管理体系的保障机制

合规管理体系建立之后的运行以及体系功能的实现需要充分的机制予以保障。由于对这些机制尚无统一的专业称谓，也没有统一涵盖的内容，所以本书采取开放性观点，只要有利于保障合规管理体系运行的都属于保障机制。每个企业可以根据自身的情况，建设相应的保障机制。合规管理保障机制是确保合规体系长远、良好运行的关键因素之一。在多元化的合规管理保障机制层出不穷的背景下，本书将围绕几种常见的合规管理保障机制，主要包括合规文化、合规培训、合规考核激励、合规管理专业化建设、合规管理信息化建设等方面。

图 11－3　合规保障机制

就合规管理保障机制而言，合规文化有助于企业领导层和全体员工树立正确的合规观与风险意识，对于企业合规管理体系建设和持续运行具有深远意义。合规培训是帮助员工理解和掌握自己的合规义务，提高员工的合规意识及遵纪守法的自觉性，是实现全员合规的基础。合规考核可以通过评价员工的行为，引导员工合规意识的改变。合规队伍专业化程度高低决定了合规管理的效果高低。信息技术是提升企业合规管理工作效率和效能的重要工具，信息化、数字化、智能化也是合规管理发展的必然趋势。

一、合规文化

文化是指一个组织在一定时期内形成的思想、理念、行为，以及由这个群体整体意识所辐射出来的一切活动。合规文化是组织成员在长期发展过程中形成的依法合规的思想观念、价值标准、道德规范和行为方式。文化具有大众性的基本特征。合规作为一种文化，要让合规的观念和意识渗透到每个组织成员的大脑中，形成大众性的合规文化。

合规工作的开展最终体现在一个企业的合规文化上，只有将合规文化、合规意识融入每个员工心中，体现在每个工作环节和细节上，做到人人合规，在员工心中形成不想违规、不能违规、不敢违规，企业自然合规。要形成合规文化，必定需要企业对合规管理工作始终坚持不懈。一个良好的合规文化又能促进企业合规管理工作，它们是一体两面、相互影响、相互促进的。积极培育合规文化，将合规文化作为企业文化建设的重要内容。合规文化是指通过发放合规手册、签订合规承诺书、制作传播合规宣传媒介等方式,增强知识产权保护意识、知识产权价值观、营造崇尚创新尊重知识产权的氛围、重视知识产权宣传教育,进行知识产权文化的建设,加强合规意识,督促员工树立合规、诚信的价值观。

二、合规培训

培训是一种有组织的知识传递、技能传递、信息传递行为。合规培训让广大员工熟悉和了解合规工作的内容和范围。合规培训的目标是确保所有员工有能力,与组织合规文化和对合规的承诺一致的方式履行角色职责,加强全体员工对企业合规的基本认识,帮助员工理解和掌握自己的合规义务,提高员工的合规意识及遵纪守法的自觉性,是实现全员合规的基础。

合规培训与合规活动的形式可以多种多样,不拘一格。很多欧美跨国企业集团采取线下培训、网络培训与合规活动相结合的方式,取得了很好的效果,值得借鉴。

1. 线下培训。由合规培训老师面对面地进行培训授课。可以在企业总部集中培训,也可以到相关业务部门和子公司提供现场培训。可以是普及培训、合规管理人员专职培训、入职培训、业务部门专项合规培训等。线下培训需要与企业人力资源部门充分协作,进行培训考核,制作培训记录。

2. 网络培训。设置网络培训课程,通过企业内网和企业合规管理信息系统,自动推送到各培训对象,培训对象接受线上合规培训,进行线上培训考核,制作线上合规培训记录。

3. 合规活动。如开展合规月、合规周活动,进行有奖问卷调查、制作并分发合规小手册、现场案例宣讲、专题座谈等。

知识产权合规培训是企业知识产权合规管理体系有效运行的重要环节,也是企业知识产权合规文化培育中不可缺少的内容,通过给员工、高管、上下游供应商进行有针对性的、通俗易懂的合规风险培训,使其明晰知识产权合规知识和法律责任,提高其合规意识,减少合规风险,也使合规文化深入人心,企业知识产权合规管理体系得以有效运行。

关于合规培训,一个重要的事项就是合规培训的记录应当留存。合规培训记录是企业开展合规管理、履行合规管理义务的重要证明，在企业人员涉嫌违规时，记录可以用于证明企业已向行为人开展了合规培训。在面对司法机构、监管机构提出的“违规”指控时，如合规培训记录证明有效，企业可能只需承担较轻的处罚，有关高管人员则可能达到免除处罚的效果。因此，务必重视留存包括合规培训记录在内的合规管理活动资料，这也是合规管理体系有效性的有力证据之一。

三、合规考核

企业通过设立科学的知识产权合规考核评价指标，科学评价各部门合规工作绩效及合规工作贡献，把知识产权合规考核评价纳入对各部门及相关负责人的年度综合考核，将员工的合规履职情况作为员工考核、晋升任用、评先选优等工作的重要依据。考核评价重点围绕合规风险特征相关的指标，包括但不限于各项合规制度落实的主动性和有效性、部门人员被有效培训的比例、相关监管机构介入的频率、因不合规问题产生的被处罚、赔偿、商誉受损等负面影响、潜在的不合规风险、合规相关信息的记录保存情况等。

企业对员工进行合规考核的方式不胜枚举，典型的包括定期考核、考试、检查等。

四、专业化合规队伍建设

随着合规建设的全面铺开，企业在合规管理过程中越来越需要专业化的合规人员参与，企业需要建设专业化、高素质的合规管理队伍。在合规管理工作机构设置专职或兼职合规岗位，在各部门设置合规联络员，负责本部门合规管理工作具体事项的办理和协调。所属企业应根据市场环境、业务规模、合规风险水平等因素配备专兼职合规管理人员，持续加强业务培训，提升队伍能力水平。规模较小的成员企业，可以不设立专门的合规管理工作机构，由相关部门履行合规管理职责，同时明确相关负责人和联系人。

五、合规信息化建设

企业应建立文件信息化管理制度,强化合规管理信息化建设,通过信息化手段优化管理流程,确保对企业管理中形成的相关知识产权的重要过程予以记录、标识、贮存、保护、检索、保存和处置。对行政决定、司法判决、律师函等外来文件进行有效管理,确保其来源与取得时间的准确性。外来文件和记录文件应当完整,明确保管方式和保存期限。文件管理体系的载体,不限于纸质文件,也包括电子文件。

运用大数据等工具,加强对企业经营管理依法合规情况的在线监控和风险分析,实现信息集成与共享。

李　华

盈科律师事务所创始合伙人、盈科全国业务指导委员会主任。

李华律师作为盈科全国业务指导委员会主任，负责盈科体系内的专业化建设，带领盈科律师，构建出完整的专业化法律服务体系，包括研究院、专业委员会及综合性法律中心，推动盈科律师专业化的法律服务，以适应法律服务市场不断细分的需要。在此基础上，通过集成各专业委员会纵深化的法律服务能力为客户提供综合性的法律服务。

曾荣获全国律师行业优秀党员律师、北京市优秀律师、朝阳区优秀律师、朝阳区首届优秀女律师、朝阳区优秀党员的荣誉称号，钱伯斯《大中华区指南2023》TMT：数据保护&隐私领域上榜律师。

曹义怀

盈科南京管委会副主任、高级合伙人，中国农工民主党党员，具有律师、高级企业合规师、专利代理师资格；华东政法大学法律硕士、法国蒙彼利埃大学工商管理博士；厦门仲裁委员会仲裁员、无锡仲裁委员会仲裁员；江苏省司法厅立法专业团队成员；曾撰写《专利文件撰写实务与案例》《创造与合理仿造的专利法律实务》等著作。